绍兴市文化广电旅游局
绍兴市鉴湖研究会　编

绍兴禹迹

标识导读

何俊杰　邱志荣　张卫东　主编

中国文史出版社

图书在版编目（CIP）数据

绍兴禹迹标识导读 / 何俊杰，邱志荣，张卫东主编.
-- 北京 ：中国文史出版社，2021.11
　ISBN 978-7-5205-3239-6

Ⅰ．①绍… Ⅱ．①何… ②邱… ③张… Ⅲ．①禹－人
物研究②地方文化－文化研究－绍兴 Ⅳ．①K827=1
②G127.553

中国版本图书馆CIP数据核字(2021)第201608号

责任编辑：王文运

─────────────────────────────────

出版发行： 中国文史出版社
社　　址：北京市海淀区西八里庄路 69 号　　邮编：100142
电　　话：010-81136606　81136602　81136603（发行部）
传　　真：010-81136655
印　　装：绍兴市越生彩印有限公司
经　　销：全国新华书店
开　　本：787mm×1092mm　1/16
字　　数：460千字
印　　张：24
版　　次：2021年11月 北京第 1 版
印　　次：2021年11月 第 1 次印刷
定　　价：168.00元

─────────────────────────────────

参加绍兴禹迹标识编制单位及人员

主办单位：绍兴市文化广电旅游局

承办单位：绍兴市鉴湖研究会

参办单位：越城区文化广电旅游局　柯桥区文化广电旅游局
　　　　　上虞区文化广电旅游局　诸暨市文化广电旅游局
　　　　　嵊州市文化广电旅游局　新昌县文化广电旅游局

支持单位：中国水利学会水利史研究会
　　　　　绍兴市文史研究馆
　　　　　浙江大禹文化发展基金会
　　　　　同创工程设计有限公司

顾　　问：周魁一　谭徐明　冯建荣

主　　任：何俊杰

副 主 任：杨颂周　邱志荣

主　　编：何俊杰　邱志荣　张卫东

副 主 编：张钧德　金小军　戴秀丽

正编撰稿：邱志荣　张钧德

副编选编：邱志荣　张卫东

定　　点：邱志荣　张钧德　戴秀丽

图　　照：邱志荣　戴秀丽

小 程 序：金小军　戴秀丽

审　　稿：张卫东

绍兴禹迹标识揭牌仪式（从左到右：戴秀丽、秦绍波、沈小龙、邱志荣、何俊杰、杨颂周、赵任飞、张钧德、俞鹏炯）

《康熙南巡祭禹图》

《乾隆南巡祭禹图》

名称:《河魂——大禹治水》(油画)。作品被中国国家博物馆永久收藏

作者:章仁缘,中国美术学院教授、浙江省油画家协会常务副主席

目　录

序 .... 何俊杰　001

前　言 004

正编：绍兴禹迹分布导读

一、越城区（18个）

001 会稽山 014

002-01 大禹陵 019

002-02 大禹庙 024

002-03 大禹祠 034

002-04 窆石 037

002-05 禹陵村 041

003 故禹宗庙 046

004 禹迹寺古井 048

005 禹足石 051

006 治水广场大禹像 053

007-01 禹河 056

007-02 禹贡桥 059

008 宛委山 061

009 禹穴 070

010 石帆山大禹像 074

011 界树坊 078

012 皋隍庙 081

013 马山 086

二、柯桥区（20个）

014 禹王庙 089

015 涂山（西扆山） 093

016 涂山庙 099

017 红桥 104

018 斩将台 107

019 禹会乡 110

020 禹会殿 114

021 禹会桥 116

022 诸侯江 119

023 禹降村 121

024 金帛山 123

025-01 型塘 126

025-02 七尺庙 129

026 夏履桥 132

027 东担山 137

028 西担山 141

029 禹会桥 ……………143   031 冢斜村 ……………152
030 稽山大王庙 …………146   032 伯仙庙 ……………155

三、上虞区（7个）

033 上虞 ……………158   037 夏盖夫人庙 …………171
034 大禹像 ……………160   038-01 犴舞 ……………174
035 夏盖山 ……………163   038-02 犴舞 ……………176
036 夏盖湖 ……………168

四、嵊州市（7个）

039-01 了溪 ……………181   042 禹后庙 ……………193
039-02 了溪桥 …………184   043 崿浦 ……………196
040 禹余粮山 …………188   044 禹山 ……………198
041 禹王庙 ……………191

五、新昌县（10个）

045-01 大禹积砂岩 ……202   049 缆船峰 ……………213
045-02 铁佛寺 …………204   050 百郎殿 ……………215
046 禹王庙（渡王山）…206   051 禹余粮石 …………217
047 顾东山（大禹像）…208   052 彼苍庙 ……………221
048 禹王庙（祝家庄）…210   053 禹王庙 ……………224

六、诸暨市（2个）

054 了山 ……………228   055 叠石 ……………232

副编：大禹专题史料选编

一、历史文献

文献记禹 ………………………………………………236
秦始皇、康熙帝、乾隆帝南巡绍兴纪实 …………………251
历代祭禹王文选 …………………………………………254
绍兴姒氏世谱（片段）……………………………………258
禹裔主要姓氏来源考 ……………………………………271

  诗　颂 280

二、近现代研究

  先秦传说中的大禹治水及其含义的初步解释 298

  九州区划与江河命名 309

  大禹:从传说到现实 312

  禹风浩荡,遍行天下 319

  大　禹 322

  涂山禹迹谭 326

  夏盖山 329

  大禹的传说 333

  嵊州剡溪禹迹考 336

  新昌禹庙 342

三、大禹相关的碑铭研究

  秦公簋遂公盨禹迹溯源 347

  武梁祠画像帝王拓片释文 349

四、禹迹图选录

  北宋《禹迹图》 351

  大禹治水三幅图片说明 353

  阿坝藏族羌族自治州禹迹图 355

  北川羌族自治县禹迹分布图 356

  北川境内的大禹遗迹 357

五、绍兴尧舜遗迹新考

  上虞"尧山"和"尧田"的故事 359

  绍兴的尧舜古道 363

六、"绍兴禹迹标识设计"专家评审意见 367

后　记 369

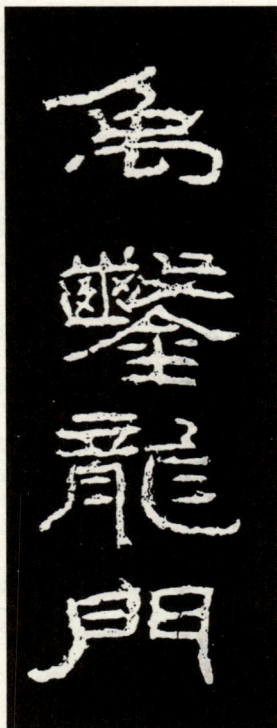

禹鉴龙门（引自东汉·《石门颂》）

未经神禹凿，地竟似夔门；
潭水深千尺，龙嘘浪自惊。

（马性良提供）

序

"稽山何巍巍,浙江水汤汤。"这是南宋诗人陆游对浙江山水的形象概括。如果将视野拉高,自北向南俯瞰浙江大地,我们就会发现文脉深厚的浙东,其地形就像一个"爪"字:上部一撇是括苍山,下部三笔自东向西依次为天台山、四明山、会稽山。绍兴会稽山是浙江文明的摇篮,是浙江文化的根源,是浙江文脉的源头活水。

山水是人类生态环境的主要基础和人类实践活动的重要对象。各个历史时期,人们总是根据自身的需求和力量对山水加以利用。在中国,"禹禅会稽"是山川之祭的起点,大禹在会稽山"得天书"和"娶妻、会盟、归葬"这几件大事,使会稽山成为名垂万古的"圣山"。因为有了大禹及其文化的传承,会稽山雄踞于中华九大名山之首。

大禹生活于距今4100多年前,那是中华文明曙光喷薄而生的英雄年代,是中国历史上第一个信而有征的上古人物,对中华民族有着巨大的影响。作为治水英雄、立国始祖,大禹创造并建构了中华文化的基本形态,奠定了人类生存和发展的价值取向。

绍兴流传着许多大禹的传说,并有着丰富的遗存。近年来,大禹文化研究证实,大禹传说遍及全国乃至东南亚。如果仔细分析这些传说,人们就会发现其中有两个基本指向:一是治水的传说,总是将大禹引向神话;二是立国的传说,总是将大禹引向历史人物。绍兴大禹传说的历史价值,主要都指向他立国的传说,这是绍兴与其他区域大禹传说的最大不同。如果将绍兴这些传说与河姆渡文化遗址、小黄山遗址、良渚文化考古相印证,就可以使我们鲜明地了解和把握中华民族跨入文明时代这段历史的真实情况。绍兴禹迹的研究和文化示范因此应运而生,这是大禹文化研究从文字到实体、从资源到标准、从理论到实践的一次有益探索,是文化遗产活化转化的一次生动实践和创新。

我对禹迹的探索与实践,主要缘起于2017年底的绍兴专家访日之旅。当时,日本著名大禹文化学者植村善博先生对绍兴的同志说:"我们绘有一幅《日本禹迹分布图》,境内132处禹迹遍布日本北海道至冲绳的南北各地。你们有没有禹迹图?"这难住了大家。虽然,绍兴是大禹重要活动地和归葬地,禹迹俯拾皆是,然令人遗憾的是,当时国内的确还没有一张系统的禹迹图。那时,我正主持着绍兴市委宣传部工作,强烈意识到这是一次意义深远的文化探索。此后,我全力支持并参与了这项工作。2018年4月《绍兴禹迹图》对外发布,立刻在国内外学术界引发巨大反响,成果也交流到了日本、韩国等国家和地区。我清晰记得,2018年谷雨日,80余岁的日本著名大禹文化学者植村善博先生一行应邀来绍参加祭禹时,表露出对绍兴发自内心的欢喜和称赞的场景。

从《绍兴禹迹图》的编制,到《浙江禹迹图》的出版,再到《中国禹迹图(简图)》和《东亚禹迹图》的编制启动,直至今天《绍兴禹迹标识导读》的制定和落地,这是一次对大禹文化认识深化的过程。习近平总书记指出:"今天,我们踏着来自历史的河流,受着一方百姓的期许,理应负起使命,至诚奉献,让我们的文化绵延不绝,让我们的创造生生不息。"总书记在浙江工作时关于"浙江文化研究工程"的这段深沉寄语,激励着我们不断深化认识、创新工作。

1995年春,绍兴市启动中华人民共和国成立后的首次公祭大禹陵典礼,那时我在财政部门工作,被抽调到祭典活动筹备组,负责经费筹措与管理。当时民众参与热情很高,捐款捐物不断,许多单位和个人乐于掏钱、争着掏钱,使公祭活动体现出一个"公"字;同时,祭禹首次推出了祭器铭名权,出让铭名权的牌坊、钟、鼎、祭桌、大鼓等,成本不足50万元,余款用于活动,我们用这种方式筹到了近400万元,走出了民间参与政府活动的新路子。后来,我将《'95浙江省暨绍兴市各界公祭大禹陵活动启示》写成文章,收录在《旅游–财政理论与实践》(中国财政经济出版社1996年版)一书中。自此,每年谷雨,绍兴公祭大禹典礼从未间断。

光阴逆旅,时光如梭。2015年我已主事绍兴的宣传文化工作,其间深受周幼涛、孟文铺、任桂全等大禹文化研究专家的教益,也时常被邱志荣等一批极富创新和勇毅精神的专家所感动。这年夏天,一次偶遇,我认识了中国美术学院油画系主任章仁缘教授,当我得知他正酝酿创作重大历史题材《大禹治水》巨幅油画后,我的第一反应是希望他的创作在绍兴完成,让传世佳作烙上绍兴印记,沾上绍兴灵性!此后,我与章教授多次真诚地互动。他被我的诚心感动,决定携夫人扎根绍兴,潜心绘制《禹魂》。于是,量身定制的画室由民企赞助搭建起来了,一次次高规格的文化体验、创作座谈活动有序展开,由绍兴著名导演钱勇执导的纪录片摄制组也开始跟拍。一晃就是三年,其间的故事、温暖和记忆始终滋润着心窝。2018年春,创作于绍兴的大型油画《大禹治水》在中国国家博物馆展出并被永久收藏,同时,跟拍近三年的文化纪录片《禹魂》也在谷雨祭祀当天在央视播出。我感到极度欣慰,这是一次极有意义的,传承、弘扬大禹精神的探索和实践。

经过数十年对大禹文化的不断感悟和学习,我逐步从认知大禹、了解大禹到研学大禹,在推动研究大禹、弘扬大禹、传承大禹直至呼吁寻根大禹,我都不遗余力。近年来,只要是传承与弘扬大禹精神、推动寻根大禹的任何一个举措,我都会尽心尽力,乐此不疲。此次编辑出版《绍兴禹迹标识导读》一书，我更是十分欣喜。收录本书中的内容，既是悠久的大禹历史文化的汇集，也是多学科、跨区域精心研究的学术文化成果。特别是周魁一、谭徐明两位著名学者分别提供了《先秦传说中的大禹治水及其含义的初步解释》《九州区划与江河命名》两篇重要文章，为本书增光添彩。同时，作为大禹生死之交的绍兴与四川省的汶川、北川两地，学界多年来一直友好交往，本书也体现了合作的延续。在形式上，设置了二维码，进入后可了解绍兴禹迹大全，全程导览，寻究探访，体现了文旅融合。总之，这些实践是大禹文化还原于民间土壤、走向社会大众的一次时代创新，其成果必将为人民群众所喜闻乐见，为国内外学术界所赞誉，对保护、传承、利用大禹文化方面有着非凡的意义。我由衷地对参与此项工作的所有人员表示敬意和感谢！

大禹属于中国，更为全人类共有。我们研究大禹、寻找大禹，就是寻找我们自己的根。根深才能叶茂，源远才会流长。写作此文，正值新中国 72 周年华诞，在此敬祝伟大祖国繁荣富强，根深叶茂，欣欣向荣。

何俊杰

2021 年国庆节

前　言

2018年4月16日,由中共绍兴市委宣传部和绍兴市鉴湖研究会联合编制的《绍兴禹迹图》正式发布。这是我国第一张区域性成规模系统编录大禹文化遗产的分布图。

2019年,绍兴公祭大禹陵典礼前夕,由绍兴市文化广电旅游局、绍兴市水利局联合主办,绍兴市鉴湖研究会等单位编制的《浙江禹迹图》,在浙江省政府新闻发布平台发布。

以上两图的成功编制和发布,在大禹文化的研究、保护、弘扬上是一次重要的创新和示范。两图迅速在国内外交流传播,受到学界和社会广泛赞誉。

之后,绍兴在大禹文化的保护、传承上又提出了一个新的课题:如何把禹迹从文献和图中延伸活化到大地上,深深地扎根社会民众之中? 于是,设置"绍兴禹迹标识"成为又一项创新和示范的文化工作。

2020年10—12月,绍兴市文广旅游局主创,并委托绍兴市鉴湖研究会等单位承办,开展了绍兴"禹迹标识"设计工作。其间,集聚《绍兴禹迹图》《浙江禹迹图》优势,广泛征求国家、浙江省、绍兴市有关文物、水利、文史、文旅、传媒等领域专家学者的意见,精心设计,并得到了中国水利学会水利史研究会等单位的指导和审核,最终确定了禹迹标识的内容和形制。

一、关于绍兴禹迹图标识的思路定位

在《浙江禹迹图》编制之后,绍兴在大禹文化保护、传承、利用上再一次进行了创新和示范,促进绍兴禹迹图的活态延伸。

二、关于绍兴禹迹标识的设计主要内容

(一)"绍兴禹迹"书法

隶书。源于《绍兴禹迹图》题字,使图与标识形成一体。

(二)"缵禹之绪"篆刻

出自《诗经·鲁颂·閟宫》的"奄有下土,缵禹之绪"。寓意为继承大禹未竟的事业,勉励后人学习大禹精神并将其发扬光大。印章由我国著名篆刻大师张国维刻制。

（三）大禹像

出自山东武氏祠汉画像石。是中国以至东亚地区广为流传的大禹刻像。之所以选择此大禹像,主要是从禹迹面向中国以及国际化考虑。

（四）"会稽山"与"水"字

会稽山是大禹治水取得治水经验、地平天成、毕功之地,大禹大会诸侯、归葬之地,祭祀大禹以及"会稽"命名之地,有着无可替代、独特的禹文化资源。

治水是禹文化的主题,在会稽山之下将《说文解字》中的"水"字纳入其中,更显其治水伟业、文史鸿深。

（五）二维码

用二维码可以实现绍兴禹迹导览,图文、音视频景点介绍,为游客提供便利的游览体验。景区二维码还具有多项功能模块与优势,能让游客体验到更加自由自在又贴心细致的禹迹旅游服务。

（六）监制单位及编号

监制单位:绍兴市文物局、中国水利学会水利史研究会。编号基本按《浙江禹迹图》绍兴区域排序。

三、绍兴禹迹定点

根据文献记载,结合现场考察,按照"尽可能接近原址、尽可能有利于保护、尽可能有利于文旅融合"的原则,由市文广旅游局组织有关专家、当地文史工作者一起商定位置,技术上采用易立 GPS 测量仪定位及坐标拾取系统（http://api.map.baidu.com/lbsapi/getpoint/index.html）确定坐标点。

四、关于绍兴禹迹标识分布及类型

本次禹迹标识编号基本按《浙江禹迹图》绍兴区域排序。安装共分绍兴市越城区 18 个点,柯桥区 20 个点,上虞区 7 个点,嵊州市 7 个点,新昌县 10 个点,诸暨市 2 个点,总计 64 个禹迹标识点。

按类型可分为:祭祀类 23 处(包括陵 1 处、庙 15 处、祠 1 处、寺 1 处、殿 2 处、像 3 处);山体类 20 处(包括山 12 处、峰 1 处、穴 1 处、岩 1 处、石 4 处、台 1 处);水体类 13 处(包括江 1 处、河 1 处、湖 1 处、溪 1 处、浦 1 处、塘 1 处、桥 6 处、井 1 处);地名类 6 处(包括县 1 处、乡 1 处、村 3 处、坊 1 处);歌舞类 2 处。

五、关于绍兴禹迹标识设立主要采用方法

（一）传统标识和数字化相结合

既设立桩牌,又设置二维码,扫描进入后可阅读了解绍兴禹迹大全。其中包括了每一禹迹点的地理位置、简介、地图、照片、附录等内容。

（二）保护和弘扬相结合

绍兴各禹迹点由绍兴市文广局组织大禹文化专家进行定位,每到各处,均由当地文史专家,文物部门、镇街、村相关人员参加确定安装位置。如此更接地气,更为大众所接受,更利于重视保护。禹迹原定 61 个点,在实际安装定点过程中,当地专家和有关人士提出了更多的禹迹点建议名单,最后共同协商先新增了 3 个禹迹点,这也证明了社会各界对大禹文化的参与度和热爱。

（三）文化和旅游相结合

经过众多专家对绍兴禹迹的考证,确保了每一禹迹点内容在学术上的言必有据和精准;又尽量把每个禹迹点设立在靠近旅游点、广场、行政中心,以方便游客观览和查找。

（四）管理上市、县(区)文物部门和当地镇村相结合

监制单位为绍兴市文物局、中国水利学会水利史研究会,体现了制作安装行政管理和学术的权威性;当地镇村的参与,实现了齐抓共管和肩负历史责任,长效管护。

六、关于本书编排及内容

本书总体上按绍兴禹迹标识牌、《绍兴禹迹标识图》、正编、副编编排。正编按越城区、柯桥区、上虞区、嵊州市、新昌县、诸暨市排序。每个禹迹点又按地理位置、简介、图、照片、附录的次序介绍。其中附录主要补录与本禹迹点相关的内容。

副编中的"历史文献",除了选取以往文献有关绍兴大禹、会稽山、祭禹等的记载外,又增添了《山海经》《诗经》《尚书》等珍贵的内容;"近现代研究",主要是本地专家学者的研究成果介绍;"大禹相关的碑铭研究",是"禹迹""禹像"的溯源和研究;"禹迹图选录"主要选摘北宋《禹迹图》及四川《阿坝州禹迹图》供读者分享及参考;"绍兴尧舜遗迹新考",是对绍兴地区历史悠久的尧、舜遗迹的最新调查整理成果;全书所多选登部分珍贵碑拓、篆刻、书法、老照片等具有较高的文史和艺术价值。

绍兴禹迹标识牌的安装成功,是绍兴大禹文化在保护、发展、传播上的又一重要举措,尤其是对于绍兴争创文化高地,实施文旅融合,坚实绍兴"东亚文化之都"的基石,意义重大。

绍兴这块土地曾经是一片沼泽之地,管子称"越之水浊重而洎,故其民愚疾而垢"。古代绍兴人民能将这片曾经被《水经注·浙江水》描述为"东南地卑,万流所凑,涛湖泛决,枝津交渠,触地成川"的土地改造成为繁华富庶的鱼米之乡、东方水城,

依靠的是大禹治水的方法和精神。研究、保护和弘扬大禹文化任重道远、意义重大。禹迹标识牌是传承大禹文化的重要组成载体，不仅创新在绍兴，也将播惠于中华。让我们和衷共济，共同努力，早日成功完成《中国禹迹图》的编制。

二〇二一年十月

大禹治水图（中国水利博物馆提供）

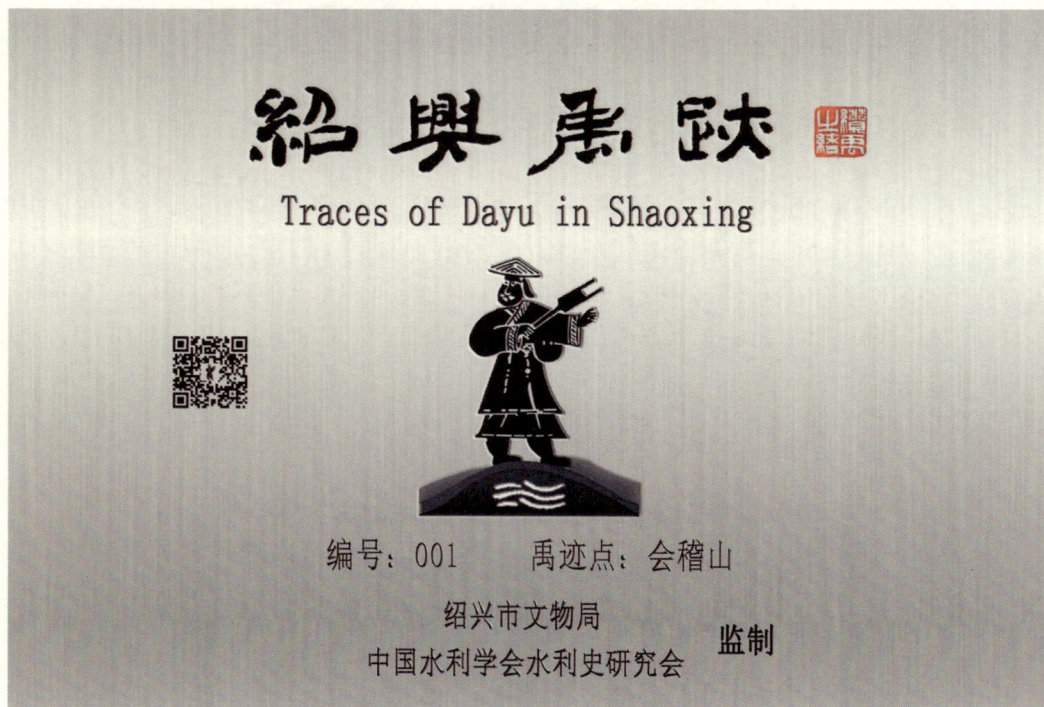

紹興禹跡

Traces of Dayu in Shaoxing

编号：001　　禹迹点：会稽山

绍兴市文物局
中国水利学会水利史研究会　监制

绍兴禹迹标识牌（设计：邱志荣、金小军、戴秀丽；制图：戴秀丽）

大禹陵景区禹河、窆石、大禹陵、大禹庙、大禹祠标识牌柱

绍兴禹迹标识图

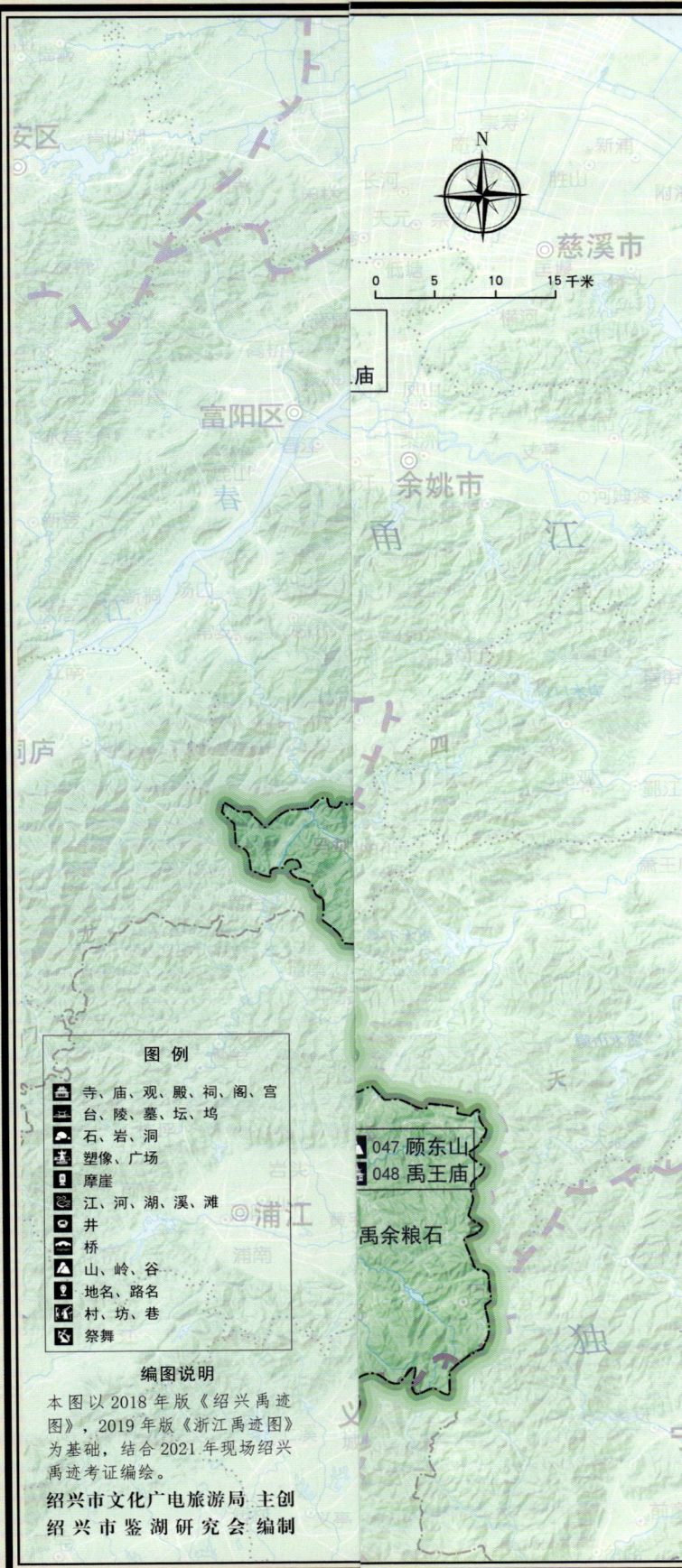

N

0　5　10　15 千米

安区

富阳区

慈溪市

余姚市

甬 江

四

天

浦江

浦南

047 顾东山
048 禹王庙

禹余粮石

独

宁

图 例

🏛 寺、庙、观、殿、祠、阁、宫
🏯 台、陵、墓、坛、坞
⛰ 石、岩、洞
🗿 塑像、广场
📜 摩崖
〰 江、河、湖、溪、滩
井
桥
⛰ 山、岭、谷
地名、路名
村、坊、巷
祭舞

编图说明

本图以 2018 年版《绍兴禹迹图》，2019 年版《浙江禹迹图》为基础，结合 2021 年现场绍兴禹迹考证编绘。

绍兴市文化广电旅游局 主创
绍兴市鉴湖研究会 编制

只 一 览 表

地区	编号	禹迹名	二维码	序号	地区	编号	禹迹名	二维码
	027	东担山		49		041	禹王庙	
	028	西担山		50	嵊州市	042	禹后庙	
桥区	029	禹会桥		51		043	嶀浦	
	030	稽山大王庙		52		044	禹山	
	031	冢斜村		53		045-01	大禹积砂岩	
	032	伯仙庙		54		045-02	铁佛寺	
	033	上虞		55		046	禹王庙	
	034	大禹像		56		047	顾东山	
	035	夏盖山		57	新昌县	048	禹王庙	
虞区	036	夏盖湖		58		049	缆船峰	
	037	夏盖夫人庙		59		050	百郎殿	
	038-01	犴舞		60		051	禹余粮石	
	038-02	犴舞		61		052	彼苍庙	
	039-01	了溪		62		053	禹王庙	
州市	039-02	了溪桥		63	诸暨市	054	了山	
	040	禹余粮山		64		055	叠石	

稽大禹庙碑》　　　　　绍兴宛委山　　　　　　宛委山禹穴　　　　宛委山贺知章《龙瑞宫记》　李斯《会稽刻石》碑
　　　　　　　　　　　　　　　　　　　　　　　　　　　　　　刻石摩崖

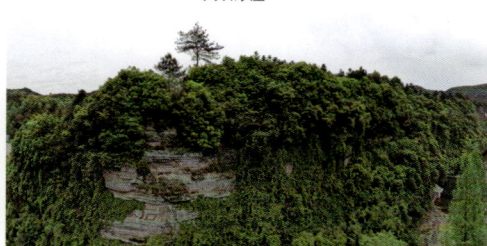

图　　　　　　　　　新昌大禹积沙岩南岩寺　　　　　　　　　　诸暨五泄大禹叠石

策划 何俊杰 杨颂周　主编 邱志荣　现场调查 邱志荣 张钧德 戴秀丽　绘图 戴秀丽 秦烨萍　二〇二一年十月

正编：绍兴禹迹分布导读

《绍兴府境全图》（引自清·《越中杂识》）

继禹之迹，亦世赖福（引自东汉·《西狭颂》）

一、越城区（18个）

会稽山（戴秀丽摄）

001会稽山

禹迹点：001 会稽山

（一）地理位置

经度　　　120.625359

纬度　　　29.967827

所在地　　越城区大禹陵景区东南石帆山大禹像南边（此为标识牌所在位置，下同。）

（二）简介

会稽山丘陵的主干峰聚于绍兴市区和诸暨、嵊州边界，海拔 700 米左右。从主干按西南—东北走向，分出一批海拔 500 米左右的丘陵，形成西干山丘陵和化山丘陵，亦分别成为浦阳江和曹娥江的分水岭。万历《绍兴府志》卷一《疆域志》记：

> 《南新志》曰："天下之山祖于昆仑，其分支于岷山者为南条之宗。挟江汉之流奔驰数千余里，历衡逾郴，包络瓯闽而东赴于海，又折而北以尽于会稽，故会稽为南镇。镇，止也。南条诸山所止也。越郡正当会稽诸山之中，郡城之外，万峰回合，若连雄环戟而中涵八山。八山者，又会稽诸山之所止也。

此说明会稽之山为传统之说的中华祖山昆仑山向南山脉终止处，其地位由此可见。

《越绝书》卷八记载的"茅山"，亦称"苗山"，在今绍兴城东南，即"会稽山，在会稽县东南十三里，其山衮延数十里"。（《越中杂识》上卷《山》）《水经注·浙江水》载：

> 又有会稽之山，古防山也，亦谓之为茅山，又曰栋山。《越绝》云：栋，犹镇也。盖《周礼》所谓扬州之镇矣。山形四方，上多金玉，下多砆石。《山海经》曰：夕水出焉，南流注于湖。《吴越春秋》称，覆釜山之中，有金简玉字之书，黄帝之

遗谶也。山下有禹庙，庙有圣姑像，《礼乐纬》云：禹治水毕，天赐神女圣姑，即其像也。山上有禹冢，昔大禹即位十年，东巡狩，崩于会稽，因而葬之。有鸟来，为之耘，春拔草根，秋啄其秽，是以县官禁民，不得妄害此鸟，犯则刑无赦。山东有湮井，去庙七里，深不见底，谓之禹井。

《嘉泰会稽志》卷九除记述《水经注》等说法外，又引《旧经》："会稽山周回三百五十里，盖总言东南诸山之隶会稽郡者。"秦王朝建立后，在吴越地设立会稽郡，治吴县（今江苏省苏州市），在今浙江省境内有 10 个县。西汉的会稽郡领县 26 个，包括今浙江和江苏、福建等省的部分地区。此后会稽郡的属地逐渐缩小，至清代会稽仅为绍兴府所属的八县之一，和当时的山阴县一起，基本在今柯桥区和越城区范围之内。

"会稽者，会计也"①，追根溯源，是因传说大禹在"茅山""大会计"而名"会稽山"，再因此而名其地为会稽。

《浙江古今地名词典·会稽山》②：①古山名。原名茅山，又名苗山。《史记·夏本纪》："禹会诸侯江南，计功而崩，因葬焉，命曰会稽。会稽者，会计也"。春秋时越王句践为夫差所败，以甲楯五千退保会稽山，即此。秦始皇曾上会稽，祭大禹，望南海，并立刻石颂秦德。司马迁也曾上会稽探禹穴。其时会稽山指今绍兴东南和南部诸山。②今山名。在越城、柯桥、嵊州、诸暨、东阳、上虞等区市间，南连大盘山，北接宁绍平原，为浦阳江和曹娥江分水岭。以古会稽山得名。呈东北—西南走向。长约 90 公里，宽约 30 公里。海拔一般在 500 米左右，几个千米以上山峰集居南部。主峰鹅鼻山，在嵊州市西北，海拔 700 米以上。最高点东白山，在东阳、诸暨两市界上，海拔 1194 米。主要由中生代火山熔岩、碎屑岩组成，局部有砂岩、页岩等分布。岩性松软的岩石构成山间小盆地。中

会稽山标识位置图

---

① 《嘉泰会稽志》卷一。
② 陈桥驿主编：《词典》编纂委员会编，浙江教育出版社 1991 年版，第 276 页。

段有新生代玄武岩,形成条带状台地。(邱志荣文)

(三)图

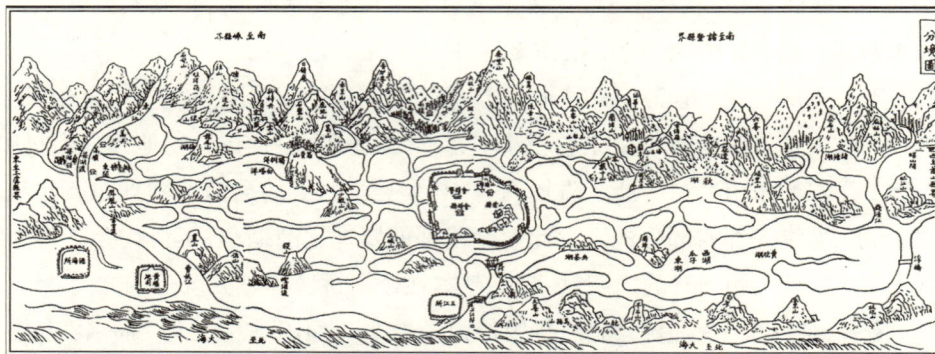

《分境图》中的稽山镜水(引自清·嘉庆《山阴县志》)

会稽山图(引自清·康熙《会稽县志》)

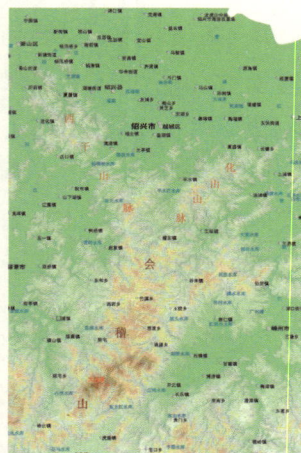

会稽山地形图

(四)照片

会稽山及禹河(邱志荣摄)

会稽山及大禹陵（郭民军摄）

南镇会稽山石碑（戴秀丽摄）

秦望山（邱志荣摄）

主峰鹅鼻山（邱志荣摄）

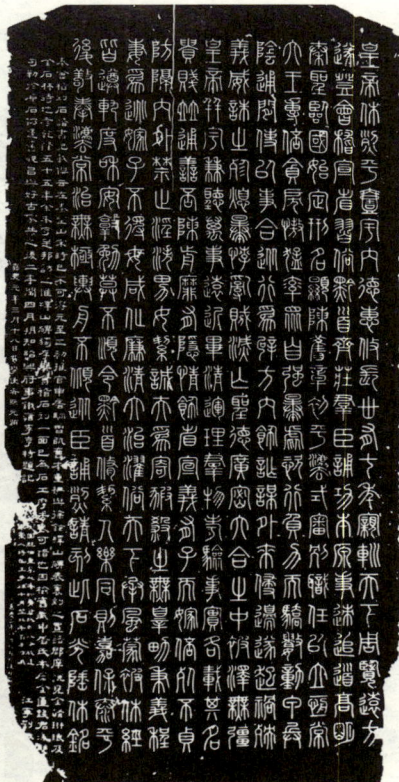

李斯《会稽刻石碑》

（五）附录

会稽鸟田

与禹会诸侯于会稽的传说相关，古代今绍兴地区还有"会稽鸟田"的传说。

所谓鸟田，是指有百鸟助人耕田。春天叼去草根，秋天啄除杂草。为什么鸟类会来给人类耕田，而用不到农夫自己动手呢？据说这是因为禹忧民治水，舍身忘我，劳苦功高，最终病死后葬于会稽，禹死后还念念不忘黎民百姓之苦，其精神感动了百鸟，于是百鸟便来这里为农夫耕田，而且大小有差，进退有行，使会稽百姓得"鸟田"之利。当地官府便明令禁止人们伤害鸟类，否则就算犯罪而要被处以刑罚。

也许正是由于此，越地民俗把鸟当作吉祥物，以鸟作为崇拜的图腾。历年来绍兴境内先后出土的文物上都有鸟的文饰，如鸠杖等。于今在绍兴某些标志性的广场建筑物上，运用鸠鸟图形已不鲜见，这是后人对这一古代民俗的认同。其实，在越地，鸟是巫的象征。巫者，以降神者也，这是巫师的主要职责。所谓鸟耘，应是人们在祭台上模仿鸟类的形象和动作来表现耕耘的场面，所以叫做"鸟耘"。

（何信恩文，引自《绍兴大禹陵》，中国文史出版社 2011 年版）

002-01大禹陵

禹迹点：002-01 大禹陵

（一）地理位置

经度　　　120.620246

纬度　　　29.969999

所在地　　越城区大禹陵景区

（二）简介

大禹陵在绍兴城稽山门外东南3公里处，会稽山麓、鉴湖南畔。是一处合陵、庙、祠于一体的古建筑群，高低错落，各抱形势，展示了中国传统的建筑美。

大禹在越治水的历史传说在古代普遍流传，见之于众多的史籍文献，如《竹书纪年·夏后记》"（禹）八年春，会诸侯于会稽，杀防风氏"；《国语·鲁语下》"昔禹致群神于会稽之山，防风氏后至，禹杀而戮之"；《淮南子》"禹葬会稽之山，农不易其亩"。此外，司马迁在年轻时，曾经南游江、淮，"上会稽，探禹穴"（《史记·太史公自序》）。他在《史记·夏本纪》中记述："十年，帝禹东巡狩，至于会稽而崩。"《史记·秦始皇本纪》又记秦始皇三十七年（前210年）来到越地，"上会稽，祭大禹，望于南海，而立石刻颂秦德"。

对大禹来越治水，当以战国人著述，东汉人袁康、吴平加以辑录增删的《越绝书》记载为详，此书记大禹曾两次来越，并葬于会稽山："禹始也，忧民救水，到大越，上茅山，大会计，爵有德，封有功，更名茅山曰会稽。及其王也，巡狩大越，见耆老，纳诗书，审铨衡，平斗斛。因病亡死，葬会稽，苇椁桐棺，穿圹七尺；上无漏泄，下无即水；坛高三尺，土阶三等，延袤一亩。"

《皇览》：禹冢在会稽山。自先秦古书，帝王墓皆不称陵。陵之名，实自汉始。"（万历《绍兴府志》卷二十）《汉书·地理志》载："山阴，会稽山在南，上有禹冢、禹井，扬州山。"说明汉代禹冢在会稽山的记载是十分明确的。《水经注·浙江水》记载：会稽山"山上有禹冢，昔大禹即位十年东巡狩，崩于会稽，因而葬之"。据《墨子》禹"葬会稽之山，衣裘三领，桐棺三寸"和《越绝书》卷八禹葬"苇椁桐棺，穿圹七尺；上无漏泄，下无即水；坛高三尺，土阶三等，延袤一亩"之说，似为薄棺深葬，葬礼简朴。由于年代久远，冢基确址已无从稽考。"近嘉靖中，闽人郑善夫定在庙南可数十步许，知府南大吉信之"。（万历《绍兴府志》卷二十）嘉靖十九年（1540年），于山之西麓，原禹祠之上，立"大禹陵"碑，碑高4米，宽1.9米。"大禹陵"三字，每字达一米见方，端庄凝重，气势宏大，系南大吉所书。大禹陵坐东朝西，面临禹池，前有山丘分列左右，会稽主峰环绕其后。入口处有牌坊，内辟百尺青石通道。（邱志荣文）

（三）图

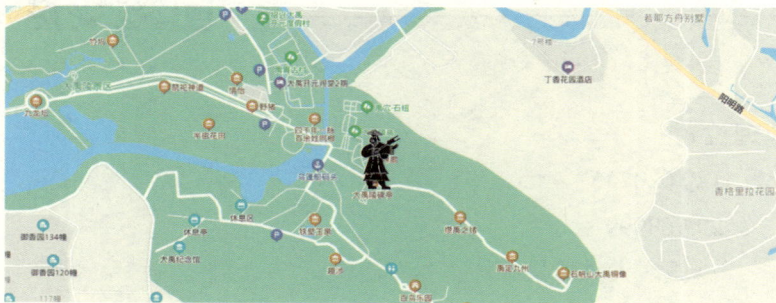

大禹陵标识位置图

大禹陵庙图（引自清·嘉庆《山阴县志》）

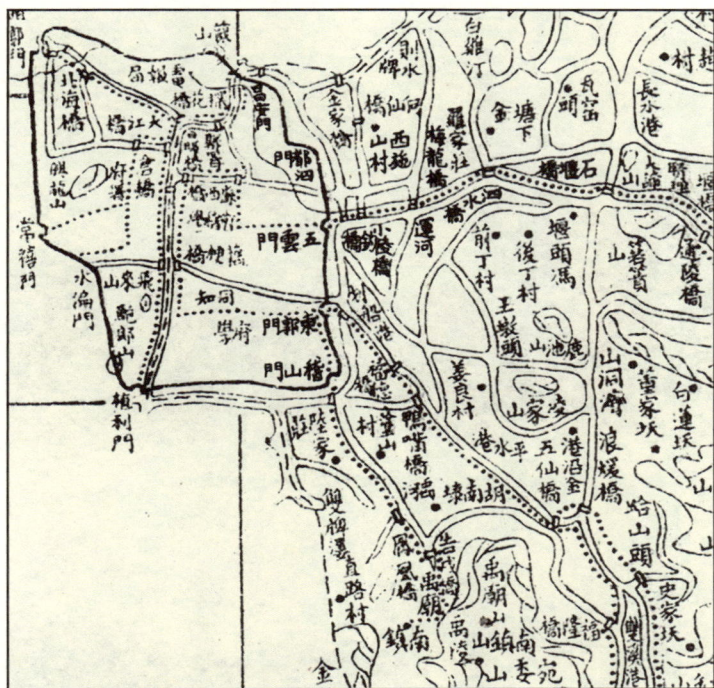

绍兴城东地禹庙、禹陵、禹河、告成桥、梅龙桥、涂山村、宛委山等位置图
〔引自清·光绪二十年（1894年）《浙江全省舆图并水陆道里记》〕

（四）照片

大禹陵与会稽山（戴秀丽摄）

20世纪末大禹陵牌坊（邱志荣摄）

民国时期大禹陵古牌坊

大禹陵岣嵝碑及亭（邱志荣摄）　　大禹陵咸若古亭（邱志荣摄）　　绍兴大禹陵禹穴（邱志荣摄）

大禹陵碑（邱志荣摄）

（五）附录

禹陵颂并序

清·爱新觉罗·玄烨

朕阅视河淮，省方浙地，会稽在望，爰渡钱塘，展拜大禹庙，瞻眺久之，敕有司岁加修葺，春秋苾祼，粢盛牲醴，必丰必虔，以志崇报之意，时康熙二十八年二月十五日也。缅维大禹接二帝之心传，开三代之治运，昏垫既平，教稼明伦，由是而起，其有功于后世不浅，岂特当时利赖哉！朕自御宇以来，轸怀饥溺，留意河防，讲求疏浚，渐见底绩，周行川泽，益仰前徽，爰作颂曰：

下民其咨，圣人乃生。危微精一，允执相承。克勤克俭，不伐不矜。随山刊木，地平天成。九州始辨，万世永宁。六府三事，政教修明。会稽巨镇，五岳媲灵。兹惟其藏，陵谷式经。百神守护，松柏郁贞。仰止高山，时切景行。

（引自清·嘉庆《山阴县志》）

002-02大禹庙

禹迹点：002-02 大禹庙

（一）地理位置

经度　　　120.619661

纬度　　　29.97169

所在地　　越城区大禹陵景区

（二）简介

禹王庙。相传禹庙最早为启所建。《越绝书》卷八："故禹宗庙在小城南门外，大城内，禹稷在庙西，今南里。"此位置应在靠近绍兴城内的飞来山以北近处。《史记正义》引孔文祥云："宋（指南朝刘宋）末，会稽修禹庙，于庙庭山土中得五等圭璧百余枚，形与《周礼》同，皆短小。此即禹会诸侯于会稽，执以礼山神而埋之。其璧今犹有在也。"《嘉泰会稽志》卷十三"白璧"条引《十道四蕃志》也有"（南朝）宋孝武使任延修禹庙，土中得白璧三十余枚，明知万国所执。梁初治庙，穿得碎珪及璧百余片"。均证明禹庙年代之久远，以及历代祭祀留下的遗物之丰富。禹王庙建成以来屡有兴废，现存禹王庙，基本保留了明代建筑规模和清代早期的建筑风格。

正殿正中央耸立着大禹塑像，高 5.85 米，衮袍冕旒，执圭而立，神态端庄，令人肃然起敬。这一艺术形象，是后人对大禹功德的极高赞誉。

塑像之后壁所绘的九把斧钺，象征着大禹疏凿九州劈山开河的艰难困苦和治水伟绩。

御碑亭。在殿前，碑文系清乾隆帝祭禹诗句。左右两侧分别竖有两块碑：右侧为《会稽大禹庙碑》，碑文系民国23年（1934年）中国水利工程学会会长李协所撰；左侧是《重建绍兴大禹陵庙碑》，碑文为民国22年著名学者章太炎所著。再过东庑房便为碑房，陈列着数十块明清两代帝王和官员在此祭祀大禹的碑石。（邱志荣文）

（三）图

大禹庙标识位置图

大禹陵庙图〔引自民国24年（1935年）《祀禹录》〕

若耶溪图中禹庙位置(引自清·康熙《会稽县志》)

(四)照片

绍兴大禹庙(袁云摄)

大禹庙航拍（戴秀丽摄）

大禹庙拜厅（邱志荣摄）

大禹庙全景（戴秀丽摄）

大禹像及楹联（邱志荣摄）

民国禹庙全景

《重修绍兴大禹陵庙碑》（引自《绍兴
大禹陵》，中国文史出版社 2011 年版）

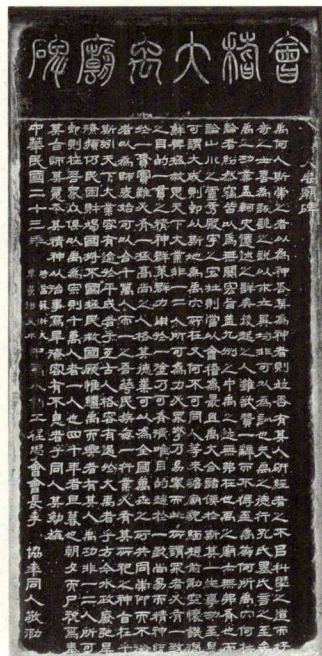

会稽大禹庙碑（邱志荣摄）

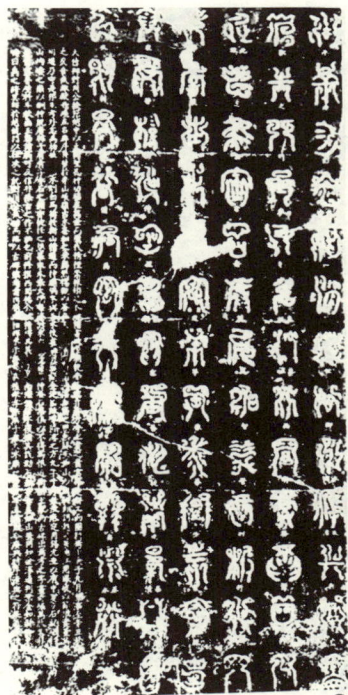

岣嵝碑碑文

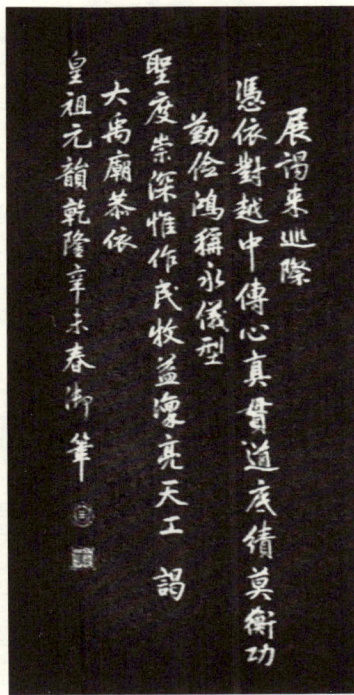

乾隆帝祭禹诗（引自沈建中编著《大
禹陵志》，研究出版社 2005 年版）

（五）附录

大禹陵庙碑

清·阮元

粤昔五德代兴，纪号天中，二典递禅，立都西北。惟神禹之陟降，皆在江水。治水之终始，皆在会稽，何则？履已西夷，生薿芘于石纽，江之原也。忧民东教，封葛桐于会计，江之委也。若夫黄帝中经所载，宛委覆釜所藏，登临梦发，金简玉璪出焉。洒沈澹灾，底定者千八百国，通水之理，实始于会稽。及其会诸侯，诏群臣，诛后至者，而大计其功，鼛鼛已甚，绞缄犹薄。迄于今，参耕之亩宛然，非古之上陇与？然则月逾庚子，年加申酉，亦终乎此矣。或谓九州修贡，山川成书，会稽主名不著于册。然三江分派，以浙水为南支；万里岷流，指山阴为归宿。古今迁异，俗儒骇之。是知胕胝劳绩，必登茅山之巅；成旅中兴，实存大越之祀也。《吴越春秋》谓少康封庶子无馀於越，春秋祠禹墓於会稽。《汉书·地理志》：会稽山有禹井、禹祠。是故陵之有庙其来已古。我朝列圣相承，缵旧绩以平水土，东南江海间几劳大仆之驾焉。今嘉庆岁星次庚申，圣天子孝祀配天，望辩维谨，乃修阶坛，勤丹艧，用承祀事。巡抚阮元来拜庙下，以考其成。岩壑盘郁，江海深阻，维兹庙貌，巍然镇之。蠲精玉帛，如来百神之朝；驰慕风云，或降二龙之驾。郁郁乎，苍水探穴于其初，元圭填德于其既，固夏后氏神圣之所发藏，亦吾圣天子所以稽古帝、报功德也。爰作颂诗，铭诸乐石。其辞曰：

> 浙为南江，地临越绝。青泥藏书，白云出穴。陵者葬陵，迹留櫼橇。农不变徒，树不改列。厥有原庙，肇祀少康。山川风雨，日月阴阳。阶扶窆石，栋抗梅梁。聿新世室，载启元堂。昴星孕珠，涂山辑玉。黻冕天容，龙蛇古屋。伯益奉经，庚辰侍棒。封并苍梧，庙同岳麓。龙飞五载，障淮塞河。钱唐楗石，海无惊波。新庙奕奕，南镇峨峨，神功圣德，今古若何。马祠遗法，鸟田修祀。鬻享金鼎，符探玉笥。渐海讹声，登山刻字。被碑以文，载之嶷屃。

（引自清·嘉庆《山阴县志》卷二十一，
民国二十五年十一月绍兴县修志委员会校刊本）

会稽大禹庙碑

李协

禹何人？斯崇之者以为神，否其为神者则并否有其人，研经者之不以科学之道，而好奇之士喜为诙诡之说以求立异，均非可以为训也。夫禹之德行，孔氏、墨氏言之至矣，禹之功业，孟轲、史迁述之详矣，后起之人虽欲赞一辞而不得。至禹崩何所，禹穴何在，论者纷然，窃皆以为无关宏旨。盖九州之中，禹之迹无弗在也，禹之庙亦无弗有也。而论山川之灵秀，殿宇之宏壮，则当以会稽为最。且禹大合诸侯于斯，其一生事功，至是可谓大成，则即以斯地为禹穴所在，又何不可！同人等来瞻庙貌，缅想前勋，空怀饥渴，鲜神拯救，思天下大业非一二人所可为力，必众擎乃易举。而此所谓众者，必有一致之目的，一贯之精神，群策群力，用于一涂，乃可有济。唯目的趋于一致尚易，而精神统于一贯实难，必有一极高尚之人格，其德业可以为全国万世之所共同崇仰而不渝者以为师表，始可以合千万人而一之。吾华民族每一行业，必有其所祀之神，旨在乎斯，矧天下大业容有逾于平成者乎？亘古人格容有过于大禹者乎？方今水政废弛，旱潦频仍，民困财竭，国将不国，拯民救国，厥惟继禹而兴者有其人，禹功非一二人所可即，则在吾众。众俱以禹为宗，则千万人者一人也，四千年者旦暮也。朝夕而尸祝，为奉其旨师其意，本其精神以治事，为旱潦容有不息者乎？同人其勉旃！

中华民国二十三年，时当苏浙大旱黄河大水，中国水利工程学会会长李协率同人敬泐。

民国重建绍兴大禹陵庙碑
章炳麟

民国建元以来，诸祀渐替，唯孔林与夏后大禹之庙系在人心，不援国典以为重。庙自周建越国，迄今不斩。清世官为致祭，以姒姓子孙为奉祀生。入民国，庙渐隤。十九年冬，故浙江省长张载阳等请於官，以锡税之羡及乡政之币余葺之。二十一年始集役，至明年更十有六月而成，凡度银币九万四千二百五十五版。殿堂旷敞，瑰材究奇，壮於始造矣。唯后生於汶山，故知山川之首；学於西王国，故识流沙之外；眇达句股，故能理水地高下之宜；以身为度，故辨诸侯万人之体。於是鬊河以道九牧，凿江以流九派，刊旅以通九山。天地得一，画为中区。五服弥成，民得字养。自百王之功，未有如后者也。庙祀当与中国为废兴，非一代创制。殊号者，所儌东人以其国晚起，恶诸夏先进，则妄言治水为诬，犹清之欲宰中国，则称岱宗为长白山支峰也。末学肤受，信为故然，然惟实事固不可夺。故营缮之事复绍於今。庙之成也，主其事者绍兴县长汤日新，计工者楼之凡，督役者姚煦、金汤侯，堂庑法式冕服章采则沈钧业、张钟湘考於礼书而为之，皆越士也。唯后之功，不局於一方。以山陵所在，故越人从近治之。苟中夏不灭，德广所及，桃於神州，百世莫得与比。昔孙皓刻庙侧石船，以铭己勋；吴亡，卒为人所削，有无其德而欲僭儗者，宜视以为戒。铭曰：

大邦维崇，继父汩鸿，因败为善，声教远充。神无不之，享在閟宫。九鼎虽没，像设犹隆。后之德不可既，而土木之寿有终。肇域方扰，唯神所恫。缮兹饎堂，声蚃上通。使大江如般带，昆仑如蚁封。灵气覆露，与诸夏无穷。

中华民国二十二年七月。龙游余绍宋书丹，杭县高丰篆额。杭州吴馥生镌。

陆游《禹庙赋》

古人赞颂大禹之功绩,多为颂扬其功德和精神。而陆游的《禹庙赋》却没有停留于此。

世传禹治水,得玄女之符。予从乡人以暮春祭禹庙,裴回于庭。思禹之功,而叹世之妄,稽首作赋。其辞曰:呜呼!在昔鸿水之为害也,浮乾端,浸坤轴,裂水石,卷草木,方洋徐行,弥漫平陆,浩浩荡荡,奔放迥洑。生者寄丘阜,死者葬鱼腹。蛇龙骄横,鬼神夜哭。其来也组练百万,铁壁千仞,日月无色,山岳俱震。大堤坚防,攻龁立尽。方舟利楫,辟易莫进,势极而折,千里一瞬。莽乎苍苍,继以饥馑。於是舜谋于庭,尧咨于朝,窘羲和,忧皋陶,伯夷莫施于典礼,后夔何假乎箫韶。禹于是时,惶然孤臣。耳目手足,亦均乎人。张天维于已绝,拯民命于将湮,九土以奠,百谷以陈,阡陌鳞鳞,原隰畇畇,仰事俯育,熙熙终身。凡人之类,至于今不泯者,禹之勤也。孟子曰:“禹之行水也,行其所无事也。”夫以水之横流,浩莫之止,而听其自行,则冒汝之害,不可治已。于传有之,禹手胼而足胝,宫卑而食菲,娶涂山而遂去,竟不暇视其呱泣之子,则其勤劳亦至矣。然则孟子谓之行其所无事,何也?曰:“世以己治水,而禹以水治水也。以己治水者,己与水交战,决东而西溢,堤南而北圮,治于此而彼败,纷万绪之俱起,则沟浍可以杀人,涛澜作于平地,此鲧之所以殛死也。以水治水者,内不见己,外不见水,惟理之视。避其怒,导其驶,引之为江、为河、为济、为淮,汇之为潭、为渊、为沼、为沚,盖滀于性之所安,而行乎势之不得已。方其怀山襄陵,驾空滔天,而吾以见其有安行地中之理矣。虽然,岂惟水哉,禹之服三苗,盖有得乎此矣。使禹有胜苗之心,则苗亦悖然有不服之意,流血漂杵,方自此始。其能格之干羽之间、谈笑之际耶?夫人之喜怒忧乐,始生而具。治水而不忧,伐苗而不怒,此禹之所以为禹也。禹不可得而见之矣,惟澹然忘我,超然为物者,其殆庶乎?

面对着滔天洪水,屡治不效,禹的治理方法按孟子说是“行其所无事也”。原因是掌握了治水的规律:“内不见己,外不见水,惟理之视。”因之治水获得成功。“而吾以见其有安行地中之理矣。”告诫人们祭禹不求表面,更应掌握自然治水规律,不要太重眼前利益,少妄作,“澹然忘我,超然为物”,护好自然,有效地治理水患。陆游于此文中超越常人的见识,既是对历史治水经验之总结,也是对鉴湖被湮废造成的水患灾害的忧患思考,以及对治水规律,水、人、地关系的探索,同时也是对人们的忠告,和对以利为重的侵占湖田的豪族之鞭挞,及对当政者的批评和启示。

(引自邱志荣《鉴水流长·论绍兴水利文化》,新华出版社 2002 年版)

大禹陵部分存世碑版（引自《绍兴大禹陵》,中国文史出版社 2011 年版）

明·天顺祭碑（引自《大禹与绍兴》,1995 年）

002-03大禹祠

禹迹点：002-03 大禹祠

（一）地理位置

经度　　120.620063
纬度　　29.969777
所在地　越城区大禹陵景区

（二）简介

禹祠。在陵的南侧数十米处，为一片古朴典雅的平房。据传始立于少康时。建祠3000余年来，屡废屡建。今禹祠分前后二进。第一进右面为《大禹三过家门而不入》的砖刻图，左边则为砖刻《大禹纪功图》。第二进中央为禹塑像，此为禹治水时辛劳朴实的形象，高约2米，头戴笠帽，脚着草履，手拿石铲，目光炯炯，有开天辟地、重振山河的英雄气概，同时又是一位普通劳动者的形象。

禹井。在禹祠左前侧，相传大禹治水在此居住，凿井取水。后人饮水思源，称为"禹井"。（邱志荣文）

（三）图

禹祠标识位置图

（四）照片

禹祠外景（戴秀丽摄）

禹祠大禹像（邱志荣摄）

今禹祠大禹像(邱志荣摄)

禹井(邱志荣摄)

禹祠，是各地大禹后裔追认、祭拜先祖的场所。

大禹的葬于会稽山时间可追溯至夏朝始建，其于启在此立会稽山，每年春秋两季派人前来祭禹。

禹祠屡毁屡建，一九八六年于大禹寺原址重建，仿清砖木结构建筑，由前殿、后殿、曲廊组成，祠前有一处放生池，旁有一口禹井。

禹祠介绍碑(邱志荣摄)

002-04窆石

禹迹点：002-04 窆石

（一）地理位置

经度　　　120.6201

纬度　　　29.971848

所在地　　越城区大禹陵景区

（二）简介

窆石亭。在殿东小丘之上，内置一秤锤形窆石，高2米，顶端有一碗口大洞。其用途或称大禹治水所乘石船，或谓下葬工具，或称葬后之镇石，亦有言陵墓所在之标志。石上有许多刻字，其中有的为汉时所刻，足见其年代之久远。《越中杂识·碑版》载："禹葬于会稽，取石为窆，盖用以下棺，故顶上有穿状如秤锤，所以系绳也。石本无字，汉永建元年五月，始有题字刻于石。（见赵明诚《金石录》）其石，相传千夫不能撼。元末，胡大海至越，手拔之，石中断。部下健儿迭相助，及拔，陷地才扶寸尔。土人涂之以漆，仍立故处。"鲁迅先生在1917年撰有《会稽禹庙窆石考》，对窆石来历及所刻文字作过详细考证，其中记：《太平寰宇记》引《舆地记》云：禹庙侧有石船，长一丈，云禹所乘也。""晋宋时不测所从来，乃以为石船，宋元又谓之窆石，至于今不改矣。"（邱志荣文）

（三）图

窆石标识位置图

（四）照片

窆石题刻

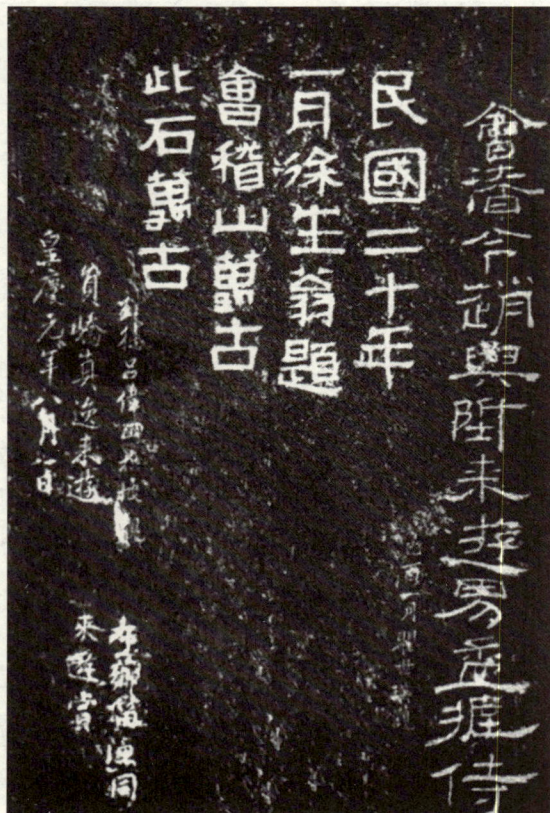

徐生翁窆石题刻（引自沈建中编著《大禹陵志》，研究出版社 2005 年版）

民国禹庙窆石亭

禹穴、石纽碑(邱志荣摄)

（五）附录

会稽禹庙窆石考

鲁　迅

此石碣世称窆石，在会稽禹庙中，高虑偃尺八尺九寸，上端有穿，径八寸五分，篆书三行在穿右下。平氏《绍兴志》云：康熙初张希良以意属读，得二十九字，寻其隅角，当为五行，行二十六字。王氏昶《金石萃编》云："惟'日年王一并天文晦真'九字可辨"。此拓可见者第一行"甘□□□□□王石"，第二行"□乾勹并□天文晦彳"，第三行"□□言真□□黄□□"，十一字又二半字。其所刻时或谓永建，或又以为永康，俱无其证。《太平寰宇记》引《舆地记》云："禹庙侧有石船，长一丈，云禹所乘也。孙皓刻其背以述功焉，后人以皓无功可记，乃覆船刻它字，其船中折"。阮氏元《金石志》因定为三国孙氏刻。字体亦与天玺刻石极类，盖为得其真矣。所刻它字，今亦不见。第有宋元人题字数段，右方有赵与𡐛题名，距九寸有员峤真逸题字，左上方有龙朝夫诗，颇漫患。王氏辨五十八字。俞氏樾又审伣其诗，止阙四字，载《春在堂随笔》中。今审拓本，复得数字，具录如下："□□□□□九月□一日从事郎□□□□□□□□□□□□龙朝夫因被命□□□□瞻拜禹陵□此诗以纪盛□云　沐雨栉风无暇日　胼胝还见圣功劳　古柏参天□元气　梅梁赴海作波涛　至今遗迹衣冠在　长□空山魑魅号　欲觅□陵寻窆石　山僧为我剪蓬蒿"。上截旧刻灭尽，有清人题字十余段，旧志所称杨龟山题名，亦不可见矣。

碣中折，篆文在下半。《绍兴志》云："下截为元季兵毁"，殊未审谛。《舆地志》言长一丈，今出地者只九尺，则故未损阙矣。《嘉泰会稽志》引《孔灵符记》云："始皇崩，邑人刻木为像祀之，配食夏禹庙。"又云："东海圣姑从海中乘石船张石帆至，二物见在庙中。"盖碣自秦以来有之，孙皓记功其上，皓好刻图，禅国山，天玺纪功诸刻皆然。岂以无有圭角，似出天然，故以为瑞石与？晋宋时不测所从来，乃以为石船，宋元又谓之窆石，至于今不改矣。

（引自《鲁迅全集·集外集拾遗补编》，人民出版社 2005 年版）

002-05禹陵村

禹迹点：002-05 禹陵村

（一）地理位置

经度　　　120.618652

纬度　　　29.971411

所在地　　越城区大禹陵景区

（二）简介

禹陵村旧时也称"庙下"，大禹后裔姒氏族人多住在这里，他们每年按时祭祀大禹。绍兴姒氏主要居住于庙下禹陵村，市内外其他散居的也都属于庙下发展出去的。

大禹姓姒，禹陵旁就有负责守陵的姒姓后裔。

村中姒姓族人在清末时，共分五房，祖上传下祭祀田20亩。五房轮流种植，轮到的一房称作当年房，当年祭禹开支全由当年房负责。农历正月初一清晨，姒姓全体人员都能领到一支签，然后肃衣整冠到禹庙大殿（未婚姑娘除外）叩拜大禹。仪式结束后持竹签在当年房换取相当于1斤猪肉的钱，新媳妇可以领2份。六月初六大禹生日，当年房备足三牲福礼，全族至禹庙举行祭礼，礼仪甚为隆重。

2006年，禹陵村作了全面整修，此后的禹陵村成了一处文化景观。村口新立镌有"禹陵村"三个篆字的巨石，巨石侧面尚有边款小记曰："大禹治水，劳身焦思，最后病死在南巡途中的会稽山下。为缅怀大禹，其第五代孙少康便派庶子无馀到大禹陵守陵司祭，日久繁衍，遂成村落。大禹姓姒，相传因其母吃了薏苡而怀上了他，上古苡、姒相通。以后，由于各种原因，姒姓不断分化，演生出百余姓氏，至今沿用。"另村门石柱上还刻有"四千

年一脉，百余姓同根"。故村中设立了禹祀馆和禹裔馆等。村后还有大禹后裔姒承家撰写的《禹陵村记》。(张钧德文)

(三)图

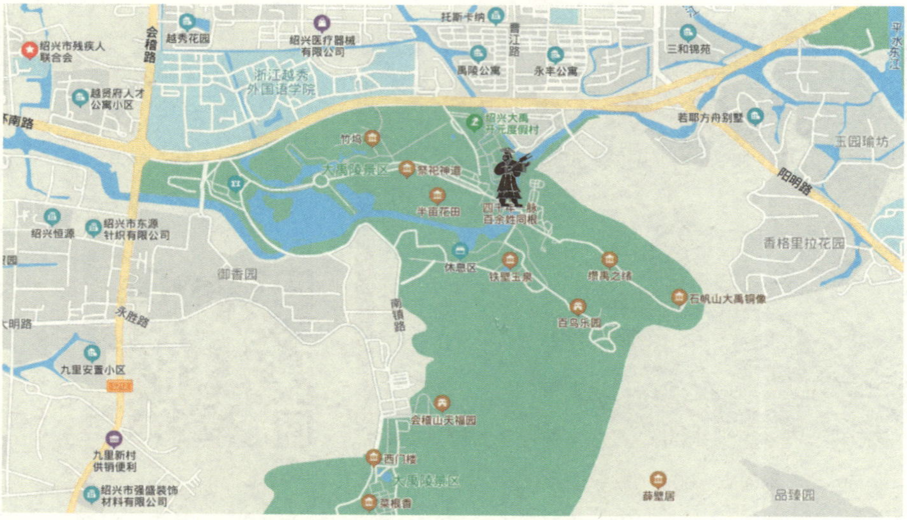

禹陵村标识位置图

(四)照片

禹陵村航拍(戴秀丽摄)

禹陵村刻石（戴秀丽摄）

禹陵村题刻（张钧德摄）

禹裔馆（戴秀丽摄）

大禹后裔族祭（张钧德摄）

2019年民祭大禹陵典礼(陈永林提供)

（五）附录

禹陵村记

禹陵村旧时又称禹王庙下，因紧傍大禹陵庙而得名。

据古籍记载，大禹会诸侯江南而崩，葬于会稽。禹之子启，立宗庙于南山之上，春秋祭祀。至禹第五代孙少康，封其庶子无馀於越，守祀禹墓。宋代以降，历朝皆以会稽山禹庙作为朝廷法定祭禹之所，列入祀典，定专人守陵。而禹陵村则为守祀大禹陵庙者之居住地。此可谓禹陵村之古。

史载大禹姒姓，自无馀来越守祀大禹陵庙以来，姒族即在此繁衍生息，世代守祀禹墓、禹庙。越王勾践乃其第四十四世祖。此支守陵禹裔，虽历遭劫难，丁口不蕃，然祖传"培护陵祠，恭承先志"之训始终不忘，族祭大禹至今不断。古老氏族，历数千年不易其姓而绵绵不绝，聚居一地且世系历历可数，实为世所罕见。此可谓禹陵村之奇。

禹陵村地处会稽山麓，自然风光优美，人文景观丰富。禹庙之庄严巍峨、松柏长青，宛委之异峰峻岭、飞瀑鸣泉，古来骚人墨客对此多有赞美咏叹之作。此可谓禹陵村之秀。

禹陵村经二年整修，益显内美外秀，所蕴涵的村史之古、姒族之奇、风景之秀等文化遗存，亦能昭示于世。其人文精神与自然景观的和谐结合，将使大禹陵这一国家文保单位更显特色。

西元二〇〇六年仲春禹裔第一百四十三世孙姒承家撰

003故禹宗庙

禹迹点：003 故禹宗庙

（一）地理位置

经度　　　120.586783

纬度　　　29.996449

所在地　　越城区塔山北侧

（二）简介

《越绝书》卷八："在小城南门外，大城内，禹稷在庙西，今南里。"

唐·张守节《史记·太史公自序》正义引《吴越春秋》佚文："至勾践迁都山阴，立禹庙为始祖庙，越亡遂废也。"

经考证在今塔山北麓。（邱志荣文）

（三）图

故禹宗庙标识位置图

（四）照片

绍兴飞来山及应天塔（戴秀丽摄）

飞来山北侧故禹宗庙考证位置（戴秀丽摄）

004 禹迹寺古井

禹迹点：004 禹迹寺古井

（一）地理位置

经度　　　120.594659

纬度　　　29.998097

所在地　　越城区鲁迅中路 521 号禹迹寺面馆门口

（二）简介

禹迹寺遗址在今鲁迅故里与沈园之间姜家园小区，现仅存马路边禹迹寺古井一口。禹迹寺现已不存，旧址在绍兴古城春波桥北。《越中杂识》载："春波桥，俗名罗汉桥，在禹迹寺前。"现春波桥北的鲁迅中路 521 号商铺正门口存有名叫"禹迹寺古井"的双井遗迹。（邱志荣文）

（三）图

禹迹寺古井标识位置图

清·光绪《绍兴府城衢路图》中禹迹寺位置图

（四）照片

禹迹寺古井（戴秀丽摄）

禹迹寺古井碑正面

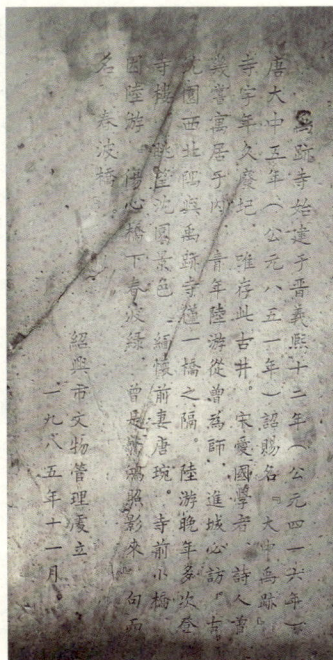

禹迹寺古井碑背面

禹迹寺前标识定点施工安装(戴秀丽摄)

(五)附录

禹迹寺古井

禹迹寺始建于晋义熙十二年(公元四一六年)唐大中五年(公元八五一年)诏赐名"大中禹迹"。寺宇年久废圮,唯存此古井。宋爱国学者、诗人曾几尝寓居于内,青年陆游从曾为师,进城必访。古沈园西北隅与禹迹寺仅一桥之隔。陆游晚年多次登寺楼,眺望沈园景色,缅怀前妻唐琬。寺前小桥,因陆游"伤心桥下春波绿,曾是惊鸿照影来"句而名"春波桥"。

绍兴市文物管理处立

一九八五年十一月

005禹足石

禹迹点：005 禹足石

（一）地理位置

经度　　　120.600993

纬度　　　29.988312

所在地　　越城区稽山路 308 号稽山公园（"绍兴护城河夜游"附近）

（二）简介

原在绍兴市嵊州剡溪三溪江。现立于绍兴环城河稽山公园，神似禹足。

在环城河上稽山园内。石旁有题记："大禹治水毕功于了溪。此石源于剡溪，传为大禹足。"（邱志荣文）

（三）图

禹足石标识位置图

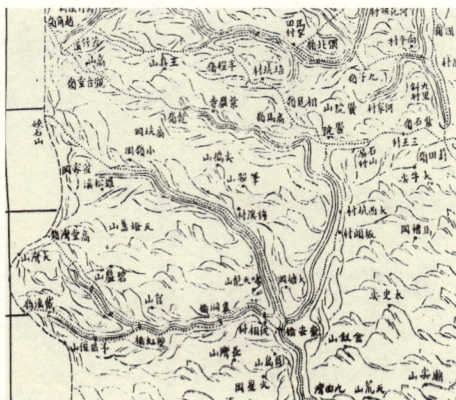

三溪江图〔引自清·光绪二十年（1894年）《浙江全省舆图并水陆道里记》〕

（四）照片

禹足石近观（邱志荣摄）

禹足石滨河景观（戴秀丽摄）

006治水广场大禹像

禹迹点：006 治水广场大禹像

（一）地理位置

经度　　　120.58247

纬度　　　29.992683

所在地　　越城区和畅堂与环城南路交叉口东南 100 米

（二）简介

治水广场。位于古城区西南角环城河畔，占地 3.1 万平方米，由纪念广场、《治水碑记》、治水纪念馆、碧水水筑等组成，广场有大禹、马臻、汤绍恩等治水先贤塑像及治水碑记、鉴湖水利图、西墅斗门遗址、若耶溪镇水龟等展示，显示了一幅绍兴水利史长卷。治水广场大禹像气势雄伟，顶天立地，彰显了大禹治水的伟大业绩和光辉形象。（邱志荣文）

（三）图

治水广场大禹像标识位置图

(四)照片

治水广场大禹像(戴秀丽摄)

治水广场大禹铜像(傅列成摄)

绍兴环城河治水广场马臻像背景墙为"缵禹之绪"，沈定庵书（傅列成摄）

007-01禹河

禹迹点：007-01 禹河

（一）地理位置

经度　　　120.619072

纬度　　　29.971023

所在地　　越城区大禹陵景区西侧告成桥下河道

（二）简介

绍兴历史上的禹河，在大禹陵附门前告成桥下。2003 年又挖掘了一条河，全长约 9 公里，因为连通大禹陵，人们又给它起了个名字叫禹河。禹河东连若耶溪，西接山阴道，是一条自然风光秀美、人文积淀深厚的历史名河。（张钧德文）

（三）图

禹河标识位置图

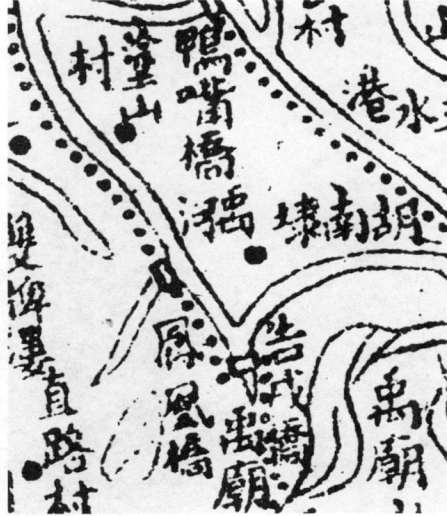

禹河及禹庙位置图〔引自清·光绪二十年(1894年)《浙江全省舆图并水陆道里记》〕

（四）照片

禹庙前河(邱志荣摄)

禹河流长（邱志荣摄）

告成桥下禹河流（邱志荣摄）

007-02禹贡桥

禹迹点：007-02 禹贡桥

（一）地理位置

经度　　　120.60374

纬度　　　29.971214

所在地　　越城区省道 S212 禹贡桥下

（二）简介

位于禹河古井园东侧，新建有禹贡桥，以传承和丰富绍兴大禹文化。（邱志荣文）

（三）图

禹贡桥标识位置图

（四）照片

禹贡桥（戴秀丽摄）

禹贡桥刻石（邱志荣摄）

008宛委山

禹迹点：008 宛委山

（一）地理位置

经度　　　120.625902

纬度　　　29.957745

所在地　　绍兴市越城区宛委山阳明洞天禹穴边

（二）简介

宛委山又称石匮山、石篑山、玉笥山，位于绍兴城东南约6公里处，海拔279米，北连石帆山、大禹陵，南倚香炉峰，是会稽山中自然风光、人文景观的荟萃之地。

相传大禹在治水之始遇到艰难险阻，睡梦中受玄夷苍水使者指点，便在若耶溪边的宛委山下设斋三月，得到金简玉字之书，读后知晓山河体势、通水之理，治水终于大获成功。此事《水经注》《吴越春秋》《十道志》《太平御览》等经籍中均有记载。司马迁《史记·太史公自序》叙及"二十而游江淮，上会稽，探禹穴"中的"禹穴"即是大禹得天书处。《水经注·浙江水》载"东游者多探其穴也"。

《艺文类聚》卷八引孔灵符《会稽记》中记宛委山：

会稽山南有宛委山。其上有石，俗呼石匮，壁立千云，有悬度之险，升者累梯然后至焉。昔禹治洪水，厥功未就，乃跻于此山。发石匮，得金简玉字，以知山河体势。于是疏导百川，各尽其宜。

贺循《会稽记》记石篑山：

石篑山，其形似篑，在宛委山上。《吴越春秋》云：九山东南曰天柱山，号宛委。承以文玉，覆以盤石。其书金简，青玉为字，编以白银。禹乃东巡，登衡山，杀四白马以祭之。见赤绣文衣男子，自称玄夷仓水使者，谓禹曰："欲得我简书，知导水之方者，斋于黄帝之岳。"禹乃斋，登石篑山，果得其文。乃知四渎之眼、百川之理，凿龙门，通伊阙，遂周行天下，使伯益记之，名为《山海经》。

又似与《山海经》之来历有关。

此外，《嘉泰会稽志》卷九《宛委山》：

石匮山一名宛委，一名玉笥，有悬崖之险，亦名天柱山……《水经》云：玉笥、竹林、云门、天柱、精舍，并疏山为基，筑林栽宇，割涧延流，尽泉石之好。

宛委山是传说中大禹治水第一次来越的佐证，也是其获取治水经验之处，流传广泛，影响深远，还留下了扑朔迷离的传说。

宛委山中有石名飞来石，其势欲倾，石高 4 米，长 8.8 米，世传此石从安息国飞来，上有索痕二道。飞来石上有唐贺知章《龙瑞宫》题记，至今清晰可辨，其中也有关于大禹在此得天书的记载：

<h1 style="text-align:center">宫　记</h1>

秘书监贺知章

宫自黄帝建候神馆，宋尚书孔灵产入道，奏改怀仙馆。神龙元年再置。开元二年，敕叶天师醮，龙现，敕改龙瑞宫。管山界至：东，秦皇、酒瓮、射的山；西，石篑山；南，望海、玉笥、香炉峰；北，禹陵内射的潭、五云溪、水府、白鹤山、淘砂径、茗坞、宫山、鹿迹潭、葑田、芰池。洞天第十，本名天帝阳明紫府真仙会处。黄帝藏书，磐石盖门，封宛委穴。禹至开，得书治水，封禹穴。

关于龙瑞宫的历史，所管山界，道教地位，藏书由来，由宛委穴变为禹穴的由来都讲得很清楚。大禹得书之后便封闭洞门。（邱志荣文）

（三）图

宛委山标识位置图

禹陵、禹庙、龙瑞宫刻石位置图（引自《浙江省绍兴县地名志》，1980年）

（四）照片

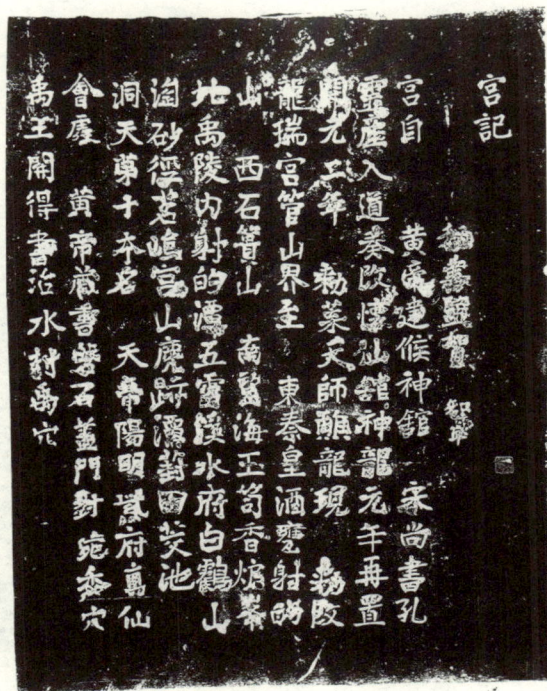

贺知章宛委山《龙瑞宫记》刻石

宛委山雄奇(邱志荣摄)

宛委山形似群仙所聚(邱志荣摄)

宛委山飞来石（邱志荣摄）

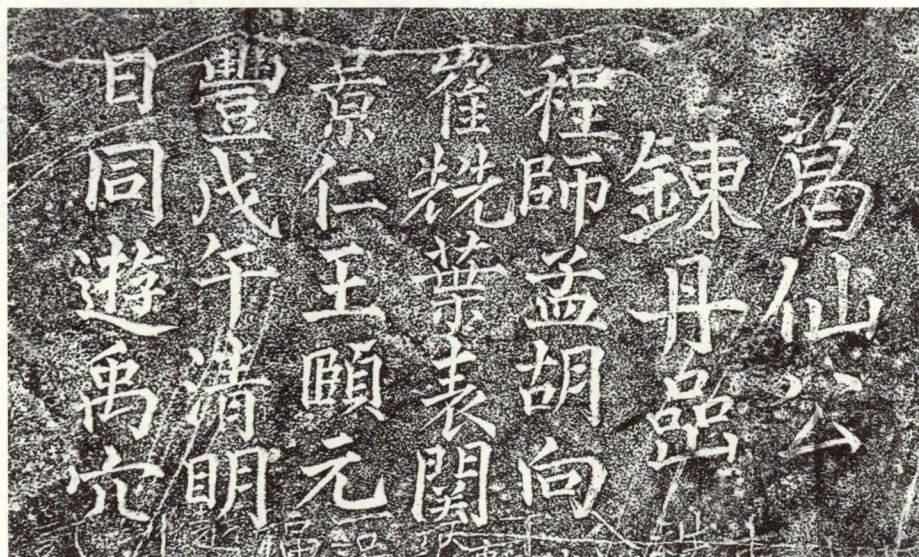

飞来石北宋程师孟禹穴题刻

宛委山玉柱（邱志荣摄）　　传为宛委山射堂（武士射箭处）（邱志荣摄）　　宛委山狮子头石（邱志荣摄）

宛委山下若耶溪上望仙桥（邱志荣摄）

（五）附录

洞天福地

　　若耶溪是我国古代道教的重要活动地之一，列为七十二福地之一，排行第十七。源远流长，名闻海内外。《嘉泰会稽志》卷九记载："若耶山在县东南四十里。《旧经》云：葛玄学道于此山，……山下有潭，潭上有石，号葛仙石。"又传所服白桐几化成白鹿二头，一头食草，一头望人，故山名为化鹿山，又称化山。

宛委山中有石名飞来石，其势欲倾、青苔斑斑的巨石上有唐贺知章的《龙瑞宫记》题刻。飞来石高 4 米，长 8.8 米。世传此石从安息国飞来，上有索痕二条。据记载，东晋学者、医学家、道教理论家葛洪（约 283—363）曾炼丹于此。

葛洪为道教神仙派代表，《晋书·葛洪传》记他"少好学，家贫，躬自伐薪以贸纸笔"，"遂究览典章，尤好神仙导养之法……凡所著撰，皆精核是非，而才章富赡"。葛洪著述颇多，除诗、赋、章、表及神仙传记数百卷（大部已佚）之外，流传至今的有《神仙传》《抱朴子》。他还精通医术，著《玉函方》一百卷，其治疗方法和易得之药，一直为民间及后世所重。在道教理论上，葛洪首次提出"玄"的概念作为道教思想体系的核心。"玄"即"道"是创造天地万物之母，他将修炼玄道视为成仙的途径。还将神仙方术与儒家纲常名教结合，主张神仙养生为内，儒术应世为外。葛洪在若耶溪的经历既十分有益他的修炼和著述，同时也对若耶溪文化的发展产生久远的影响。

葛洪炼丹并传道弟子，今上虞兰芎山，若耶溪宛委山、云门寺，嵊州西白山多留下其踪迹。宋华镇《考古集》："葛稚川炼丹于宛委山下，有遗井，大如盆盂，其深尺许，清泉湛然。"今仙人已去，丹井仍在。又传若耶溪云门寺有葛仙翁钓矶石。华镇诗并序[1]："若耶溪上仙翁投竿之地，苔矶孤秀，起于中潭，环山千垒，澄渊无底，清光翠色，上下相照，殆非人境所有。谢家兄弟悦之，日至其上，更酬迭唱，久而忘归。"

《嘉泰会稽志》卷七载："龙瑞宫在县东南二十五里，有禹穴及阳明洞天。道家以为黄帝时尝建候神馆於此，至唐神龙元年，置怀仙馆，开元二年，因龙见，改今额宫。"亦即著名的龙瑞宫。南宋嘉定十四年（1221 年）浙东提刑汪纲以旱来此设坛，祭神于宫，忽有物蜿蜒于坛上，体状异常。须臾雨如倾盆。后汪领郡事，遂重建龙祠，请赐龙神庙，额曰"嘉应宫"。宫正居会稽山南，峰峦叠翠，其东南一峰崛起，上平如砥，号苗龙上升台。苗龙，唐初人，善画龙而得仙去。龙瑞宫尤宜烟雨望之，重峰叠嶂，图画莫及。其地多产灵芝，有心采摘者，常有所获。绿树古藤，交相辉映，空谷幽静，"蝉噪林逾静，鸟鸣山更幽"[2]，正是此地意境。古人旧有"晴禹祠，雨龙瑞"之说，宫已废。宫边又有阳明洞天，《嘉泰会稽志》卷十一载："道家列为三十六洞天之十一洞也，一名极玄太元之天。"王守仁（1472—1528），字伯安，明代著名哲学家、教育家，当年离职还乡，结庐其侧，设帐讲学，因以为号，人称王阳明、阳明先生。据说他二次到宛委山阳明洞天，潜心求索，终于大悟"格物致知"的道理，应当自求诸心，不当求诸物，后创立"致良知"说，又称"心学"。《王阳明全集·年谱一》卷三十三记：

先生叹曰："吾焉能以有限精神为无用之虚文也！"遂告病归越，筑室阳明

---

① 康熙《会稽县志》卷五《葛仙翁钓矶石》。

② 南朝·梁·王籍《入若耶溪》。

洞中,行导引术。久之,遂先知。一日坐洞中,友人王思舆等四人来访,方出五云门,先生即命仆迎之,且历语其来迹。仆遇诸途,与语良合。

又《王阳明全集·序说·序跋》卷四十一:

> 南镇、禹穴、阳明洞诸山远近古刹,徒足所到,无非同志游寓之地。先生每临席,诸生前后左右环坐而听,常不下数百人;送往迎来,月无虚日,至有在侍更岁,不能遍记其姓字者。诸生每听讲,出门未尝不踊跃称快,以昧入者以明出,以疑入者以悟出,以忧愤愊忆入者以融释脱落出。……

其热闹场面、学术影响在此可见一斑。如今龙瑞宫、王守仁书室皆不见踪迹,但推想可知,此为当年道教名流、文人学士纷至沓来之地,曾为会稽的学术中心。

飞来石上贺知章题记至今清晰可辨。

唐代诗人孙逖有《寻龙瑞》①诗:

> 仙穴寻遗迹,轻舟爱水乡。
> 溪流一曲尽,山路九峰长。
> 渔父歌金洞,江妃舞翠房。
> 遥怜葛仙宅,真气共微茫。

20 世纪 70 年代中期,在宛委山以东,绍兴禹陵乡望仙桥村疏浚若耶溪时,发现了吴越王钱镠银质投简两枚。钱镠(852—932),字具美(一作巨美),小名婆留,唐末临安人。在位时曾组织疏浚鉴湖,加强农田水利,发展生产,对保障一方人民生活与农业经济、社会发展起过较好作用。银简的其中一块是钱镠王 62 岁时所投,希望神明保佑,扫除叛逆,统一国家,国泰民安。另一块是公元 928 年钱镠时年 77 岁所投,祈求寿龄延远,眼目光明,国家兴隆,子孙繁盛。告文中"过醮""投龙""投简",是道教向名山水府神仙祈祷的一套仪式,地点在当时的五云乡石凡里,即今望仙桥村石帆山、宛委山附近。投简铭文在银板上镂刻阴文,行书挺秀瘦劲,虽沉埋水底千年有余,仍字迹清晰可辨,为印证若耶溪为道教活动重要场所提供了珍贵的实物资料。

的占凶丰

宛委山的悬崖近山顶处有一颇大的岩石凹斗,足可容纳近十人,民间相传此即为射堂。距此约近千米若耶溪东岸的射的山上又有一巨大的石壁,为青灰色,中有一内凹约直径 1 米的圆形的岩体,呈白色。以上与《越中杂识》上卷"射的山,在会稽县南十五里,山半石壁,白晕,宛若射侯。故名。……稍西有石室,称为仙人射堂"相符。相传古代武士在射堂之中,以强弓射的。《水经注·渐江水》称:"常占射的,以为贵贱之准,的

---

① 《全唐诗》卷一百十六。

明则米贱,的暗则米贵,故谚云:射的白,斛米百;射的玄,斛米千。"周作人先生于清光绪二十五年(1899年)十月日记中记:"二十六日,……又过射的山,实与九冈同派,形如重楼,上有一石,大于钵,色纯白,钳于绝壁上,相传为仙人射箭之侯,越人以占年之丰歉云……亦越中一奇景也。"据考证,的占丰凶是有一定根据的,如果是年风调雨顺,气候干燥,此石白色较明显,因此一般是个丰收年,粮食相对便宜。假如阴雨连绵,连月不开,气候潮湿,此石相对较灰暗,农业减产,粮价自然抬高。然此传说历经久远,今射的之状仍存,究竟是自然形成,还是人工雕凿,尚不得而知。

(引自邱志荣《鉴水流长·悠悠若耶溪》)

《浙江水图》中记"禹冢""禹井"(引自《水经注图》,山东画报出版社2003年版)

009禹穴

禹迹点：009 禹穴

（一）地理位置

经度　　　120.625902

纬度　　　29.957745

所在地　　绍兴市越城区宛委山阳明洞天禹穴边

（二）简介

宛委山中今有一巨石，石长丈余，中为裂罅，阔不盈尺，深莫知底，传闻此洞即禹穴，亦名阳明洞。"《旧经》诸书皆以禹穴系之会稽宛委山，里人以阳明洞为禹穴"，口碑相传与记载相符。（邱志荣文）

（三）图

宛委山禹穴标识位置图

（四）照片

宛委山禹穴（邱志荣摄）

禹穴近观（邱志荣摄）

（五）附录

禹穴碑铭并序

唐·元稹铭　郑鲂序

惟帝圣世时，必有符命。在昔黄帝始受河图王箓，宓羲得神蓍而垂皇策，尧配璇玑玉衡以齐七政，舜继成六德，文王获赤雀丹书而演道定谟。予亦以谓禹探其穴，得开世之符而成乎水功。夫神人合谋而行变化，天地定位，阴阳潜交，五行迭王，斗建司节，岳尊山而渎长川，乃至日星雷风，祯祥秘奥，三纲五纪，万乐百礼，人人物物，各由身生，无非元功冥持，至数吻合以及之者。王者奉天而行，故圣神焉，帝皇焉。彼圣如仲尼，有德而无应，故位止於旅人，福弗及生灵，乃叹曰："凤鸟不至，河不出图，吾已矣。"夫然后知元命者轩，后命者羲，受命者唐与虞，成命者禹，备命者文。仲尼不受命，乃假人事而言，故有宗予之说，后代无作焉。立言者一仁义以束世，教瞽瞍蚩蚩，使绝其非望，职业之外，存而不论。予读《夏书》，无是说。司马子长自叙始云："登会稽，探禹穴。"不然，万祀何传焉，惑矣！苍山之潴，呀如渊如，陵徙谷迁，此中不塞，雨洗烟空，歘然莫穷。噫！实禹迹之所始终。唐兴二百八祀，宝历丙午秋九月，予从事於是邦，感上圣遗轨而学者无述，作禹穴碑，廉察使旧相河南公见而铭之，曰：

禹穴宜载夏与秦，胡为而不载？古而不载，迁与郑胡为而载？予以谓天德统万，止言其盖。地德统万，止言其载。尧德统万，止言其大。千山万山，皆言其会。一符一穴，不足为最。故夏与秦，俱不之载，而人以之昧。虽山之坚，虽洞之濊，有时而埋，有时而兑。岁其万千，风雨淘汰。亡其嵌呀，丛是薋荟。惟郑与迁，斯碑斯载，斯时之赖。

（引自清·嘉庆《山阴县志》，民国二十五年十一月绍兴县修志委员会校刊本）

禹穴赋并序

元·杨维桢

会稽山为南镇，见《周礼·职方》，至於今祀典不废。人以不见《禹贡》为疑。《禹贡》书治水起止，自扬州至於震泽，故会稽与浙河皆不登载。禹穴在会稽山，见《皇览》，又见《太史公书》。人以葬衣冠为疑。考帝少康封庶子於会稽，以奉守禹之祀，则禹穴在会稽无疑也。《真诰》以禹醉钟山而仙去，此异说之谬也。又以穴藏禹治水祕策者，尤谬。故辨其说以为赋：

追太史之东游兮，蹑夏后之巡踪。过会稽之巨镇兮，登宛委之神峰。曰群圣之所栖兮，辟阳明之洞府。问东巡之故陵兮，固已失其窆所。绕古屋之云气兮，瞻衮冕之穹窿。雷霆挚夫铁锁兮，梅之梁兮已龙。秋空山其无人兮，挂长松之落日。枕荒草之芊眠兮，栖专车之朽骨。忽白日其有烂兮，射五色之神晶。

窥神迹於一窦兮，眩太阴之窈冥。世以为衣冠之圹兮，神书之窦也。圭璧出乎耕土兮，彼巨石者不可扣也。曰玉匮之发书兮，遽囷沦而天飞。赖馀策以汩鸿兮，复韫椟以祕之。夫以四载之跋履兮，亦云行其无事。锡玄圭以告成兮，始龟文之来瑞。何诞者之夸毗兮，昪九畴而不经。使穴书之不泄兮，夫岂汩陈其五行。观连天之巨石兮，妙斧凿之无痕。南笋削乎其玉立兮，东娥接其雷奔。涂峰归其西北兮，执玉帛者万亿。夫既游而遂息兮，吾又何疑乎窆窆。绵祀典之常尊兮，石岂沩乎一拳。妄钟山之金酒兮，又何附会於妖仙。噫嘻！南望苍梧兮，东上会稽。九疑溃洞兮，窆石凄迷。秦之望兮低佪，悲沙丘兮不西。客有酾酒荒宫而和之以歌曰：稽之镇兮南之邦，纷万国兮来梯航。若有人兮东一方，酌予菲兮荐予芳。舞《大夏》兮象德，咏东海兮西江。

（引自清·嘉庆《山阴县志》，民国二十五年十一月绍兴县修志委员会校刊本）

1995 年大禹陵活动标识，董建成设计。（引自沈建中编著《大禹陵志》，研究出版社 2005 年版）

010石帆山大禹像

禹迹点：010 石帆山大禹像

（一）地理位置

经度　　　120.625356

纬度　　　29.967832

所在地　　越城区大禹陵景区石帆山顶

（二）简介

位于绍兴市越城区大禹陵石帆山山顶。

石帆山有观岭与宛委山相连，山上有 2001 年 4 月建成的大禹铜像。

从大禹陵碑到大禹铜像有石阶 945 级。大禹铜像，高 21 米，是大禹治水时亲躬劳作之像。他手执耒耜，足踏巨舟，屹立于石帆山顶，气势雄伟。（张钧德文）

（三）图

石帆山大禹像标识位置图

（四）照片

石帆山大禹像远景（戴秀丽摄）

石帆山大禹像（戴秀丽摄）

石帆山大禹像俯视（戴秀丽摄）

石帆山禹定九州图（戴秀丽摄）

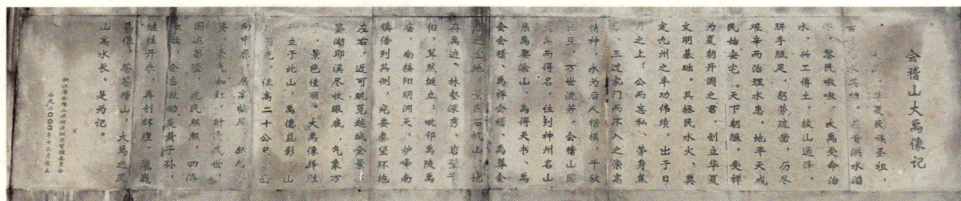

《会稽山大禹像记》（戴秀丽摄）

（五）附录

会稽山大禹像记

大禹，华夏民族圣祖，古代治水英雄。在昔洪水滔滔，黎民嗷嗷，大禹受命治水，兴工傅土，披山通泽，胼手胝足，躬劳疏凿，历尽艰辛而治理水患，地平天成，民始安宅。天下朝服，受禅为夏朝开国之君，创立华夏文明基础。其拯民水火、奠定九州之丰功伟绩，出于日月之上；公而忘私、劳身焦思、三过家门而不入之崇高精神，永为后人楷模，千秋俎豆，万世流芳。会稽山因大禹而得名，位列神州名山，系禹娶涂山、禹得天书、禹会会稽、禹禅会稽、禹葬会稽之宝地。景区石帆山，地存禹迹，林壑深秀，岩壁千仞，耸然挺立，毗邻禹陵禹庙，南接阳明洞天，炉峰南镇傍列其侧，宛委秦望环抱左右，近可眺览越城全景，鉴湖耶溪尽收眼底，气象万千，景色佳丽。大禹像择胜而立于此山，禹德益彰，山川同光。像高二十公尺，面向中原，居高临风，赫赫英姿，豪气如虹。时逢盛世，国运昌隆，兆民熙熙，四海融融，会当激励炎黄子孙，继往开来，再创辉煌。巍巍禹像，苍苍稽山，大禹之风，山高水长。是为记。

浙江省会稽山旅游度假区管理委员会，公元二〇〇〇年十二月敬立。

（陈惟于文）

011界树坊

禹迹点：011 界树坊

（一）地理位置

经度　　　120.597875

纬度　　　30.04217

所在地　　越城区后墅路与润沁路交叉口西

（二）简介

原为越城区东湖镇界树村。村整体拆迁后建成界树坊小区，今坊口有碑，上刻《界树碑志》，文曰：

界树，相传远古禹王之父——鲧，在此锯树担山而得名也。

天地变迁，海涂为田。历代祖先，躬耕勤耘，五谷丰登，六畜兴旺。重文经商，人才辈出，不胜枚举。利国为家，强我村华。唐屋宋楼，明房清宅，历史佐证。

村东水系盛家潭为母亲河，村内港口溇、庙溇、凤凰溇、北如塘、张港溇，贯通全村，谓之血脉，滋养民生，代代不息。

公元二〇〇三年九月，应政府之策，整村拆迁，跨江置业，重弘村威。至月，住房三十七幢，户主468，人口1352。村内：五层楼宇，错落有致。道宽路敞，东南互通。河清岸齐，曲桥流水。桂樟成林，绿草如茵。雄狮屹立，威震四方。玉佛降临，笑口常开。鸟语花香，童欢叟寿。慧风和畅，邻里和睦。入夜俯视，灯火通明，宛如盘龙卧村。

谨立此碑，恭慰先辈，告知后者，莫忘历史，继往开来。

（张钧德文）

（三）图

界树坊标识位置图

（四）照片

今界树坊小区(邱志荣摄)

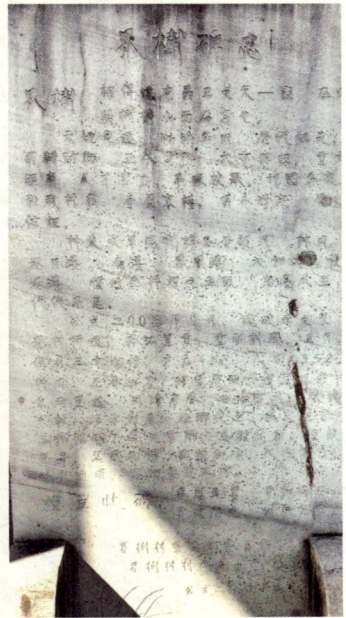

界树碑志(邱志荣摄)

（五）附录

"界树"这个地名，传说与大禹的父亲鲧有关

近日，笔者在越城区灵芝镇走访调查古村落时，在位于后墅路上的界树坊小区，意外地了解到"界树"这个地名竟与大禹的父亲"鲧"有关。界树居委会负责人告诉笔者，这个传说是祖祖辈辈流传下来的。怕笔者怀疑，对方又特意带笔者来到小区路口，这里有一块《界树碑志》。

这块"碑志"上这样叙述：界树，相传远古禹王之父——鲧，在此锯树担山而得名也。天地变迁，海涂为田。历代祖先，躬耕勤耘，五谷丰登，六畜兴旺。重文经商，人才辈出，不胜枚举。利国为家，强我村华。唐屋宋楼，明房清宅，历史佐证……"

居委会一位干部介绍："大禹的父亲鲧，在治水中要挑山填海，要挑山就得有相应的'大扁担'，他找到'界树'这个地方，发现这里有棵参天大树正是可用之材，便锯下此树做成大扁担，扛肩起步。现在的梅山和戢山（王家山）就是他挑来后撂下的……"

据介绍，"锯"的绍兴方言发音为"界"，原来"界树"就是"锯树"的意思。

众所周知，鲧是中国上古时代神话传说人物，是大禹的父亲，曾经治理洪水长达九年，救万民于水火之中，劳苦功高。

笔者查阅史料得知，鲧不但善于治水，而且还是城郭的创始人。有专家考证陕西神木石峁遗址就是夏鲧的封地古崇国。据文献记载，鲧是中国历史上始造城郭的第一人。如《世本》载："鲧作城。"《吕氏春秋·君守篇》也有："奚仲（造车人物）作车，仓颉（造字人物）作书，后稷（教民稼穑）作稼，皋陶（掌管刑法）作刑，昆吾（陶器制造）作陶，夏鲧（善造城郭）作城，此六人者，所作当矣。"另有《吴越春秋》载："鲧筑城以卫君，造郭以守民，此城郭之始也。"《淮南子·原道训》更是给出鲧作城池的高度："昔夏鲧作三仞之城。"

界树居委会负责人告诉笔者，界树村原属梅山乡（现属灵芝镇），之后因该地被开发成"镜湖新区"，2003年该村拆迁安置在后墅路上的"界树坊"。（谢云飞文）

012皋隍庙

禹迹点：012 皋隍庙

（一）地理位置

经度　　　　120.660348

纬度　　　　30.028656

所在地　　　越城区东湖街道丰光村古高平里丘遗地

（二）简介

皋隍庙。清康熙《会稽县志》载："皋隍庙，在城东五都四图皋盛村。皋陶随禹王南巡，卒於会稽，墓葬庙东九龙江口粤盈山。"

相传大禹治水时有执掌司法的大臣皋陶死后葬于皋盛村（今高平村附近），今尚有皋隍庙。高平村曾有皋陶墓，当地传说皋陶生辰为农历正月廿七，故以此日为庙会日。

庙内有联：

禹更授政唐宋盛世承先祖；舜命作士司法大理启后嗣。

《皋部沈氏谱》（乾隆戊寅续镌）载："皋部距郡城东北二十里，宋隶雷门乡高平里，明属五都四图。"（张钧德文）

（三）图

皋隍庙标识位置图

皋平村位置图（引自《浙江省绍兴县地名志》,1980 年）

（四）照片

皋隍庙外景（邱志荣摄）

皋隍殿(邱志荣摄)

皋隍祠(戴秀丽摄)

古高平里丘遗地碑(邱志荣摄)　　　　　　　　高平里丘遗址碑记(邱志荣摄)

（五）附录

高平村碑

　　高平之有名，尚矣！距今一千九百多年，东汉《越绝书》载："中指台马丘，周六百步，今高平里丘"。《吴越春秋》言"中宿台，在於高平。"以句践度之，则二千五百多年前后事也。清康熙二十二年《会稽县志》（1683年）称："皋隍庙，在城东五都四图皋盛村。皋陶随禹王南巡，卒于会稽，墓葬庙东九龙江口粤盈山"。虽不知出处，但从《史记》其随大禹治水，舜命作士，禹更授政，不幸早逝。史实确凿，典籍可证：越地尤有大禹陵庙，更有皋陶子伯益之庙宇，东汉已兴，（《太平广记》六三引《幽明录·安世高》）况大小皋埠（步、部），上下皋山，扬名弥久，秦始皇、二世，为借先祖光环，永葆九世基业，先后上会稽祭祀，亦可佐证。按皋陶论，高平，四千余载矣！清康熙三十八年《皋埠志》（1699年）认为老皋王为皋显，"有德于乡，卒后葬越营山。其冢土色淡黄，质细润，居民每窃之，以塑神像。康熙间，沈姓树碑禁止"。现尚存庙中石碑：嘉庆四年（1799年）《重修土谷神祠碑记》，道光十二年（1832年）《信今传后》残碑，光绪十一年（1885年）《祀田碑》均传此说。然不明出处难以稽考，时、人、事又无佐证，惟存疑窦而已。

　　丘，原有古松九棵，日寇占领时，斫为昌安门外火柴厂作梗用尽，今无法示其年轮；坡脚有古井九口，系麻布纹砖砌成，可知年代久远，"文革"中丘土卖与砖瓦厂烧砖，丘夷为平地，难复旧观，遂成良田。

　　庚申之岁,村中父老,恨古迹荡然,无以传承子孙,拟将重新复庙。考之历史,应以皋陶为是。丁亥之年,庙貌一新,重塑神像,扩建戏台,抄历史文献刻之于石,将归存文物嵌之于壁,使之成为保存文物之所,传承教化子孙之地,皋皇不朽,高平亦不朽也!

　　丁亥之载,以丘难复旧,拟立碑纪念,现不嫌其烦,梳理脉络,供后人探讨考辨,不忘古今,是为记。

丁亥春高平村委立　盛鸿郎撰

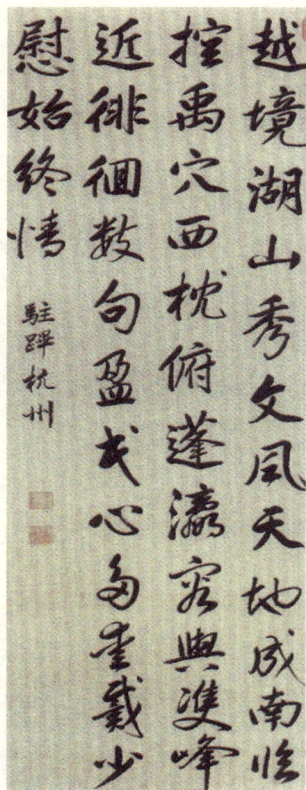

康熙帝南巡诗

013马山

禹迹点：013 马山

（一）地理位置

经度　　　120.630491

纬度　　　30.081989

所在地　　越城区马山街道世纪街与越东路交叉口东南侧袍江文化体育广场

（二）简介

马山乡。位于今越城区东北部。传说大禹治水时，命防风氏到沿海考察治水方略，防风氏经过一土丘时驻马，丘侧有石脊高隆似为山之余脉，因此名"马山"，并以此作地名。又万历《绍兴府志》卷十九："防风庙，在府城东北二十里马山。相传禹戮防风氏于会稽，其后越筑城，得专车之骨，徙葬于此。"（邱志荣文）

（三）图

马山标识位置图

马山位置图〔引自清·光绪二十年（1894年）《浙江全省舆图并水陆道里记》〕

马山位置图（引自《浙江省绍兴县地名志》，1980年）

（四）照片

马山街道文化广场（邱志荣摄）

马山街道文化中心（邱志荣摄）

二、柯桥区（20 个）

秦望山与峨眉山（戴秀丽摄）

014禹王庙

禹迹点：014 禹王庙

（一）地理位置

经度　　　120.617833

纬度　　　30.133766

所在地　　柯桥区马鞍街道大禹山村（现大鱼山村）

（二）简介

在柯桥区马鞍街道大鱼山村通济自然村。明万历《绍兴府志》卷四《山川志一·山（上）》："禹山在府城北三十里，旧传大禹驻跸于此。"清康熙《会稽县志》亦有记载，始建年代不明。古时禹姓后裔姒氏一支亦曾迁三江。（张钧德文）

（三）图

大禹庙（大鱼山村）标识位置图

大禹(鱼)山位置图〔引自清·光绪二十年(1894年)《浙江全省舆图并水陆道里记》〕

马鞍公社位置图(引自《浙江省绍兴县地名志》,1980年)

今马鞍街道大鱼山村位置图(引自《马鞍镇志》,中华书局2014年版)

（四）照片

大鱼山（邱志荣摄）

大鱼山村概况（邱志荣摄）

大鱼山刻石（邱志荣摄）

今存古庙（戴秀丽摄）

村中古井（戴秀丽摄）

大禹庙所在地（邱志荣摄）

（五）附录

马鞍伏虎山

远古时，钱塘江闯进了一条蛮龙，戏水作浪，越闹越凶，搅得江水呼啸，巨浪滔天，不一会儿海塘倒塌，稻田被淹，房屋进水，村民扶老携幼，纷纷向山上奔逃。

大禹治水，巡视四方，忽得报蛮龙闹江，海塘被毁，人们遭殃，顿时大惊失色，决心除害。于是奔往镇山求助，镇山神即刻牵出坐骑"神虎"，又借给禹王两件宝贝："玉圭镜"和"劈山斧"。禹王谢辞山神，时不待刻，骑上神虎直奔钱塘江而去。

蛮龙见到禹王骑着神虎而来，慌忙窜入江底，禹见蛮龙消失，立即拿出玉圭镜往江心一照，果见蛮龙深藏江底。而蛮龙一见闪光，顿感头昏眼花，见大事不妙，"轰"的一声，急忙腾出江面向西遁逃。禹王见状，急起直追，大喊："孽龙看你往哪里逃！"神虎越追越近，顷刻间神虎咬住龙尾，蛮龙曲身摇尾，妄想抛掉神虎。说时迟，那时快，禹王乘龙曲身摇尾时擎起劈山斧，照准龙的曲身砍去，把蛮龙砍成两段，其龙尾落入了一池塘。传说这池塘在今萧山傅家墩，后人把这池塘称为"伏龙池"。

禹王为民除了一害，人们纷纷重返家园，修复海塘。禹王为了今后及时除害，就把神虎拴放在近三江的地方（今马鞍街道通济村）。此后过去数千年，神虎化成了今天的虎山（即今伏虎山）。

（引自《马鞍镇志》，中华书局 2014 年版）

015涂山（西扆山）

禹迹点：015 涂山（西扆山）

（一）地理位置

经度　　　120.514716

纬度　　　30.135682

所在地　　柯桥区安昌街道西扆村大禹广场

（二）简介

位于原绍兴县安昌镇之东南，《安昌镇志》载：山"属西干山脉，牛头山东分支，东西710米，南北755米，海拔116米，面积481亩，古也称涂山、旗山"。

《越绝书》卷八载："涂山者，禹所取妻之山也，去县五十里。"《嘉泰会稽志》卷九："涂山在县西北四十五里，《旧经》云：禹会万国之所。"山之东有斩将台（今称"平台"，在山顶东南），禹在涂山会诸侯，防风氏后至，因其人身高长，须筑台斩之。相传血流至山下河中，故有红桥（今红桥村）。扆是帝王宫殿上户牖之间的屏风，禹以山为扆，朝见万国诸侯，西扆由此得名。今山之东麓谓西扆村。

《绍兴山岭古道记略》：西扆山。在安昌镇西扆山村与星光村之间。西扆山，又称旗山。《越绝书》："涂山者，禹所取妻之山也，去县五十里。"明代以前山上有禹庙，为祭禹之处。山西面，今有诸侯江、禹会桥等名称。据传明国师刘基认为此山形似旗，其西白马山形似鼓，是兴龙之象，因拆除山顶之庙，破其风水，禹庙移至大禹陵下。唐胡曾《涂山》诗："大禹涂山御座开，诸侯玉帛走如雷。防风漫有专车骨，何事兹辰最后来。"现山东侧有涂山寺，民居式。山上多坟茔，没有石级。山南自东向西有一条横贯山腰的小路。

山间几条小道可供上下,山上植被以杂树为主。(邱志荣文)

(三)图

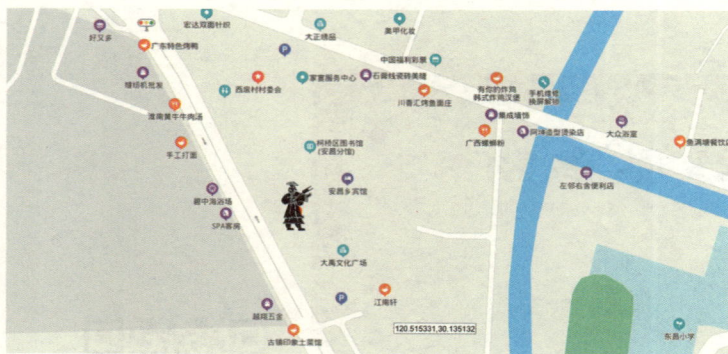

西扆涂山标识位置图

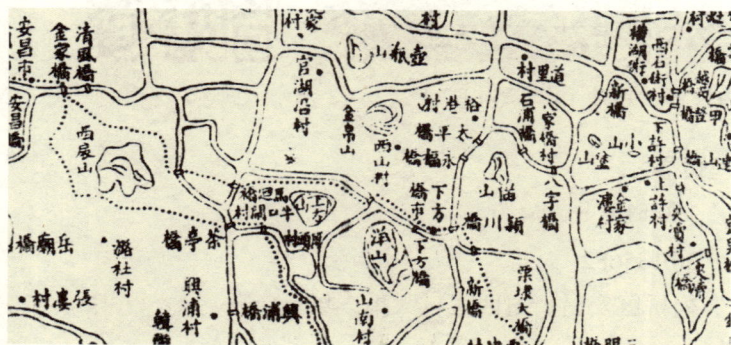

安昌西扆山、涂山位置图〔引自清·光绪二十年(1894年)《浙江全省舆图并水陆道里记》〕

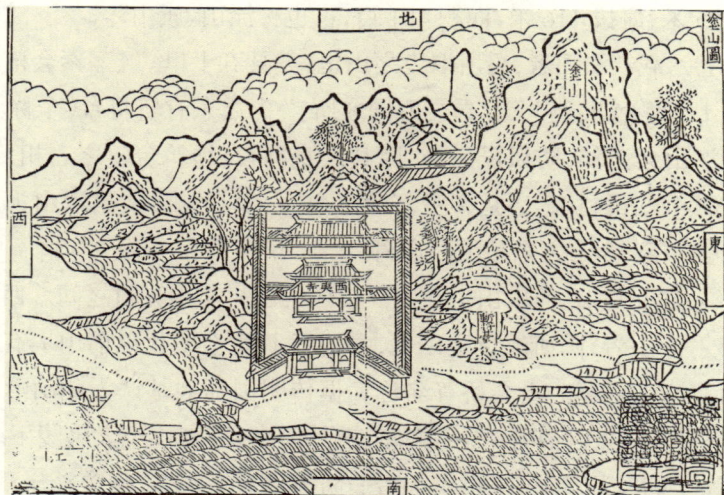

涂山图(引自明·万历《绍兴府志》)

（四）照片

西宸涂山航拍(戴秀丽摄)

西宸村文化广场大禹像(邱志荣摄)

西扆村文化广场涂山女像(邱志荣摄)

(五)附录

涂山

西扆山在安昌镇境内之东南,古称涂山、西余山、旗山。东连西扆山村,西接旗山村,西邻顾家埭,北临红桥村。海拔 116 米,面积 0.4 平方公里。东南山脊间坳谷谓官弄,直上宋元墩,陆界沿再直上山顶称夏禹埭。

据东汉袁康、吴平辑录的《越绝书·记地传》载:"涂山者,禹所取妻之山也,去(山阴)县五十里。"宋人王十朋《会稽风俗赋并序》载:"嵊山巍其东,涂山屹其西",并注释"嵊山在剡县东三十四里,涂山在山阴西北四十五里"。西扆山正处于绍兴西北方向,与古籍记载相印证。旧《浙江通志》言山阴:"负涂山,面兰亭,秦望南屹,沧海北环。"而西扆山与兰亭均在东经 120°31' 附近,西扆山处北纬 30°07',兰亭处北纬 29°56',由此涂山古时已被确认。

宋《嘉泰会稽志》载:"涂山在(山阴)县西北四十五里,《旧经》云,禹会万国之所。案《史记》《国语》禹会诸侯于会稽,执玉帛者万国,防风氏后至,禹诛之。"嘉庆《山阴县志》:"涂山东麓地名西扆,又名西余。""西余山,《於越新编》一作西扆,谓禹负扆朝诸侯处。"扆是天子负斧面南而立的故称,本意是斧形屏风,而斧则代表戊,即钺,为越之象征,也就是越族。今禹庙内大禹身后九把斧钺,正是负斧钺的印证。大禹以山为扆,接受诸侯之朝见，西扆由此而得名。

《吴越春秋》中记述："禹三十未娶，行到涂山，恐时之暮，失其度制，乃辞云：'吾娶也必有应矣。'"大禹在涂山娶涂山氏为妻，婚后四日即离家，治水十二年，三过家门而不入。"涂山氏令其妾候禹于涂山之阳"，翘首遥望，朝思暮想，乃作歌曰"候人兮猗"。这"涂山之歌"被人称为我国最早的爱情诗歌。

大禹治水，使涂山附近方圆百里的水土成了吉壤，恩泽惠及黎民，后世敬仰大禹之功绩，在山上建大禹庙，以祭祀这位治水英雄的恩德。对禹迹相关之地，均以禹为名，如在涂山相邻的禹降村、禹会桥，旧时建禹会乡等。

涂山禹庙在《郡国志》《十道四蕃志》《寰宇记》《会稽记》中都有"石船石帆（可能是古代航海模型）二物见于庙中"。孔灵符《会稽记》一文中说："宋武帝修庙得古圭，梁武帝又得青玉印。"

《乾隆绍兴府志》载："《弘治志》'大禹庙在山阴县西余山'。《万历志》'山阴庙在涂山南麓，宋元以来，咸祀于此，今始即会稽山陵庙致祭，兹庙遂废'。"嘉庆《山阴县志》："涂山大禹庙，在县西北四十五里……"根据历代志书的记载，古时涂山确建有禹庙。

今平坦山顶，即旧禹庙遗址，据传，后善男信女把禹庙神像、石碑移座于附近福安寺内供奉。明嘉靖年间，随寺迁移至山麓东南溪旁的西扆村福安寺（涂山寺）。今残存圣旨石碑，重竖寺内。

西扆山从志书记述、地域方位、御碑文物、古刹残存、禹迹地名和民间口头流传，足以相互确证就是大禹会诸侯之涂山。

（引自《西扆村志》，中国广播影视出版社 2020 年版）

大禹庙

大禹庙是为纪念夏禹而建造。《郡国志》《十道四蕃志》《太平寰宇记》《会稽记》说："宋武帝（420—422）修庙得古圭，梁武帝（502—520）又得青玉印。"

宋《嘉泰会稽志》载："涂山大禹庙在县西北四十五里。"《郡国志》云："东海圣姑，从海中乘石舟张石兜帆至此，遂立庙。""涂山禹庙，始皇崩，邑人刻木为像，祀之，配食夏禹。后汉太守王郎弃其像江中，像乃溯流而上，人以为异，复立庙。"南朝宋《会稽记》云："石船石帆二物见在庙中，盖江北禹庙也。""又有周时乐器，

大禹庙旧址

名镈于,铜为之,形似钟而有颈,映水,用芒茎拂之则鸣。"相传,明初刘伯温为破风水,不出反王,保明室江山,令其移庙之山东南麓。明万历《绍兴府志》载:"山阴大禹庙在涂山南麓,宋、元以来咸祀于此,国朝(明)始会稽山陵庙致祭,兹庙遂废。"

　　《西扆村志》编写人员登涂山顶实地考察,至今山顶平坦,尚存许多砖块、瓦片,证实山顶曾有古建筑,与大禹庙在此印证。

(引自《西扆村志》,中国广播影视出版社 2020 年版)

明·成化《绍兴府水闸记》残碑"闸秀起涂山"题刻

016涂山庙

禹迹点：016 涂山庙

（一）地理位置

经度　　　120.516550

纬度　　　30.131929

所在地　　柯桥区安昌街道西扆村 91 号涂山庙

（二）简介

西扆山山顶平坦，原有大禹庙，亦为明代以前祭禹之处，东南角有高丈余蛙形巨石。山坡由西向东略成 45°，远望似三角旗，故名旗山。《嘉泰会稽志》卷十三引《十道四蕃志》云："圣姑从海中乘石舟，张石兜帆至此，遂立庙。"孔灵符《会稽记》云："涂海中山禹庙，始皇崩，邑人刻木为像，祀之，配食夏禹。后汉太守王朗弃其像江中，像乃溯流而上，人以为异，复立庙。"《嘉泰会稽志》卷十三云："（石船、石帆）二物见在庙中，盖江北禹庙也。""又有周时乐器，名镈于，铜为之，形似钟而有颈，映水，用芒茎拂之则鸣。"万历《绍兴府志》卷十九："山阴大禹庙在涂山南麓，宋元以来咸祀禹于此，国朝（明）始即会稽山陵庙致祭，兹庙遂废。"今西扆涂山寺部分殿宇残存，历代帝王祭禹石碑，农舍石墙中可觅。西扆涂山在绍兴大禹文化中有着深厚的积淀和重要地位。（邱志荣文）

（三）图

涂山寺标识位置图

（四）照片

涂山寺（邱志荣摄）

涂山寺古碑（邱志荣摄）

涂山寺外墙（邱志荣摄）

（五）附录

大禹与涂山

旧时，华舍一带曾是一片汪洋大海，后随着地壳运动，潮汐涨落，泥沙长年淤积，地表逐渐隆起，遂成为陆地，但仍因势低洼，而常受到潮汐的侵袭。据传，大禹为此曾多次亲临华舍一带，与众诸侯共商防治洪水之策。

在这低洼之地，曾有一些凸起的小丘，其中一处就是史传中的涂山。据《越绝书·记地传》载："涂山者，禹所娶之山也。去县五十里。"按照这一史料，安昌镇内的西山，就是史传的涂山。嘉庆《山阴县志》记载："西扆，谓禹负扆朝诸侯处"，因天子负斧面西而立，故称。今禹庙内大禹身后九把斧钺正是负斧的印证。大禹以山为钺，接受诸侯的朝见，西扆由此而得名。西扆山虽不在华舍境北，却与华舍仅隔一西小江。现华舍的部分地域在南宋时曾称为禹会乡，这一称谓一直沿用到中华人民共和国成立前。根据上述史料所载，涂山曾是大禹娶妻的地方。有意思的是，华舍西面的大西庄村在民国初年仍称涂山村。据传，涂山村就因附近有一涂山而得名，故当地人所说附近之涂山，指的就是西山。千百年来，村中流传着一个美丽的传说：当时，大禹为了治水，殚精竭虑，三十而未娶。他公而忘私的精神深深地打动了山村的渔家女阿娇。于是在两厢情愿之下，大禹娶了涂山村的姑娘阿娇。婚后阿娇悉心地照料大禹的生活起居，为大禹治水成功做出了贡献。这也与史料中所传的"禹所娶女于涂山"相互印证。

华舍多处留有禹迹，留有与大禹相关的传奇故事与美丽传说。在大西庄的庙前华西公路旁，原有一处方圆 1.5 公里的高土墩，村中称为"涂山墩"。由于年代久远，土山剥蚀，几难寻觅，但在改造公路时，人们在土墩遗址处，发掘出一座墓室，内分两间，全用石头砌出，前为安放棺木处，后放许多陪葬品，有几十斤铜钱、十二生肖铜镜、铸成动物状的瓷器谷仓等。其中还有一艘龙舟,式样别致美观,可惜的是在挖掘过程中损坏了。有人说这是上天赏赐给大禹的,还有人说这是大禹的妻子阿娇的化身。如今,虽然这个土墩已成为公路,仍留有后人对大禹的怀念和感激。(俞昌泰、周良、赵兴堂、姚燕君整理)

(引自《柯桥地名故事》,2016 年)

西扆涂山寺

西扆涂山寺,原名福安院,后改称福安寺、涂山寺。

据《嘉泰会稽志》载:"福安院,在县西北九十二里(按:四十二里),后唐长兴元年(930年),因古栖隐寺基建,号资福院,宋治平元年(1064年),改赐今额。"寺在西扆山东南麓,寺宇建筑随着屏障似的树林,逐层登高,依山就势,高低错落,秀雅风致,庄严古朴。

明诗人鉴湖诗社山阴罗顾《咏福安寺诗》曰:

> 密密松篁覆古阡,入林方见宝幢悬。
>
> 楼听潮汐三江近,山引沧洲七寺连。
>
> 栖鹊枝头传粥鼓,眠牛溪上起炉烟。
>
> 老僧尽日岩扉底,迎客惟供禹井泉。

嘉庆《山阴县志》载:"涂山大禹庙,在县西北四十五里,山之南麓,宋元以来咸祀于此,明始改祀于会稽山陵,此庙遂废。"

明嘉靖年间(1522—1560年),为建造南京工部尚书何诏墓,迁福安寺于溪之东岸,即今寺前村打篁桥旁,占地近15亩。山门巍峨,正殿、禅房、斋堂、甬道、两庑等近百间,黄墙黛瓦,肃穆幽静,寺内竖有祭奠禹的圣旨碑文十余块。寺宇建筑体量之大、规格之高,为附近寺院之冠。明《万历绍兴府志》载:"福安寺在涂山东麓,地名西余。"

清代该寺重修。殿宇后遭白蚁严重侵蚀,局部坍塌。抗日战争时,佛事停歇,寺内住僧逐散,寺产消失。20世纪50年代初,寺舍仅剩15间,最后一位主持僧聚生,于1958年10月1日圆寂。

现存正殿三间,悬"涂山古刹"匾额一块。20世纪90年代初,邻近信徒募款,重塑禹像,聚众念佛,并增建山门。明世宗迁移福安寺圣旨石碑,已从猪舍残墙中找到,竖立于寺内。"文革"时,此碑面层遭毁凿,碑身阴文字样已模糊,多已无法认。

2008年第三次全国文物普查,西扆涂山寺登记为不可移动文物。绍兴县文物保护管理所的普查登记表描述如下:

位于西扆村西扆山91号,明嘉靖年间重修,坐北朝南,原有前后两进,中隔天井,现存第二进建筑,硬山式屋顶,阴阳合瓦,总占地156平方米。

第二进建筑为大殿,面阔三开间带前披檐,明间中间设佛座,梁架为四柱五架抬梁式、"船篷轩"前廊、后双步,东西次间前后步同明间,设中柱,屋面均望砖铺设,地面青石板错缝平铺。另外，大殿东次间前廊边靠墙有明嘉靖年间的"重修福安禅院"碑一方，碑额刻"双龙戏珠"，碑身高175厘米，宽90厘米。

　　该寺院原称"福安禅寺"，据记载，明洪武以前，民间祭祀大禹的活动都在此举行，明以后逐渐迁移到现会稽山脉"大禹陵"举行。建筑檐口牛腿雕刻"蝙蝠、凤凰"等图案，雀替雕刻"仙鹤、如意"等，是一处有特殊历史内涵的古庙。

　　　　　　　　　　　（引自《西扆村志》，中国广播影视出版社2020年版）

"禹稷"（引自东汉·《袁博碑》）

017 红桥

禹迹点：017 红桥

（一）地理位置

经度　　　120.514716

纬度　　　30.135682

所在地　　柯桥区安昌街道西扆村大禹广场

（二）简介

在西扆村红桥自然村，相传禹斩防风氏血流至此，故名。小地名红桥头。原有桥，后对河道作过裁弯取直，桥毁。

清·潘江《红桥》诗："略彴横溪畔，何缘独着名。九州称甸服，多士号公卿。跋扈诚无益，征诛非不平。余波属玷秽，千载未澄清。"（张钧德文）

（三）图

红桥标识位置图

安昌红桥等位置图（引自《浙江省绍兴县地名志》，1980 年）

（四）照片

红桥位置（邱志荣摄）

红桥头花园改造前后对比图

（五）附录

红桥的传说故事

红桥的传说故事　说起红桥的来历,还得从大禹在西扆山会诸侯说起。西扆山属西干山脉,牛头山东分支,东西长 710 米,南北 755 米,海拔 116 米,面积 481 亩,古称涂山、西涂山(西余山)、旗山、晾网山。据《嘉泰会稽志》载:"涂山在县西北四十五里,《旧经》云禹会万国之所。"

明诸万里著《於越新编》载:"涂山一作西扆,谓禹负扆朝诸侯处。"扆是帝王宫殿上设户牖之间的屏风,禹以山为扆,朝见万国诸侯,西扆由此得名,今山之东麓谓西扆山自然村。

《国语·鲁语下》记载:"昔禹致群神于涂山,防风氏后至,禹杀而戮之,其骨节专车。"(按《史记》记载盖本于此。)这里的"后"当"不"讲,意思是防风氏不至,抗命,大禹借此把他杀了。其实防风氏是一位治水的英雄,因威信很高,引起大禹的嫉妒,借此把他杀了。在防风氏神话中提到防风氏是吴越地区亦神亦人的顶天立地的治水英雄,是能安邦立国、护佑生民、福泽吴越的祖先神,也是忠于职守、疾恶如仇、帮助大禹扫除奸佞的大忠臣,是帮助大禹制订法律的法治元勋、文化英雄。防风氏是被大禹错杀的,不久大禹为他平反昭雪,并亲自拜祭。

防风氏身高三丈三,刑者不及,乃在山上筑起斩将台,才将防风氏处斩。相传,禹斩防风氏后,防风氏的鲜血顺着山坡流下,流至山下河中,故有"红桥"之名。时光变迁,村庄的名字流传成了红桥头。

民间传说与历史之笔的是是非非,清代诗人潘江赋诗《红桥》做了点评:

略彴横溪畔,何缘独着名;九州称甸服,多士号公卿。

跋扈诚无益,征诛非不平;余波属玷秽,千载未澄清。

（引自《西扆村志》,中国广播影视出版社 2020 年版）

018斩将台

禹迹点：018 斩将台

（一）地理位置

经度　　　120.514716

纬度　　　30.135682

所在地　　柯桥区安昌街道西扆村大禹广场

（二）简介

万历《绍兴府志》载："斩将台在涂山东，禹会诸侯，防风氏后至，以其人长，筑台斩之。"涂山今称西扆山或旗山，在今绍兴市柯桥区安昌街道，为一海拔 116 米的山丘。斩将台在其东麓。（张钧德文）

（三）图

斩将台标识位置图

（四）照片

斩将台位于西庑涂山（戴秀丽摄）

（五）附录

涂山斩将台

《大明一统志》卷四十五："涂山，在府城西北四十五里。《旧经》：'禹会万国之所'。"《万历绍兴府志》卷九《古迹志一》载："斩将台，在涂山东，禹会诸侯，防风氏后至，以其人长，筑台斩之。"《万历绍兴府志》还附有一幅"涂山图"，图中明确标有"斩将台"，可见其时还存在。又嘉庆《山阴县志》记述涂山下有红桥，"相传禹斩防风氏血流至此，故名"，红桥村名来历有依据。几多印证，涂山斩将台的确曾存在。

（引自《西庑村志》，中国广播影视出版社 2020 年版）

涂山铭并序

唐·柳宗元

惟夏后氏建大功，定大位，立大政，勤劳万邦，和宁四极，威怀九有，仪刑后王。当乎洪流方割，灾被下土，自壶口而导百川，大功建焉。虞帝耄期，顺承天历，自南河而受四海，大位定焉。万国既同，宣省风教，自涂山而会诸侯，大政立焉。功莫崇乎御大灾，乃锡元圭，以承帝命；位莫崇乎执大象，乃集五瑞，以建皇极；政莫先乎齐大纪，乃朝玉帛，以混经制，是所以承唐虞之后，垂子孙之丕业，立商周之前，树帝王之洪范者也。呜呼！天地之道，尚德而右功；帝王之政，崇德而赏功。故尧舜至德，而位不及嗣；汤武大功，而延祚于世。有夏德配于二圣，而唐虞尚功焉；功冠于三代，而商周让德焉。宜乎立极垂统，贻于后裔，当位作圣，著为世准。则涂山者，功之所由定，德之所由济，政之所由立，有天下者宜取于此。追惟大号既发，华盖既狩，方岳列位，奔走来同，山川守臣，莫敢遑宁。羽旄四合，衣裳咸会，虔恭就列，俯偻听命。然后示之以礼乐，和气周洽；申之以德刑，天威振耀。制立谟训，宜在长久。厥后启征有扈，而夏德始衰；羿距太康，而帝业不守。皇祖之训不由也。人亡政坠，卒就陵替。向使继代守文之君，又能绍其功德，修其政统，卑宫室，恶衣服，拜昌言，平均赋入，制定朝会，则诸侯常至而天命不去矣。兹山之会，安得独光于后欤？是以周穆遐追遗法，复会于是山，声垂天下，亦绍前轨，用此道也。故余为之铭，庶后代朝诸侯、制天下者，仰则于此。其辞曰：

　　惟禹体道，功厚德茂。会朝侯卫，统一宪度。省方宣教，化制殊类。咸会坛位，承奉仪矩。礼具乐备，德容既孚。乃举明刑，以弼圣谟。刑戮防风，遗骨专车。克威克明，畴敢以渝。宣昭黎献，底定寰区。传祚后允，丕承帝图。涂山岩岩，界彼东国。惟禹之德，配天无极。即山刊石，贻后作则。

（引自清·乾隆《绍兴府志》）

019禹会乡

禹迹点：019 禹会乡

（一）地理位置

经度　　　120.508722

纬度　　　30.111582

柯桥区华舍街道张溇村笛扬路与民生路交叉路口西北角公园内

（二）简介

在原绍兴县的张溇、湖门一带。清宣统二年（1910 年）有禹会乡，驻地在今华舍街道之张溇，张溇有禹会桥与禹会殿。

相传大禹治水来到大越，目睹北部一片沼泽，洪水、潮汐泛滥成灾，黎民百姓生产、生活遭到严重威胁。大禹忧心如焚，立即召集各路诸侯开会商议治理水患措施，并与当地人民一起抗御灾害，成效甚大。后人感念大禹"忧民救水"之功德，把其会诸侯之处称为"禹会村"，并建"禹会桥"以志纪念。（邱志荣文）

（三）图

禹会村标识位置图

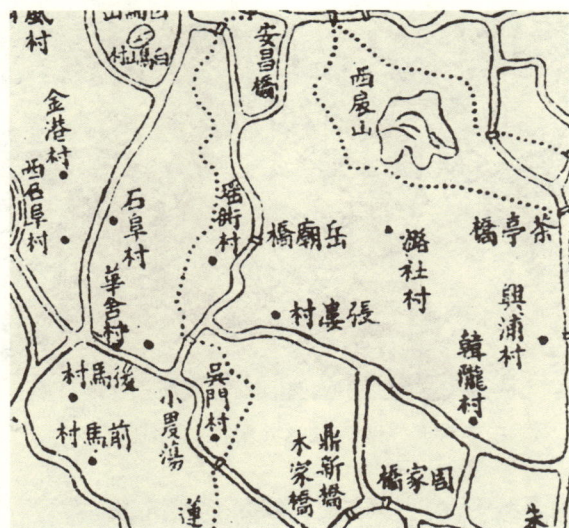

张溇村位置图〔引自清·光绪二十年（1894年）《浙江全省舆图并水陆道里记》〕

（四）照片

张溇村古牌坊（邱志荣摄）

张溇村古云梯桥（又名元宝桥）（邱志荣摄）

张溇村古银杏树（邱志荣摄）

（五）附录

禹会乡禹迹

　　传说中的涂山与大禹娶妻有关。据嘉庆《山阴县志》："涂山大禹庙，在县西北四十里山之南"；又云"宋元以来，咸祀于此，明始祀会稽山陵，此庙遂废"。南宋在该地设禹会乡，中华人民共和国成立初，该地张溇、湖门、人利、温渎等村尚称禹会乡。境内禹迹甚多，如涂山里、涂山口、诸侯江、禹会桥和禹会殿。

禹会殿在集镇兴华路东端。据传古代有屋宇数十，占地十余亩。殿南有三孔梁式石桥，桥板西凿"禹会桥"三字。从桥下至涂山的那段宽阔的河江，古时即称诸侯江，岸边有诸侯江村。殿北之诸侯江正对涂山尖，明以前历代祭禹，朝廷官员均先至禹会殿聚集，人弃船，船过姚弄堰（在殿北30米处），然后登船渡西小江至涂山脚。古时禹庙在涂山尖，明代移址山腰。明嘉靖十五年（1536年），为营建工部尚书何诏墓，又迁庙于诸侯江东岸西康山村中，占地近十五亩，屋宇二百余间。中华人民共和国成立初禹庙尚存屋宇七八十间，俗名涂山寺。内有历代帝王祭禹石碑十余块，这些石碑散落在民间。

（引自俞日霞著《张川庙会文化》，2017年）

记防风氏

张川庙内有一神龛，内塑防风氏像，其造型为绿脸武将。防风氏是和大禹齐名的治水英雄，因为功绩巨大，深受老百姓的爱戴。据说，大禹找了个借口把防风氏给杀了。又传说夏禹王治水成功后，召集天下各路诸侯，在绍兴茅山开庆功大会。庆功大会开了两天，却还没见防风氏的影踪。直到庆功会快结束时，防风氏才气喘吁吁地赶到！

禹王问防风氏为啥忒来晚，防风氏说，我接到通知后马上动身，不料路上碰到天目山"出蛟"，苕溪河"泛洪"，水急浪高，无法渡河，故此迟到。

禹王一时怒气冲天地说："你防风氏离茅山最近，可是偏偏你迟到，你不是居功自傲，目无君王是什么？"盛怒之下，下令杀掉防风氏，杀一儆百，显显自己的威势。谁知，防风氏的头颅落地后，好久没见出血，大家惊得目瞪口呆。过了好一歇，竟有一股白血冲天直喷。禹王和各路诸侯，十分震惊：为啥防风氏的头颅里喷出来的不是红血而是白血呢？禹王亲自盘问左右官员，同时派人到防风国去察访实情。几天后，察访的人都回来向禹王禀报：防风氏赴会途中，确实是由于天目山"出蛟"，苕溪河"泛洪"，防风氏指挥部下打捞落水的百姓，忙得几天饭也没顾得上吃，所以才耽误了会期。禹王听了，想到防风氏疏导千河百港流归太湖，又在防风领地内疏理了湘溪、英溪、阜溪、塘泾河，开凿了下渚湖通往东苕溪的河道，还跟随自己风里来雨里去，帮自己立下了治水大功。禹王越思越怪罪自己，勿知勿觉中淌下了泪水。这样，禹王就下令封防风氏为防风王，令防风国建造"防风祠"，供奉防风王神像，让官府和百姓每年祭祀。祭祀日是夏历八月廿五，并载入夏朝祀典，传之后世。据传，禹王还亲临防风国参加防风王的第一次祭祀仪式。

华舍百姓为了纪念防风氏，就立了防风庙，每年的三月初三和八月廿五，都举行隆重的祭奠仪式，庙里的《新建风山灵德王庙记》，为吴越国王钱镠所立。

（引自俞日霞著《张川庙会文化》，2017年）

020禹会殿

禹迹点：020 禹会殿

（一）地理位置

经度　　　　120.498266

纬度　　　　30.11455

所在地　　　柯桥区华舍街道张溇村越州大道与民生路交叉口向东 120 米

（二）简介

在柯桥区华舍街道集镇东面。清宣统二年（1910 年）有禹会乡，驻地在今华舍街道之张溇，张溇有禹会桥与禹会殿。桥为一座三孔梁式石桥，于 2001 年拆除。（张钧德文）

（三）图

禹会殿标识位置图

（四）照片

禹会殿残壁断墙（戴秀丽摄）

（五）附录

记禹会殿

诸侯江旁原先有座禹会桥，桥北有座禹会殿。中华人民共和国成立初，河沿还有一排五间平屋，可里面供奉的，都是关羽和张飞，因此都把这里叫做关张殿。这禹会殿为什么一下变成了关张殿呢？

很早以前，姚弄关张殿叫做禹会殿，1958年前关张殿大门后背门楣上方还有一块金子"禹殿"的匾挂在那里，后来拆殿，村人拿匾去垒猪窝，这匾就丢失了。

据说原来的禹会殿好大好大，从河沿一直向北延伸到诸侯江（村），几十间殿宇，占地十多亩。过去祭禹官员必先到禹会殿朝拜大禹王以后，再去涂山（今西扆山，传说大禹之妻涂山氏是这里人）祭禹。所以当时的禹会殿规模宏大，又长年香火不断，十分热闹。后来，在今天的大禹陵建了禹王庙，规模比这里大，官员们不到这里来祭禹了，禹会殿坏了也没人修；再后来只剩下南面河沿的一部分。绍兴人是很喜欢搞点敬神拜佛的活动的，因此乡人塑起关羽和张飞等的像，把殿名也改了，只在门背后保存了禹会殿的名。禹会桥在2001年拆去，禹会殿早在1958年后改成轧米厂，原址虽建起几间水泥屋，有人想恢复成禹会殿，终因财力不济，而没有建起来。

（引自俞日霞著《张川庙会文化》，2017年）

021禹会桥

禹迹点：021 禹会桥

（一）地理位置

经度　　　120.498428

纬度　　　30.114562

所在地　　柯桥区华舍街道张溇村越州大道与民生路交叉口向东 120 米

（二）简介

在原绍兴县的张溇、湖门一带。相传大禹治水来到大越，目睹北部一片沼泽，洪水、潮汐泛滥成灾，黎民百姓生产、生活遭到严重威胁。大禹忧心如焚，立即召集各路诸侯开会商议治理水患措施，并与当地人民一起抗御灾害，成效甚大。后人感念大禹"忧民救水"之功德，把其会诸侯之处称为"禹会村"，并建"禹会桥"以志纪念。（邱志荣文）

（三）图

禹会桥标识位置图

华舍张溇位置图（引自《浙江省绍兴县地名志》，1980年）

（四）照片

原禹会桥连禹会殿（戴秀丽摄）

张娄村禹会桥（引自陈从周、潘洪萱著《绍兴石桥》，上海科学技术出版社 1986 年版）

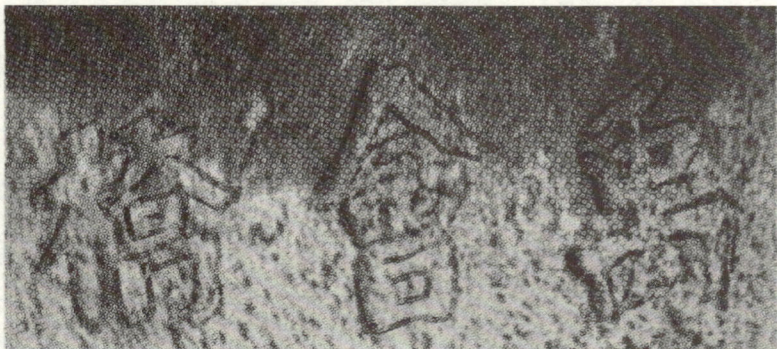

禹会桥题刻（引自《大禹与绍兴》，1995 年）

022诸侯江

禹迹点：022 诸侯江

（一）地理位置

经度   120.498859

纬度   30.115468

所在地   柯桥区华舍街道张溇村越州大道与民生路交叉口向东 120 米

（二）简介

禹会桥至涂山的一段河道，古时即被称为诸侯江。岸边旧有诸侯江村。

在柯桥区华舍街道湖门村经安昌街道涂山至白洋村西塘下出海的一段河道，岸边旧有诸侯江村。相传为大禹率诸侯商议治水之计的地方。诸侯江村还流传禹率诸侯至泥鳅地（意为道路泥泞，如履泥鳅背）停滞不能前的故事。（张钧德文）

（三）图

诸侯江标识位置图

（四）照片

诸侯江（一）（邱志荣摄）

诸侯江（二）（邱志荣摄）

023禹降村

禹迹点：023 禹降村

（一）地理位置

经度　　　120.552545

纬度　　　30.133569

所在地　　柯桥区齐贤街道禹降村文化公园内

（二）简介

在柯桥区齐贤街道，禹降村在金帛山南，相传大禹治水到此，村以此得名，村中还有禹降桥。（张钧德文）

（三）图

禹降村标识位置图

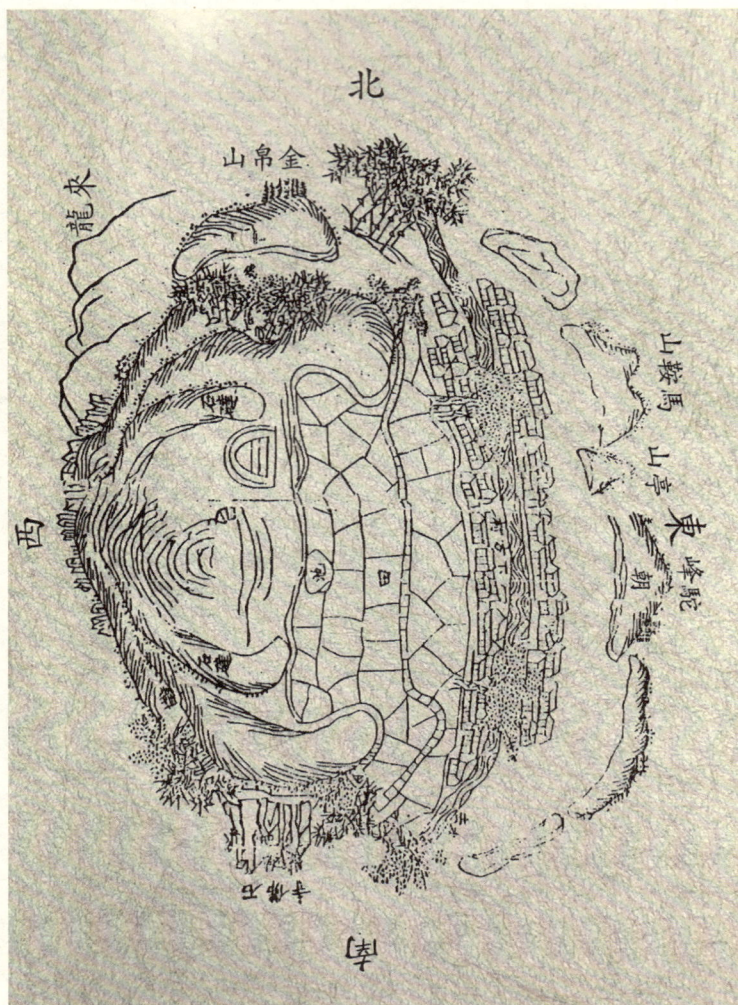

清代下方山下方村示意图

（四）照片

禹降村所在地（邱志荣摄）

024金帛山

禹迹点：024 金帛山

（一）地理位置

经度　　　120.547789

纬度　　　30.139489

所在地　　柯桥区齐贤街道禹降村金帛山山上龙王禅寺

（二）简介

位于绍兴市柯桥区齐贤街道禹降村外小山头南麓。2005 年《齐贤镇志》记载："金帛山，位于禹降、朝阳村之间，海拔 103 米。"1994 年因建高速公路穿破金帛山，当时绍兴县文保所对遗址进行过抢救性考古发掘，发现金帛山新石器时代晚期古文化遗址。（张钧德文）

（三）图

金帛山标识位置图

（四）照片

金帛山龙王禅寺多古碑（邱志荣摄）

龙王禅寺局部（邱志荣摄）

龙王禅寺刻石（邱志荣摄）

龙王池久旱不涸（邱志荣摄）

（五）附录

龙王禅寺碑

　　龙王禅寺位于绍兴市柯桥区齐贤街道金帛山，山顶海拔一百多米。据明万历《绍兴府志》云："金帛山在城西北四十三里，世传禹至涂山，诸侯执金帛朝会于此。其岭有九龙池。"故名金帛山龙王禅寺，始建于康熙年间，后不详。至民国二十六年十月由尼僧上顺、下桂老师太和尼僧上志、下兴老师太住持并发心建设龙王古刹，而后古刹破落。二〇〇四年由九华山上常、下智法师来此住持，十余年内在当地政府关心支持下和广大护法居士发心助资下，已建成三圣殿、地藏殿、观音殿、寮房、斋堂十余间。现重建龙王古刹主殿大雄宝殿，深十八米，宽二十八米，高十九米，共二层，总面积一千余平方米。特立此碑便于后世流传。

金帛山禹迹

　　金帛山位于禹降、山西、朝阳三村之间，北与壶瓶山、陶渊明故里陶里咫尺相望，南与上方山、下方山遥为呼应。古时，金帛山濒海。明万历《绍兴府志》云："金帛山在府城西北四十三里，世传禹至涂山，诸侯执玉帛朝会于此，其岭有九龙池。"金帛山东南麓有禹降村，相传，禹治水到过此地，故村以"禹降"之名。

　　　　　　　　　　　　（引自《齐贤镇志》，中华书局2005年版）

025-01型塘

禹迹点：025-01 型塘

(一)地理位置

经度 　　 120.416146

纬度 　　 30.037642

所在地 　　 柯桥区湖塘街道岭下村大香林风景区鉴湖第一源碑旁

(二)简介

位于原绍兴县型塘乡，据传禹治水会诸侯于会稽，长人防风氏后至，禹乃诛之。防风氏身长三丈，刑者不及，筑高台临之，故曰"刑塘"。后人为记其事，留刑塘而戒鉴，岁久谐音，亦避"刑"字，故雅称"型塘"。又《越中杂识》下卷《古迹》有"斩将台"记："在涂山东。……今府城北十五里有刑塘，是其地也。"（邱志荣文）

(三)图

型塘标识位置图

型塘地形图〔引自清·光绪二十年（1894 年）《浙江全省舆图并水陆道里记》〕

型塘山水形势图（引自《浙江省绍兴县地名志》，1980 年）

（四）照片

型塘鉴湖第一源碑

型塘乡牌（张钧德摄）

（五）附录

禹诛防风

大禹做了天子之后，巡行各地，最后又回到大越，他登上茅山，召九州群臣都来朝觐，以总结治国之道，传达国家政令和制度休养生息政策。他论功行赏，分封土地给功臣，赏赐爵位给德高望重之人。他不徇私情，赏罚分明，小过亦罚，微功亦奖，群臣无不信服和敬仰。此后，茅山就改名为会稽（计）山，这就是禹会会稽的由来。大禹在会稽山上致群神，下会众臣，使祭祀之地会稽山成为天下众山之首，这就是禹禅会稽的来历。

大禹召群臣会聚茅山，各路诸侯无不欣然前来，惟有一位资深大臣防风氏没有按时报到。防风氏长得人高马大，曾随禹之父鲧一起治水，后又跟禹治水。他在四明山采用筑坝拦洪的方法治水，虽然不失为治水一法，但是没有成功。在茅山开会期间，他上山迟到，瞒着灾情来见大禹。其实大禹已经了解了事实真相。尽管防风氏是两代重臣，没有功劳也有苦劳，但按法犯了死罪。大禹对防风氏的重大失误，毫不姑息和手软，下令立斩。由于防风氏生得高大，大禹就叫人在山麓建造了一个刑堂，堂中设立一个高刑台，在当众宣读了防风氏的罪名之后，手起刀落，执行了死刑。据说绍兴县原来的型塘乡，就是当年"刑堂"的谐音。防风氏被诛后，当地老百姓便把防风氏的尸体葬在附近。后人在治理镜湖时，掘出一根七尺长的人骨，很可能就是防风氏的脚骨，于是将尸骨重新埋于马山，并建了一座防风庙，以志纪念。

（何信恩文，引自《绍兴大禹陵》，中国文史出版社 2011 年版）

025-02七尺庙

禹迹点：025-02 七尺庙

（一）地理位置

经度　　　120.438529

纬度　　　30.070991

所在地　　柯桥区湖塘街道七尺庙

（二）简介

绍兴民间有"十里湖塘七尺庙"之说。湖塘位于绍兴西部。七尺庙位于湖塘街上。据嘉庆《山阴县志》记：山门中有"鉴湖第一社"横匾，为明代嘉靖三十五年（1556 年）状元诸大绶书。据历史文献记载：鉴湖第一社社神为贺监子。越地重贺公知进退之道，以赐鉴湖一曲为荣。贺公五子皆有德于乡人。所以里人皆祀之为社神，长祀寿圣村，次祀广相村，三祀桃花村，四祀山树坞，五祀湖塘之新堰，即为七尺庙。据传宋时乡人为贺公子建此庙时，掘土中得七尺长骨，因此地离型塘近，疑为防风氏遗骨，瘗于神座之下，因此，乡人名为"七尺庙"。此虽为传说，也是代代相传对古防风氏的纪念。（邱志荣文）

（三）图

七尺庙标识位置图

湖塘七尺庙位置图（引自《浙江省绍兴县地名志》，1980 年）

（四）照片

七尺庙全景（戴秀丽摄）

七尺庙前鉴湖风光（戴秀丽摄）

七尺庙鸟瞰图（戴秀丽摄）

七尺古庙大门（戴秀丽摄）

七尺庙与鉴湖酒坊相邻（邱志荣摄）

026夏履桥

禹迹点：026 夏履桥

（一）地理位置

经度　　　120.369217

纬度　　　30.073293

所在地　　柯桥区夏履镇夏履桥村夏履桥

（二）简介

位于柯桥区夏履镇夏履桥村夏履桥。《吴越春秋》卷六记大禹："乃劳身焦思以行，七年闻乐不听，过门不入，冠挂不顾，履遗不蹑。" 据传，大禹治水经过此地，曾失履一只，因治水时间紧迫，他竟顾不得拾取穿上，便赤脚行走。后人感念禹王治水功绩和勤业操劳精神，建桥志念，名为"夏履桥"。村因桥而名。（邱志荣文）

（三）图

夏履桥标识位置图

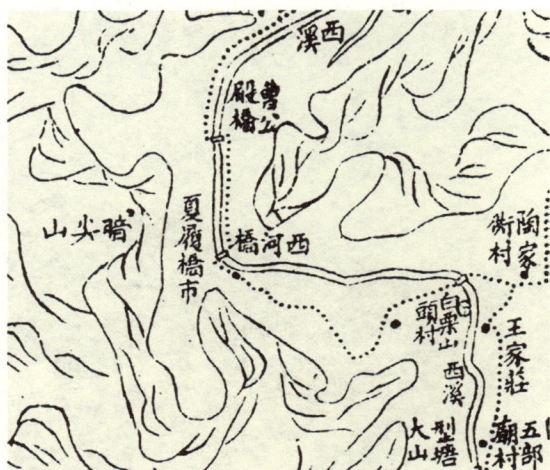

夏履桥地形图〔引自清·光绪二十年(1894年)《浙江全省舆图并水陆道里记》〕

夏履桥位置图(引自《浙江省绍兴县地名志》,1980年)

（四）照片

夏履桥(戴秀丽摄)

夏履桥题名(戴秀丽摄)

夏履江(戴秀丽摄)

桥头大禹广场(戴秀丽摄)

（五）附录

夏履桥

据《吴越春秋》载，大禹治水，"乃劳身焦思以行，七年，闻乐不听，过门不入，冠挂不顾，履遗不蹑。"相传，"履遗不蹑"之事就发生在古代的芦头滩——现今的夏履桥。

禹带领众人到芦头滩治水，一天傍晚收工时，在一座小石桥边洗脚，一只草鞋（履）掉到了桥下，来不及捞起，被水冲走了。人们就把这座石桥叫"夏履桥"。从此，夏履桥这名字就代替了芦头滩。最早的夏履桥是座独块石板小桥，位于天医殿前，后在距这桥不远的东河上建一座三孔石板平桥，桥梁上刻"夏履桥"三字，人们称这桥为夏履桥，也叫浑塘桥。而原先的夏履桥因桥毁溪平而很少有人知道。

1973年兴修水利，拓宽东河，三孔石板平桥（每孔都有三大块桥梁石）改建为独孔拱形钢筋水泥桥，位置向原三孔石桥下游移了十来米。1992年，该桥又改建成水泥平桥，可通汽车，仍叫夏履桥。

（引自《夏履镇志》，中华书局2010年版）

大禹遗履夏履桥

绍兴西北隅有一个面积52平方公里的小镇叫夏履镇，镇政府驻夏履桥村，村中有一座桥叫夏履桥。这座桥不大，可来头不小，渊源颇深。

夏履桥的来历语出有典。最早见于《史记·夏本纪》："舜登用，摄行天子之政，巡狩。行视鲧之治水无状，乃殛鲧於羽山以死……舜举鲧子禹，而使续鲧之业。"又《淮南子·原道训》："禹之趋时也，履遗而弗取，冠挂而弗顾，非争其先也，而争其得时也。"另见《吴越春秋·越王无馀外传》中也有：大禹"劳身焦思以行七年，闻乐不听，过门不入，冠挂不顾，履遗不蹑"。

远古时候，天地茫茫，宇宙洪荒，其时的古越深受洪涝之害，称之为荒服之地。出身于古越人（百越族群）的大禹，姓姒，名文命，谥号禹，黄帝轩辕氏第六（九）代孙，后人尊称为大禹。他吸取父亲鲧治水失败的教训，"陆行乘车，水行乘舟，泥行乘橇，山行乘辇"，实地调查山川地理水情。相传，大禹"履遗而弗取"的事情就发生在这块原名"芦头滩"的土地上。某日，大禹率众人涉水实地调查水情的时候，脚下一滑，一只草鞋脱落掉入河中，被洪水冲走了。他顾不上去打捞它，光着脚继续工作。老百姓为了感念夏禹的功德，就在他丢失鞋子的地方，建造了一座小石桥，用以纪念他，取名为"夏履桥"。

夏履桥历经岁月的侵蚀，多次改建，始成今日古桥新貌。2014年，镇政府投入70万元，在夏履桥东堍新建一人文景观——大禹广场。二千多年来，乡镇、村落、桥梁三位一体都谓之夏履，又各有所指。"夏履"作为历史地名，久传不衰。（周长发文）

（引自《柯桥地名故事》，2016年）

大禹与西小江

相传,西小江原来不叫"西小江",而叫"洗脚江",是一条十分隐蔽的小溪。

古时,神州大地,洪魔肆虐,百姓苦不堪言。大禹为解救劳苦百姓,治服肆虐的洪魔,毅然接过父亲的担子,改变治水方法,变"阻"为"疏",带领天下百姓开渠、挖沟、劈山、筑堤。洪魔渐渐治服了。其间,大禹三过家门而不入,日夜巡视,观察洪水的走向。一天,大禹带领百姓追踪一股洪流来到古越大地,眼看离东海已不远,偏偏在这里,洪流被高山阻隔,变得更加暴躁不安。大禹万分着急。

到了晚上,他又翻山越岭,观察地形,以期找到一条合适的通海之路。但他失望了。他走着走着,来到了一条小溪边,感到非常疲劳,就坐在溪边的岩石上,把自己那双鞋子脱下来,放在一边,把浮肿的双脚浸入溪水中,洗起了脚。不知不觉就睡着了,一觉醒来,发现放在岸边的那双鞋子不见了,小溪岸边湿漉漉的。大禹伤心万分,因为那双鞋子是他的结发妻子在他治水前,三天三夜不合眼赶制成的。这双鞋子伴着他跋山涉水,走遍了九州大地,穿着那双鞋子,仿佛妻子时时刻刻就在身边,鼓励自己要克服困难,早日战胜洪魔。可今天,这鞋却……

想到这里,大禹更加伤心,黯然低下了头……忽然,他灵机一动,顿时高兴地惊叫起来:"我找到了! 我找到了!"于是他连夜赶回营地,带领大家把那条小溪开挖成了一条通向东海的大河。奔腾的洪水沿着大河滚滚涌向东海……(陆力波文)

(引自《柯桥地名故事》,2016 年)

西小江(邱志荣摄)

027东担山

禹迹点：027 东担山

（一）地理位置

经度　　　120.46870

纬度　　　30.044398

所在地　　柯桥区柯岩街道州山村东担山公园

（二）简介

传说是大禹所担息壤倒翻所化。

在柯桥区柯岩街道州山村。相传禹治水时有孽龙不甘心被赶下海，就联合各江恶龙一次次反扑，潮水直近会稽山脚。大禹用父亲鲧治水剩下的息壤建起一道海塘把潮水挡住。

息壤只能放在神龟背上，因为只要一小点接触到泥地就会生长。大禹取来息壤挑了一担担地工作，途中虽走丢了草鞋却不敢歇落担子捡。孽龙一看心生一计——就在大禹两脚之间使了个绊子。大禹没留神，一个趔趄，两筐息壤倒在了地上，顿时长成了两座小山……（张钧德文）

（三）图

东担山标识位置图

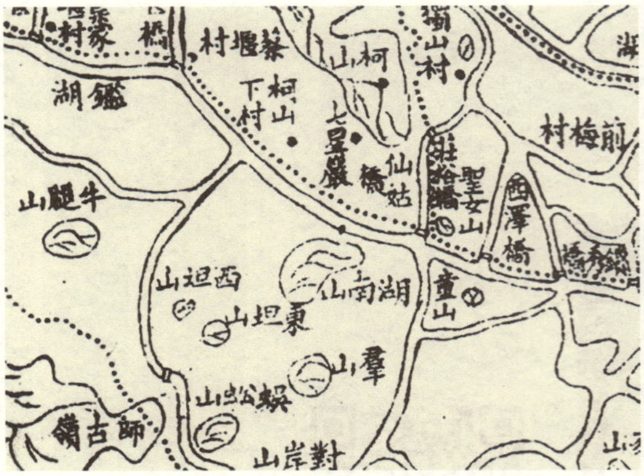

柯桥区州山村东担山、西担山图〔引自清·光绪二十年（1894年）《浙江全省舆图并水陆道里记》〕

州山担山位置图（引自《浙江省绍兴县地名志》，1980年）

（四）照片

东担山公园（戴秀丽摄）

（五）附录

东担山与西担山

　　大禹领治水大军走遍了华夏大地，所到之处，洪水纷纷治平，大江大河都疏导进了大海。最后疏通的是会稽山中的若耶溪。治水大军开山挖沟，终于把四处漫溢的洪水引进了东海，治水大军终于可以回到各自的家中与家人团聚了。百姓们感动于大禹公而忘私、锲而不舍的精神，自发地将称谓改为禹王，若耶溪被叫作"了溪"，以纪念治水了于此地。

与岸上一片祥和高兴的氛围不同，原本盘踞在若耶溪的孽龙却很不开心，它被赶下东海后很不服气，联合起同样被赶进东海的各江恶龙，推起十多米高的巨浪，一遍一遍地冲击古越大地，把沿海的土地全给淹在了水下，潮水一直漫到了会稽山脚下，刚刚喜笑颜开的人们顿时又哭嚎遍地。正在会稽山上准备大会诸侯、爵德计功的大禹听说后，重新组织起治水大军，准备建一道海塘，把潮水隔在大堤之外，保护百姓安居乐业。

可是，当天筑起的堤坝一到晚上就被冲垮了，孽龙性起时，白天也会推起浪潮冲塌堤坝，一连几天都是这样。毁了再筑，筑了又毁，何时是个头啊！而另一边大会诸侯的通知已经发出，各部落首领马上要从各地汇聚到这里，大禹急得就像热锅上的蚂蚁。

一早，大禹像没头苍蝇般沿着海岸往内陆走，也不知道走了多久，突然听到有人在远处叫："禹王，禹王，请留步！"大禹驻足看去，却是一个后生在叫他，后生又道："禹王，我是舜帝的后人姚江，您是不是正为海水倒灌大地犯愁啊？"大禹一听，后生是舜的后人，必有不同凡响的见地，忙问道："好小哥，我确是为这事烦恼呢，不知小哥有何高见？"姚江道："昨夜神仙托梦给我，说今天禹王会路过这里，让我告诉你，在一天之内，把治水剩下的息壤分七七四十九担，挑到海边，就能把海塘筑牢，永保平安。"

大禹一听这个好消息，马上找来担子往西边赶去，连姚江后面的话都没有来得及听全。那些用剩的息壤还在西边神龟的背上呢，之前神龟听说治水完成了，就在原地睡着了。那息壤可是天帝的宝贝，乃是小赤龙从天上偷到凡间的，一小堆息壤只要一碰到泥土，就会自动生长，形成堤坝。所以，息壤看着不大，却很重，普通人根本就挑不动，以前都靠神龟背着，现在只有大禹才有这神力来挑。

大禹运起神力，挑着息壤一趟又一趟地往来于神龟和海岸之间，没挑几趟，就感觉体力不支了。可这息壤一沾到地就会生长，是不能放下的。大禹只能勉力支撑着，在路过会稽山西边一个村庄时，鞋子吊带磨断了，掉在了路上，他也没法去捡，只好赤着脚继续赶路。就在大禹快要坚持不住时，看到姚江从山上砍了一捆柴回来，也许是背累了，正架在垛拄（一根长木棍，一头有个叉，上山可当拄杖，背柴累时可把柴担搁在木叉上休息）上歇息呢。大禹得到提醒，知道是刚才没听完姚江的话，才弄得自己如此狼狈，现在自己也可以如法炮制。可是普通木头根本吃不消息壤的重量，大禹转念一想，从贴身口袋里拿出一根尺把长的铁棒，心中默念"长长长"，棒子真的变粗变长，将息壤担子稳稳地架在了地上，大禹终于可以透口气了。原来，这也是大禹得自上天的一件宝物，是治水时用来测量水深的工具，叫神珍铁。大禹感激地朝姚江点点头，姚江道："禹王，你每次路过这里就歇一次，我好帮你记数。"大禹点头，再次鼓起劲来，又是一趟接着一趟地挑了起来。转眼已经挑完四十八担了，眼看先前倒下的息壤已经生长成大堤，只要再有一担就大功告成了。看看偏西的太阳，大禹一阵急跑来到神龟身边。大禹虽是半神之体，也感觉有点力不从心。他将最后的息壤全数装进筐内，挑起担子，向海边赶去。这是最后一担,路过姚江身边时,太阳已经有一半沉入山的那边去了。大禹顾不得歇息,把手放在神珍铁上,心中念着"小小",铁棒又变回原来长短,放进怀里。地上出现一个大洞,是息壤将又粗又长的神珍铁压入地下留下的,这时候汩汩地往外冒着水,姚江捧起水来喝一口,发现这水清洌爽口,仿佛是仙水般,赶紧让大禹喝了一大口。说也神奇,大禹顿时感到浑身舒坦,力气又回到了身上,于是挑起息壤大步向海边赶去。

这时,海里的孽龙看到大禹不断挑来息壤,筑起的大堤竟然会自动生长,巨浪打在上面居然一点反应都没有,知道不妙,如果让大堤筑成,自己的颜面必将无存,就爬上岸来张望。远远看到大禹告别姚江,向大堤缺口走来。只听姚江在大禹身后喊着:"禹王,这是第七七四十九担息壤,把它倒在缺口中,海塘就筑成了,以后再大的海潮都不用怕了。"孽龙一听,急了,趁大禹着急赶路,嗖一下钻入了大禹两腿之间。大禹没留神,被直接绊倒在地,两筐息壤遇到土地,顿时开始生长。大禹惊得脸色发白:这可怎么办?千算万算没算到这一出,千辛万苦到头来却是一场空。

孽龙得意得忘了形,哈哈狂笑着向东海游去。愤怒的大禹从怀中取出神珍铁,朝着孽龙逃走的方向掷去,说时迟那时快,只见那神珍铁在空中划过一道优美的弧线,飞到孽龙头上时,一下子变粗变大,牢牢地把孽龙镇在了海底。

孽龙再也不能作恶了,人们又纷纷奔走相告,美好的日子是怎么过都过不完。为了纪念这治水的最后一战,人们把大禹走丢鞋子的村庄叫做"夏履村",姚江住的村庄叫做"古陈村"(舜本姓姚,后人改姓陈,所以叫古陈村,现代人不知原由才改成古城村)。禹王无意间用神珍铁挖的井叫"禹王井"或"大王井",陈姓后人至今还在井边生活。至于那两筐息壤,已经生长成两座山,至今还在州山村边耸立者,一座叫"东担山",另一座就是那"西担山"。(徐海峰文)

(引自《柯桥地名故事》,2016 年)

028西担山

禹迹点：028 西担山

（一）地理位置

经度　　　120.465440

纬度　　　30.044422

所在地　　柯桥区柯岩街道州山村西担山公园

（二）简介

在柯桥区柯岩街道州山村。相传禹治水时有孽龙不甘心被赶下海，就联合各江恶龙一次次反扑，潮水直迫会稽山脚。大禹决定用父亲鲧治水剩下的息壤建起一道海塘把潮水挡住。

息壤只能放在神龟背上，因为只要一小点接触到泥地就会生长。大禹取来息壤挑了一担担地工作，途中虽走丢了草鞋却不敢歇落担子捡。孽龙一看心生一计——就在大禹两脚之间使了个绊子。大禹没留神，一个趔趄，两筐土倒在了地上，顿时长成了两座小山。（张钧德文）

(三)图

西担山公园标识位置图

(四)照片

西担山公园(戴秀丽摄)

西担山公园小道(戴秀丽摄)

029 禹会桥

禹迹点：029 禹会桥

（一）地理位置

经度　　　120.416349

纬度　　　30.126173

所在地　　柯桥区钱清街道钱清村刘宠纪念馆门口

（二）简介

嘉庆《山阴县志》卷五"六十里曰禹会桥"。此桥据清光绪二十年（1894年）《浙江全省舆图并水陆道里记·山阴县图》所绘，位置在今绍兴市柯桥区钱清街道东南，今遗址尚在。（邱志荣文）

（三）图

钱清禹会桥标识位置图

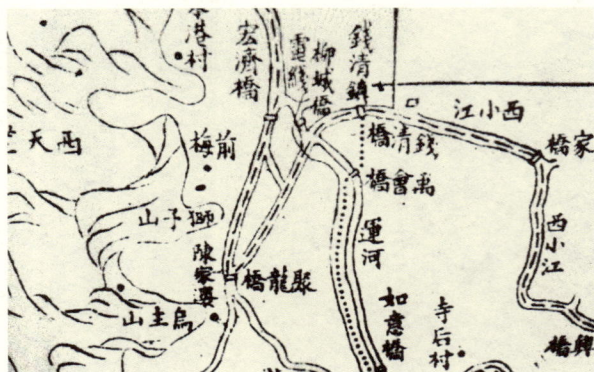

钱清禹会桥位置图〔引自清·光绪二十年（1894年）《浙
江全省舆图并水陆道里记》〕

西小江、清水亭、马埠桥（禹会桥）位置图
（引自《浙江省绍兴县地名志》,1980年）

（四）照片

禹会桥下浙东运河与附近刘宠纪念馆（邱志荣摄）

禹会桥边钱清清水亭位置（邱志荣摄）

禹会桥纪念壁画

禹会桥老照片

禹会桥，又名马埠桥

030稽山大王庙

禹迹点：030 稽山大王庙

（一）地理位置

经度　　　120.541795

纬度　　　29.956296

所在地　　柯桥区兰亭街道里木栅村稽山寺

（二）简介

在柯桥区兰亭街道里木栅村。古也称伯益庙。嘉庆《山阴县志》载，在绍兴城西十五里三十都二图有伯益庙。今兰亭镇里木栅村。《绍兴史迹风土丛谈》第二册："稽山大王，盖伯益也。"

康熙《山阴县志》卷十六《祠祀志三·稽山大王庙》："明萧鸣凤读书处，有记。"案：萧鸣凤《伯益庙记略》载嘉庆《山阴县志》卷二十一《坛庙》。

嘉庆《山阴县志》载，在绍兴城西十五里三十都二图有伯益庙。明代学者萧凤鸣曾撰《伯益庙记》，云："前后八乡庙是神而俎豆焉。"又说"庙初址构于他处，一夕风雨移之"。

《史记·秦本纪》："秦之先，帝颛顼之苗裔……女华生大费，与禹平水土。已成，帝锡玄圭。禹受曰：'非予能成，亦大费为辅。'帝舜曰：'咨，尔费，赞禹功，其赐尔皂游。尔后嗣将大出。'乃妻之姚姓之玉女。大费拜受，佐舜调驯鸟兽，鸟兽多驯服，是为柏翳。舜赐姓嬴氏……"

据《尚书》《史记》等古籍记载，伯益是高阳氏颛顼之苗裔，又作伯翳，亦称大费。他善于畜牧和狩猎，被舜任为"虞"（虞是古代管山林川泽之官），为百虫将军。伯益为禹所重用,辅助大禹治水有功。《史记》载:"与禹平水土,已成,帝锡玄圭。禹受曰:'非予能成,亦大费(即伯益)为辅。'"舜帝在听了大禹的话之后赞扬了伯益,并预言伯益的"后嗣将大出"。伯益又辅佐舜驯服了以鸟兽为图腾的许多部族,舜赐姓嬴氏。因此,伯益是秦族的祖先(亦即秦始皇嬴政的祖辈)。

《吴越春秋》说,伯益又是《山海经》一书的作者。伯益因助禹治水有功而被选为王位继承人。禹崩,三年之丧毕,伯益避禹子启于箕山之阴,启继承了王位,是为夏朝。(张钧德文)

(三)图

稽山大王庙标识位置图

(四)照片

稽山寺正大门(邱志荣摄)

稽山寺题刻与碑文(邱志荣摄)

稽山寺伯益菩萨(邱志荣摄)

稽山寺《功侔大禹》碑（戴秀丽摄）

（五）附录

功侔大禹碑

伯益（约公元前二十一世纪）。伯益亦称柏益、柏翳，又名大费。黄帝第四代孙。其父皋陶（亦称大业）为上古四圣之一。伯益长寿活到二百多岁，亦《山海经》原著，中华隐士之鼻祖，与许由同人。是中华土地神、魁星君、伯公神等原型。伯益少年随舜帝治水，成年后助大禹平水土，治水有功。《史记·秦本纪》记载："大业取少典之子，曰女华。女华生大费，与禹平水土。已成，帝锡玄圭。禹受曰："非予能成，亦大费为辅。"帝舜曰："咨，尔费，赞禹功，其赐尔皂游。"赐姓嬴，赐黑色折旗帜军，又将爱女姚赐伯益为妻，并言尔后嗣将大出。伯益诞生二子，长子取名大廉，次子若木。是黄氏、梁氏、徐氏、江氏、赵氏、马氏、葛氏、裴氏、嬴秦朝王室之始祖。《国语·郑语》上说，伯益能议百物，以佐帝舜。伯益来自东夷少昊鸟氏族，所以传能知禽兽之言飞鸟通话，《汉书·地理志》云："伯益知禽兽。"《后汉书·蔡传》云："伯益综声于鸟语。"《尚书》：伯益"佐舜调驯鸟兽，鸟兽多驯服"，舜任虞官。《孟子·滕文公上》记载，舜派遣伯益担任火官，伯益用火焚烧山泽,迫使猛兽逃匿,推行鸟兽繁衍,发明烧土为墙,开垦荒地,种植水稻,使过着畜牧流徙生活。后世尊他为免遭猛兽伤害之神,即"百虫将军",并修庙祭祀(《尚书·尧典》),掌管山泽,繁育鸟兽。而伯益的后人,包括费昌、仲衍、造父、处父辈以长于训鸟兽成立于世。《水经注·洛水》记载"百虫将军显灵碑"。《淮南子·本经》记载:"伯益作井,而龙登玄云,神栖昆仑。"井即阱,捕野兽用的陷阱。还发明"占卜"。现今山东日照天台山还保留有"益井"(伯益的大墓)、祭祀伯益的"魁仙阁"。《尚书·大禹谟》:伯益提倡德治,提倡帝尧那样的仁德,认为治国要敬业谨慎,忠于职守,未雨绸缪。伯益远见卓识。舜时,三苗族离心离德,舜便派大禹武力征服,三苗不服,伯益提议,要恩威并举,德武相济。大禹接受了伯益的建议,撤退军队,实行文教德治。三苗族受到感化,终于归顺。伯益在治水时中把所经历的地理山川、草木鸟兽、奇风异俗、轶闻趣事记录下来,成为《山海经》之原著。《史记》之《夏本纪》《秦本纪》记:帝舜禅位于禹后,伯益任虞官,大禹临终时,将天下授于益后,益遂让位于启。《史记·夏本纪》:"益让帝禹之子启,而辟居箕山之阳。"《霞外攟屑·释谚稽山大王》:"越城有禹迹寺,中楹祀禹,左楹祀稽山大王,盖伯益也。俗传稽山大王管百虫。"而《日知录》亦言世称益为"百虫将军"。《史记·秦始皇本纪》又载,秦始皇"上会稽,祭大禹,望于南海,而立石刻颂秦德",即后"李斯碑"。越城南永和塔内亦有伯益图文记载。史记:禹陵西十五里鹦哥山北麓伯益庙,明代南畿学政萧鸣凤撰有庙记碑。奉伯益为稽山大王,庙即当今稽山寺。稽山寺为风雨移来,史传神顺河而来,夜托梦于老农,次早果在河边得一神像,亦集百姓修庙供奉,多有灵验,传承至今。伯益实乃中华文明之圣者,历史长河,知伯益、念伯益者越来越少。据考,偌大的中国,现今只有绍兴的鹦哥山有纪念这位圣者的完整庙宇。为使后世不忘先德,特立此表此记以传永记。

二〇一九年秋月住持隆禅立

(本碑资料由稽山大王庙提供,略有订正)

伯益庙记略

　　郡东南岩壑最美,而神所栖则鹦哥山北麓也,林小而秀,谷浅而幽,前后八乡庙是神而俎豆焉,或曰:神与禹共治水有功。按俗称神掌百虫,昔伯益司昆虫草木,曾号百虫将军,此其是与!又曰:庙初址构于他处,一夕风雨移之。以神之英灵,此事诚宜有之。庙面秦望,方峭魁正如玉屏,右笔架,左天柱,香炉、琵琶诸山横其东,银山、亭山蜿其北,连冈复巘,四合而奔卫,其中塍亩百顷,川渠交错,会稽佳山水,一凭几而几尽之矣。神宫旁有橡数楹,墙数匝,高松古柏数百棵,风来月度,时时作笙竽声、琼瑰影,春夏日众鸟交呼,嘤嘤不绝。及欲振袖高峰,横睇群岫,自后阶举足,数十武即陟其巅;至夫泛涟漪、采菱蘅,苍波白水,相去不过百尺地。故仰而即山,俯而即水,登临者莫此为适。西望五里,兰亭以右军传；南眺十五里，秦山以秦皇传；东瞻八九里，禹穴以太史公传。兹山也，其孰扬之而孰传之与？将不恃于神而仍恃人以扬之、传之与！

明南畿学政萧鸣凤撰　乙酉仲春谷旦重立

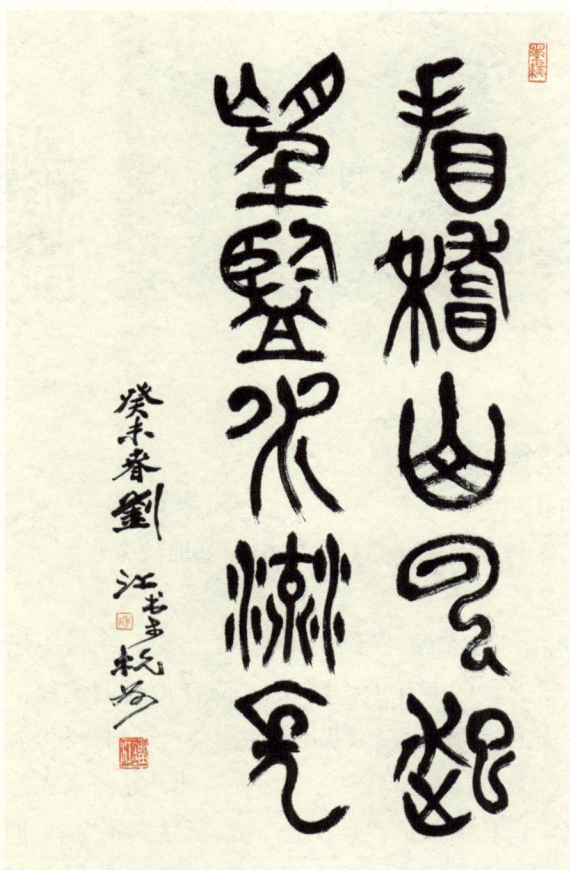

看稽山云起，望鉴水流长，刘江书

031冢斜村

禹迹点：031 冢斜村

（一）地理位置

经度　　　120.622433

纬度　　　29.800290

所在地　　柯桥区稽东镇冢斜村后山涂山氏墓地碑旁

（二）简介

冢斜地处柯桥区南部稽东镇，距绍兴市区 32 公里。东接王坛镇，南界嵊州市与诸暨接壤，北与平水镇毗邻。四面环山，著名的小舜江由村西流经，环东而去。一说冢斜是早期越国古都——嶕岘大城所在地（见余茂法主编《冢斜古村》），即《水经注·浙江水》中"山南有嶕岘，岘里有大城，越王无馀之旧都也"。据《冢斜余氏宗谱》载，大禹有子三，大儿名"启"，三儿名罕。其中还记："余氏始于夏，禹之三子罕者，时则以地建封，禹娶涂山（氏），因涂有余字，遂赐罕为余氏。则自罕而下，千流万派，宁知天壤间可以亿兆记耶，然则孰宗之为是也。"冢斜余氏为大禹后裔，现冢斜村余姓占 80% 多。

自古以来，冢斜村的祭禹之风颇盛。又据传说，除祭大禹外，还要祭"舜妃""禹妃"，因相传舜帝、大禹之妻都葬于该村大龙山麓的铜勺柄，历代朝廷均要派遣大臣到冢斜祭祀。（邱志荣文）

（三）图

冢斜村标识位置图

（四）照片

传为涂山氏墓地（邱志荣摄）

传为禹妃埋葬地

余氏宗祠（邱志荣摄）

032伯仙庙

禹迹点：032 伯仙庙

（一）地理位置

经度　　　120.669567

纬度　　　29.941697

所在地　　柯桥区平水镇下灶村迎峰自然村

（二）简介

位于柯桥区平水镇下灶村迎峰自然村原村委院内。清代古建筑。迎峰伯仙庙坐北朝南，南临迎峰溪及下（灶）迎（峰）公路，北靠高山，西接下灶村。伯仙庙现存大殿，三开间，单层单檐，明间五架抬梁式，次间穿斗式，用七檩五柱。西次间内壁嵌有石碑两通，均为青石质，字迹湮灭；东次间内壁嵌有同治年间（1862—1874）石碑一通，字迹湮灭。庙前有残碑一通，字迹尚可辨识。东次间外侧留有古井一口，双重井圈，井水清洌。伯仙庙系纪念大禹之大臣伯益而建，为研究越地大禹文化提供了实物佐证。（据浙江省第三次 2007—2011 年文物普查）（邱志荣文）

（三）图

伯仙庙标识位置图

（四）照片

伯仙庙外景（邱志荣摄）

伯仙庙大殿（邱志荣摄）

伯仙庙古井（邱志荣摄）

三、上虞区（7个）

上虞夏盖山（戴秀丽摄）

033上虞

禹迹点：033 上虞

（一）地理位置

经度　　　120.890073

纬度　　　30.015208

所在地　　上虞区百官街道新河路 2 号上虞宾馆舜井附近

（二）简介

上虞名的来历有两种说法：《水经注·渐江水》："《晋太康地记》曰：舜避丹朱于此，故以名县。百官从之，故县北有百官桥。亦云：禹与诸侯会事讫，因相虞乐，故曰上虞。"《嘉泰会稽志》引《十三州志》："夏禹与诸侯会计，因相虞乐于此地。"《太平寰宇记》卷九十六引《郡国志》："虞舜与诸侯会计事至此，因相虞乐，因名。"（邱志荣文）

（三）图

上虞标识位置图

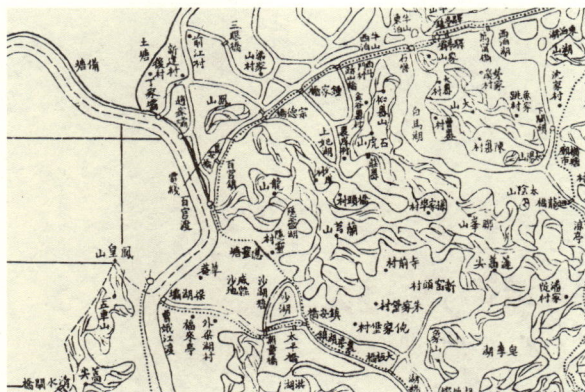

上虞龙山、曹娥江图〔引自清·光绪二十年（1894年）《浙江全省舆图并水陆道里记》〕

（四）照片

上虞舜井（任岗摄）

上虞宾馆位置（邱志荣摄）

034大禹像

禹迹点：034 大禹像

（一）地理位置

经度　　　120.871926

纬度　　　30.030334

所在地　　上虞区曹娥江边十八里景观带大禹像

（二）简介

位于曹娥江上虞区十八里景观带右岸，老百沥海塘，曹娥江赵家船闸口上首。景观带以围绕曹娥江"一江两岸，一动一静"的规划设想，按照人水和谐，着力打造曹娥江右岸"十八里亲水型绿色文化长廊"和曹娥江左岸"亲水型绿色运动走廊"的思路建设。融合上虞历史文化与现代文明，城市防洪与观赏、休闲、旅游等功能，构建了一个集防洪、休闲、观赏、旅游、运动、文化于一体的城防景观带。从 2002 年动工至 2007 年完工，长达 5 年。

大禹雕塑建于 2002 年城防一期工程中，寓意纪念大禹曹娥江"地平天成"治水业绩和继承弘扬大禹治水精神。（邱志荣文）

（三）图

曹娥江大禹像标识位置图

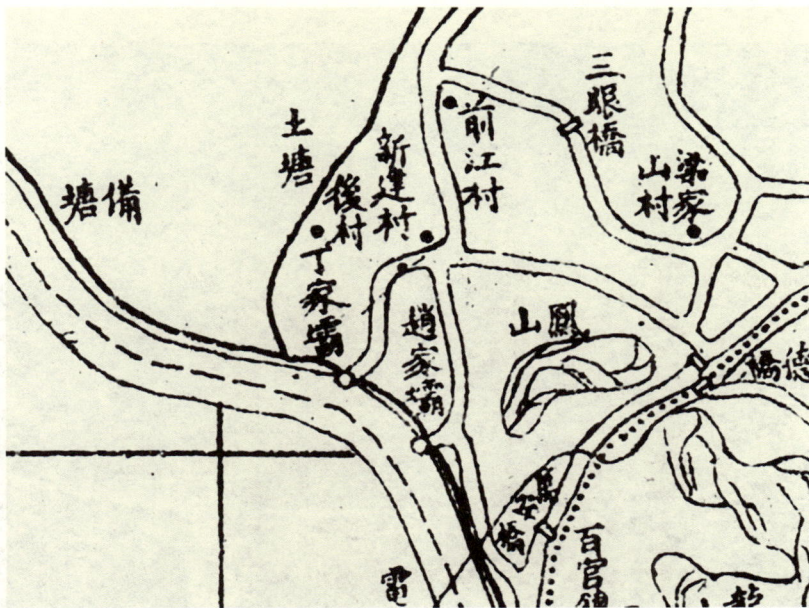

上虞曹娥江赵家坝图〔引自清·光绪二十年（1894 年）《浙江全省舆图并水陆道里记》〕

（四）照片

曹娥江大禹像（邱志荣摄）

上虞城防工程（朱胜钧摄）

035夏盖山

禹迹点：035 夏盖山

（一）地理位置

经度　　　120.895279

纬度　　　30.121846

所在地　　上虞区谢塘镇禹峰村净众寺门口

（二）简介

位于绍兴市上虞区谢塘镇。《上虞县志》记载："夏盖山在县西北六十里，一峰崒嵂，高出天半，其形如盖。一名夏驾山，相传神禹曾驻于此。"山南有纪念大禹的净众寺，宋侍郎张即之书其门匾"大禹峰"，"禹峰"两字典出于此。

《上虞地名志》载：夏盖山，位于县北部盖北、谢塘、禹峰公社交界处，距县城 11.5 公里。夏盖山海拔 168 米，面积 0.5 平方公里。因孤山独立于虞北平原上，靠近杭州湾，地势险要，历来是军事要地。明嘉靖间通判雷鸣阳为抗倭寇曾驻兵山巅，并建有亭子（已废）。抗日战争时期，我新四军三五支队在山顶西北高 8.5 米的石崖上，凿刻下"还我河山""卧薪尝胆，湔雪国耻"等隶体大字。

原禹峰公社位于原上虞县东北部，公社驻地三叉江村距县城 11 公里。公社辖区北近夏盖山。（邱志荣文）

（三）图

夏盖山标识位置图

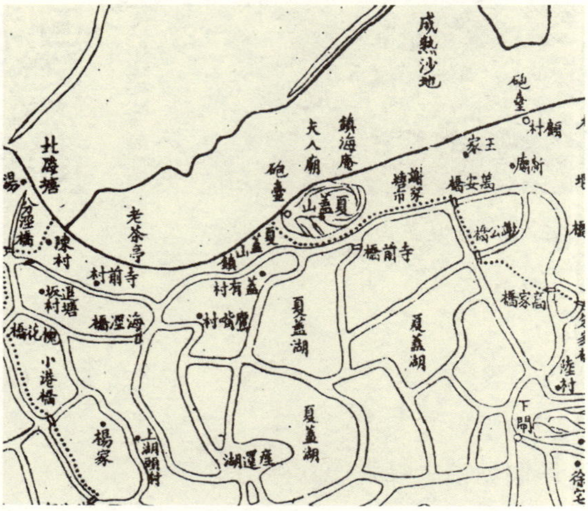

夏盖山、夏盖湖、夫人庙位置图〔引自清·光绪二十年
（1894年）《浙江全省舆图并水陆道里记》〕

上虞夏盖山（戴秀丽摄）

（四）照片

夏盖山辰洲娘娘殿（邱志荣摄）

夏盖山净众寺（邱志荣摄）

夏盖山摩崖刻石（戴秀丽摄）

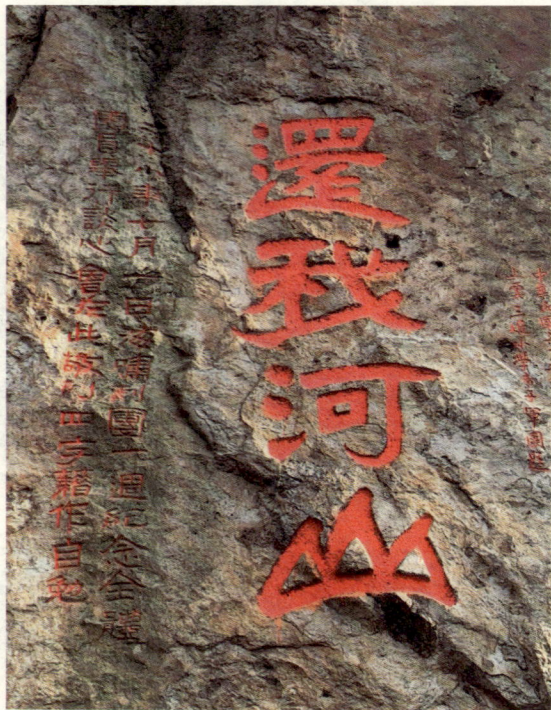

"还我河山"刻石(邱志荣摄)

（五）附录

夏盖山村的"来源"

夏盖山村,古属越地。

距今七八千年前,夏盖山以北为一片海域。大禹治水时曾驻跸山上,"观潮涌潮落之定律,行循流疏导治理之术,除九州壑灉之患,致达地平天成"。夏盖山西区渐成沼泽洼地,始有先民移居,依山而栖,繁衍生息。唐代夏盖湖筑成后,移民居住日渐增多。宋时,朝廷南迁,河南颍川之地移民纷纷迁徙至夏盖山,拓土立村,世代繁衍,至今已有近千年历史。

夏盖山村原称"信村",为夏盖山陈氏先祖所制立。因坐落于夏盖山脚下,"天下皆尊禹王,唯山名冠以夏姓而广扬宇内"。后人以为村与山同名,可仰赖大禹之神威,蕴积天地之灵气,以达累世之昌盛,故弃"信村"之名而称夏盖山村。

（资料来自夏盖村）

大禹劈山

相传古代有座大山,屹立在舜江(曹娥江)边,山上林木郁郁葱葱,山下百姓安居乐业。一天，江中冒出一个妖怪，口吐洪水，兴风作浪，拔树掀屋，吞噬生灵。大禹闻讯后，决心为民除害。就变作一条鱼，潜水察看，发现水下有个巨大的蛇窝，一股腥臭的混水从洞中源源喷出。于是，他跃出水面，在半空中对准大山用掌猛劈，在轰雷般的巨响中，大山被劈成两半，沿江的半山飞向空中。妖怪被震惊了，露出水面，张牙舞爪，与大禹展开恶斗，互相化身和变法，直打得昏天黑地，飞沙走石。最后，大禹打死了妖怪，妖怪现了原形，原来是一条罕见的大蛇。从此，这里风调雨顺，人寿年丰，而大山却只留下一半了，人们称为半边山；另一半落到后海，在海面露出顶盖，百姓为纪念夏禹，就把它称为夏盖山。

大禹领导众人凿山挖河，疏通淤泥，不辞劳苦，他身子消瘦了，皮肤晒黑了，手脚长满了老茧也全然不顾。于是，"手足胼胝"也流传为成语。"胼胝"即手掌或脚掌上因劳动过度或走路磨擦而生出的硬皮，俗名"趼"或"茧"。

长期拼命地苦干严重损坏了大禹的身体健康，使他得了一种全身性的风湿性关节炎，那"步不相过"的"禹步"是其明显的表征。鲁迅称之为"鹤膝风"。所谓"步不相过"，指的是禹在行走时，后脚向前举步的跨度不能超越前脚的位置。由此可见，大禹的膝关节炎已发展到相当严重的程度。后人因崇拜大禹的事功和精神，竟连同对大禹本人来说也很感痛苦和艰难的这种步态也崇拜起来，并把它演化成一种祭祀舞蹈中的步法。

（何信恩文，引自《绍兴大禹陵》，中国文史出版社 2011 年版）

大禹逢难识野藤

"野藤"是盖北葡萄的品牌，经专家考察点评，它是生态化、野性化、驯栽化相结合的葡萄珍品。盖北野藤葡萄以骄人的优势开了全国鲜果拍卖先河。大江南北为之轰动，为中国葡萄之乡的盖北葡萄的发展史增添了浓墨重彩。

相传，大禹治水曾驻足于夏盖山，当时正值初秋季节，秋老虎肆虐，气候还十分炎热，大禹和治水众人热得口干舌燥。于是攀藤附葛，遍山寻找淡水，但见涧溪干涸、滴水难觅。大禹见众人咳得气息奄奄，又望望山下还未驯服的奔腾潮水，心潮起伏难平，仰天长叹一声"天绝我也！"这时忽然刮起一股大风，将漫山遍野的绿色藤蔓翻卷起来，在郁郁葱葱的掌状绿叶中，露出一串串散发着清香的果实。大禹见状，立即采下一粒咀嚼起来，顿觉香甜润喉、十分解渴。于是叫众人一起采食。众人不但解了干渴，还觉得神清气爽，气力陡增。大禹大喜，随即吟诗一首："初秋太阳威如虎，遍山绝水向谁呼。忽闻香气袭人来，却似瑶池赐鲜果。解得干渴精神爽，白眉愁结尽皆舒。"吟罢，又对众人说，此果生长山野，藤蔓匍匐爬行，可称"野藤葡萄"。此事传开后，夏盖山四周的居民纷纷上山采掘，移至庭前栽植，并广为流传。

（资料来自夏盖村）

036夏盖湖

禹迹点：036 夏盖湖

（一）地理位置

经度　　　120.895279

纬度　　　30.121846

所在地　　上虞区谢塘镇禹峰村净众寺门口

（二）简介

夏盖湖位于今上虞区北部，夏盖山以南，北枕大海，"有山如盖，故曰盖山。或云大禹曾登此山，故又曰夏盖山。湖因山得名"。夏盖湖也是浙东运河虞甬段的水源工程。又传此湖由唐朝诗人、越州刺史元稹动员兴建。

夏盖湖在上虞区西北四十里，北距海仅里许。以夏盖山为界，堤分东西两段。上妃湖地势高于夏盖湖，来水由穰草堰进入夏盖湖；白马湖地势比夏盖湖略低，于是筑孔堰接山涧之水进白马湖，再经石堰入夏盖湖。因而形成了由喉（上妃、白马）注腹（夏盖湖）、由腹散支的灌排系统，被称作"上虞之有夏盖、白马、上妃三湖，如人有脏腑"，为当地约13万亩农田提供了较充足的灌溉用水，使这片曾是旱涝频仍的盐碱之地得到了较大改善。宋代，由于战事纷乱，人口较多迁入当地，夏盖湖开始围垦成田。现仅存小越湖、东泊、西泊、破岗泊等残余小湖泊。（邱志荣文）

（三）图

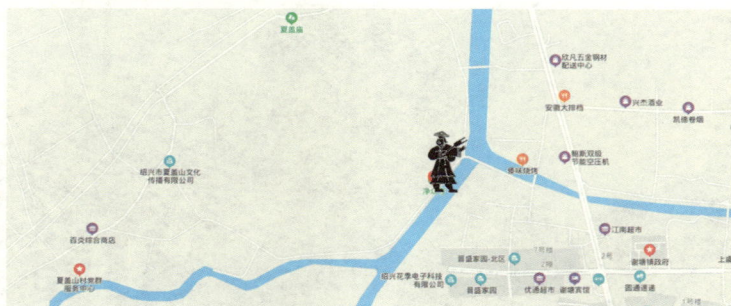

夏盖湖标识位置图

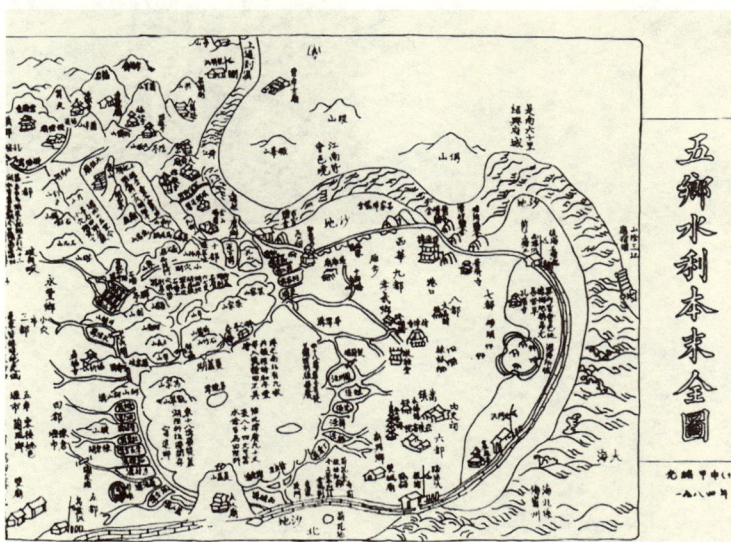

清代《五乡水利本末全图》中的夏盖湖

（四）照片

夏盖湖遗存大势(邱志荣摄)

夏盖湖遗存河道(邱志荣摄)

夏盖湖遗存河湖(邱志荣摄)

037夏盖夫人庙

禹迹点：037 夏盖夫人庙

（一）地理位置

经度　　　120.895093

纬度　　　30.124646

所在地　　上虞区谢塘镇夏盖山村夏盖夫人庙（夏盖庙）

（二）简介

在夏盖山下。以其面向大海（杭州湾），故俗称朝北庙。《嘉泰会稽志》卷六《祠庙·上虞县》："夏盖夫人庙，在县北五十里。"每年农历六月十五至七月十五举行夏盖庙会，各界黎民百姓踊跃参与，其间出动 12 支社火队伍举行迎神赛会，盛况空前。1957 年秋，历经数千年的涂山氏樟木神像被付之一炬。1978 年 3 月，夏盖庙被拆除。20 世纪 90 年代初，当地群众通过民间集资和向港澳人士募捐，在原址上重建夏盖庙，再塑夫人像。旁有禹王潭，俗称三眼井。（邱志荣文）

（三）图

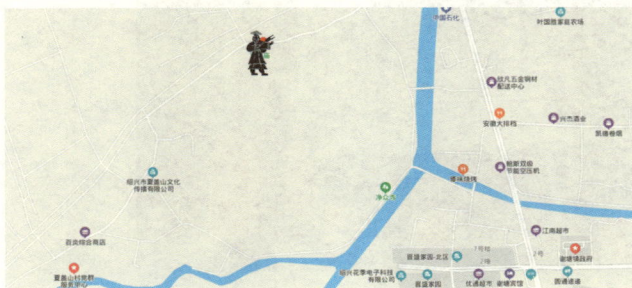

夏盖夫人庙标识位置图

（四）照片

夏盖夫人庙（邱志荣摄）

夏禹夫人娘娘大殿（戴秀丽摄）

夏盖庙简史

夏盖夫人庙，也称北朝庙。建于后晋天福四年（939年），主要祭祀夏禹夫人涂山氏。此庙建在夏盖山北麓。由于矮建简陋，于宋崇宁年间进行翻建，使其"高畅雄伟"，楹面以翻轩围以走廊，前楼五楹，塑有十位潮神，并护以照墙。大殿前面建有戏台，飞檐翘角，气势不凡，殿宇梁枋上均有精美雕刻。大殿正中端坐仪态慈祥的涂山氏樟木神像。据县志记载，涂山氏跟随大禹治水到此，不幸而殁，故土人建祠祀之。南宋蒙古人南下侵扰，夏盖夫人显灵，扬旗空中，矛戟森列，寇不能前。夏盖夫人被加"顺济大圣"封号。但求在民间，夏盖夫人主要是女性求子的祈求对象。每年上元节，夏盖山下的居民分成五晋轮流供奉夏盖夫人，奇珍异宝，倾其所有。元朝初年，南党魏忠贤权倾天下，假借"毁淫祠"之名，刮起一股毁寺庙，捣神像，建生祠的歪风。全国寺庙被毁十有八九。但因涂山氏助夫治水，地平天成，功昭日月，人人敬仰，因此夏盖夫人庙才幸免于难，得以保全。

为纪念涂山氏丰功伟绩，每年农历六月十五至七月十五举行夏盖庙会，社会各界黎民百姓都踊跃参与，期间出动十三支社火，举行迎神赛会，盛况空前。1957年秋，在热火朝天的大跃进时代，反对封建迷信的浪潮中，历经数千年的涂山氏樟木神像被付之一炬。1978年3月，夏盖庙被拆除，九十年代初，当地群众通过民间集资和向港澳人士募捐，在原址上重建夏盖庙，再塑夫人像。

夏盖庙简史（戴秀丽摄）

三眼古井（邱志荣摄）

三眼泉碑（邱志荣摄）

（五）附录

禹潭名泉·三眼井

　　史传大禹治水曾踞跸此山，时值初秋，虽非酷暑，然仍颇炎热。山上涧溪干涸，山下咸潮汹涌，众人干渴难耐，哀声连连。禹悲立于西山麓，仰天长叹："天亡吾兮。"并连跺三脚，孰知禹跺脚之处，突现三股清泉，汩汩而出，俄而汇聚成潭。禹见状喜极，携众人于潭边，尽情畅饮，顿觉神清气爽。危机终解，后人谓之"禹王潭"。因其水鲜美甘冽而名闻遐迩。为保护水质，清道光年间，将此潭砖砌成井，井面石板铺就，上凿三个吊口，故又名"三眼井"。井上建有石亭，但终因风雨侵蚀，于上世纪末拆除。现存菠萝格原木井亭，由顾氏昌源木业出资新建。今顾氏再次出资，委请勒石刻碑，以文记载历史文化遗迹——禹潭名泉·三眼井。

夏盖山村村民委员会

二〇一九年冬立

038-01犴舞

禹迹点：038-01 犴舞

（一）地理位置

经度　　　120.862356

纬度　　　29.870192

所在地　　上虞区上浦镇冯浦村

（二）简介

传承地在上虞区上浦中学和冯浦村。当地俗称"硬脚龙舞"，已成为"非物质文化遗产"。

狴犴，又名宪章，绰号"狭猱"，龙的第十个儿子。一般的说法是"龙生九子"，其实有十子，第十子只因长得怪异被赶出了龙族。它形似虎，浑身带刺，集勇猛、忠诚、正义于一身，喜食毒虫。相传，大禹治水，来到巴蜀之地，当地生灵习惯于沼泽洼湿的环境，竭力反对大禹用疏导的方法治理环境，故而群起阻挠。它们串通了沼泽地的虫豸毒物，如蜈蚣、蝎子、毒水蛭、毒蜘蛛、鳄鱼、蟾蜍等动物组成了反抗治水的造反派大军，还公推蜈蚣为大元帅，誓师拼战。大禹虽不失为一个骁勇的悍将，但因蜈蚣的毒汁如烈焰难挡，所以治水大军损失惨重，治水工程受阻。而舜帝早早就命会稽人皋陶准备了狴犴大军，在狴犴大军的帮助下，经过惨烈的战争，狴犴把对方杀得屁滚尿流。从此，毒虫恶豸销声匿迹，狴犴龙立了大功。绍兴又以为狴犴就是蜗牛，故有句话叫"蜈蚣独怕蜒蚰螺"。（邱志荣文）

（三）图

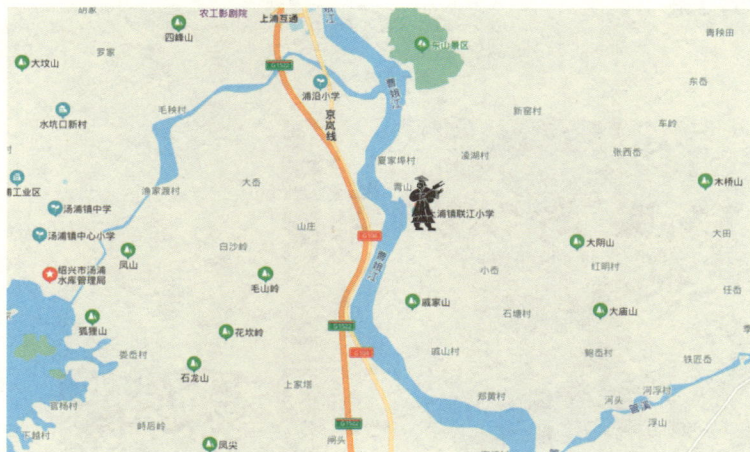

冯浦村标识位置图

（四）照片

冯浦村所在地（邱志荣摄）

038-02犴舞

禹迹点：038-02 犴舞

（一）地理位置

经度　　　120.840875

纬度　　　29.901322

所在地　　上虞区上浦镇中学

（二）简介

上虞狴犴舞的传承基地之一。学校拥有狴犴龙舞展示馆、舞龙表演队，及相关文化研究组织。（邱志荣文）

（三）图

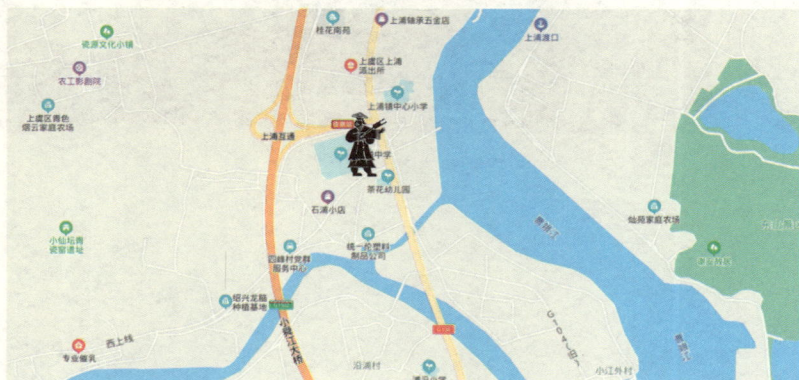

狴犴龙舞传承基地标识位置图

（四）照片

上浦镇中学（戴秀丽摄）

（五）附录

狴犴传说

一天，天刚蒙蒙亮，大舜已起床盥洗完毕，猛然见随大禹去治水的山阴人伯益，气急败坏地奔来，慌忙报告说："败了，败了，圣君呀！大禹治水又遇到了麻烦了。"大舜惊问怎么了，伯益说："当大禹的治水大军进入巴蜀地域，当地生灵们习惯于沼泽洼湿的自然环境，竭力反对大禹用'疏''导'的方法治理洪泽环境，群起阻挠，它们串通沼泽地的虫豸毒物，蜈蚣、蝎子、毒水蛭、毒蜘蛛、八獭、鳄鱼、蟾蜍……组织成反抗大禹治水的'造反派'大军，公推蜈蚣为大元帅，誓死拼战。"大舜听了大吃一惊，果然也不出所料，幸亏已有准备，便安慰伯益："不必惊慌，我已训练了克敌大军，请夏禹宽怀，治水一定成功！"便附耳告知其详，说："你奔波辛苦了，快吃饭，我领你去见克敌的大军阵势。"

原来大舜早命会稽皋陶（今绍兴越城区陶堰街道）人训练着狴犴大军。伯益看到狴犴大军果然阵势不凡，的确威武雄壮，大喜过望，更敬佩大舜的英明远见。

第二天，伯益带路，引皋陶的狴犴大军直奔巴蜀前线，蜈蚣已领"造反派"反叛大军摆开了决战架势，拼死战斗立即开始，奋战了足足三日三夜，搅得天昏地暗、地动山摇。蜈蚣等虫豸的毒汁遇到狴犴的蜓汁，不但不起毒性作用，反而连毒牙毒螯和脚爪一碰到蜓汁也顿时纷纷脱落，俗语"蜈蚣只怕蜓蚰蜗"也。战争惨烈极了，平时懒洋洋的狴犴，

上浦镇中学狴犴舞展厅道具（戴秀丽摄）

遇到虫豸等毒物，立刻勇猛无比，十分残忍凶狠，蜈蚣元帅见极大多数"战士"都消灭了，大势已去，便摇身一变，把蜈蚣身躯缩小至万分之一，跌落地上，钻入潮湿的石缝里躲避，逃过了灭顶劫难，总算还有它的孑遗传到今天。但已不敢看见太阳光亮了。

狴犴立了大功，大禹又继续治水。

后来，毒虫豸消灭了，狴犴吃食没有了，狴犴也像恐龙一样，在地球上绝迹了。

（以上资料由上浦镇中学提供）

狴犴龙舞

狴犴龙舞，又名"犴龙舞"，是上虞区上浦镇冯浦村传承下来的民间民俗舞蹈，主要流传在上虞南乡的上浦镇一带。虞舜的出生地虹漾、舜驯象耕田的象田、舜捕鱼的渔浦和大禹治水率狴犴除五毒等众多的民间故事，至今仍在上浦镇一带广为流传。狴犴龙舞就是在祭舜时表演的龙舞，因与虞舜有关而在这一带世代相传。

渔浦村（即今冯浦村），相传是虞舜捕鱼之地，村里有座渔浦庙，为祭祀虞舜大帝而建。每当庙会之时，狴犴龙舞就在祭舜的场合中表演，是一个具有鲜明个性和地方特色的民间广场龙舞。

南宋年间，冯姓迁居渔浦村。狴犴龙舞由始居的王、胡两姓传于冯姓，至今已有800余年。20世纪二三十年代，因战乱一度停止庙会活动，狴犴龙存放在冯晋传家中。

1945年8月，浙东新四军庆祝章镇解放，冯浦村的狴犴龙舞在军民联欢会上的精彩表演，引起当时章镇中心区委书记钟林的高度重视，他指示冯浦村农会对狴犴龙舞进行保护性传承。当年训练的最后一代舞龙手，60年后只剩下一位80高龄的冯占龙。

　　1945 年的最后一次表演，至 2006 年已相隔 60 余年。2006 年历史文化资源普查中，由冯晋传的孙子——76 岁的冯昭煜先生提供相关资料，并由当年的龙头表演者冯占龙传授，在上浦镇中组织无道具试排，才使狴犴龙舞的表演程式绝路逢生。因狴犴龙及其道具均在"文革"中毁坏，完整再现发生困难。

　　2008 年，狴犴龙舞申报非遗项目，上虞市文化馆根据各种资料和两位传承人的回忆，重新设计、制作了犴龙及辅助用品、服装道具等，在上浦镇中再次加工待练。5 月份在"虞舜文化节开幕式'守望精神家园'上虞市'非遗'专场晚会"上亮丽登台，受到观众一致好评。

　　狴犴龙为 9 节布龙，长 16 米左右。犴龙形象奇异，与传说中的狴犴相似。表演时，由东、西、南、北、中五个方位的旗手，执 4 面分别印有"风、调、雨、顺"文字的三角旗和 1 面高 3 米、宽 1 米、印有"犴龙"二字的幡旗，组合成东南西北中的梅花阵势结构，中为幡旗。表演时犴龙在梅花阵中纵横旋转，左右缠绕，上下起伏，奔驰流动，龙头和龙尾一开一合，与龙珠呼应。

　　另有 5 个戴着蜈蚣、蝎子、毒蜂、毒蛇、毒蜘蛛头饰面具的表演者和五旗流动呼应，与狴犴龙互动表演。又有 8 人左右的民间吹打乐队伴奏，乐器有堂鼓、金锣、小锣、金钹、大钹、唢呐；曲谱为上虞流传的各类民间器乐套曲，如调龙、一枝花、行路调等。狴犴龙舞表演形式丰富多样，表演手法灵活多变。

　　狴犴龙舞是具有上虞地方特色的民间舞蹈，而且与纪念虞舜，发扬、传承虞舜精神密切相关，因此做好狴犴龙舞的抢救、传承、保护工作，具有十分重要的意义。

　　2009 年 6 月，"狴犴龙舞"入选浙江省第三批非物质文化遗产名录。

（以上资料由上浦镇中学提供）

四、嵊州市（7个）

禹山（戴秀丽摄）

039-01 了溪

禹迹点：039-01 了溪

（一）地理位置

经度　　　120.84753

纬度　　　29.641756

所在地　　嵊州市剡湖街道艇湖城市公园内

（二）简介

地处今绍兴市嵊州城北 7 公里禹溪村。据传，古时这里是沼泽之地，庄稼常为洪水淹没，大禹治水到此，水患得以治理，治水终获成功，"了溪"因而得名。后来形成村落，亦名"了溪"。人们为纪念大禹治水之功，建禹王庙，塑大禹像，又将村名改为"禹溪"。史称"禹治水毕功于了溪"，就在此地。近处的"禹岭"据说曾是大禹治水时弃余粮之处，即禹余粮岭。岭在了山，山下为了溪。

唐·李绅《龙宫寺碑》

会稽地滨沧海，西控长江，自大禹疏凿了溪，人方宅土。而南岩海迹，高下犹存，则司其水旱，泄为云雨，乃神龙之乡、为福之所。寺曰龙宫，在剡之界灵芝乡嵊亭里……铭曰：沧海之隅，会稽巨泽。惟禹功力，生人始籍……

（邱志荣文）

（三）图

了溪标识位置图

（四）照片

剡溪又名了溪（戴秀丽摄）

艇湖公园（戴秀丽摄）

艇湖公园唐诗之路图（戴秀丽摄）

039-02了溪桥

禹迹点：039-02 了溪桥

（一）地理位置

经度　　　120.816878

纬度　　　29.648401

所在地　　嵊州市剡湖街道沙园村村委旁了溪边

（二）简介

　　沙园村四周群山环抱，自西向东的了溪一水如带，穿村而过。了溪河底为五色土，古代治水时两边就砌有石。了溪有桥 5 座，其中一座村里的古石板桥桥头有桥碑，上书"了溪桥"三个字。了溪桥由来已久，与大禹有关的故事很多，在村民口中代代相传。

　　村南北角有座石岩，传为大禹治水系船用的船埠头。大禹在嵊州治水，一直系不住自己的船，一天来了一阵神风，把船吹到了沙园村的座石岩。水怪想摇动船时，被座石岩前一根定水石柱挡了一下，结果石柱被折断了。水怪被断下来的一段石柱压到了水底，永无翻身之日。目前座石岩依旧屹立在村西角，风貌还没有改变，一旦下大雨，里面的岩洞还可供附近劳动的村民避雨。（邱志荣文）

（三）图

了溪及了溪桥图〔引自清·光绪
二十年（1894年）《浙江全省舆
图并水陆道里记》〕

沙园村了溪标识位置图

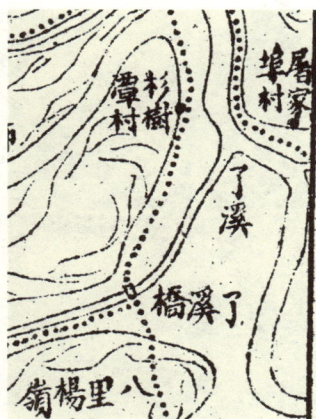

（四）照片

了溪桥正面（戴秀丽摄）

沙园村题刻（邱志荣摄）

了溪桥及了溪（戴秀丽摄）

了溪源头（邱志荣摄）

传为大禹治水船埠头（邱志荣摄）

张立云(左)、邱志荣(中)、张亮宗(右)在嵊州市剡湖街道沙园村考察禹迹(戴秀丽摄)

040禹余粮山

禹迹点：040 禹余粮山

（一）地理位置

经度　　　120.8353

纬度　　　29.640747

所在地　　嵊州市剡湖街道八何洋村村委门口

（二）简介

位于嵊州市剡湖街道八何洋村山岭。《嵊县地名志》：据老农座谈，从前这里东南面有个湖，周围长约八里，一片汪洋，故名八里洋。位于县城北面6公里处，坐落在余粮山东南面，杭温公路穿村而过。《剡录》卷四引张华《博物志》："禹治水，弃余食於江，为禹余粮。"关于禹余粮之说在越地流传长久。禹溪一带山岭还常可寻找到"禹余粮石"，黄褐色，大致呈圆形，手摇可感觉到内有核动，破之，可见核为泥丸状，据载具有化瘀的功能，可治病。（邱志荣文）

（三）图

禹余粮山标识位置图

(四)照片

原嵊县禹余粮山余粮石堆集

禹余粮山所在八何洋村(邱志荣摄)

（五）附录

八何洋村禹余粮

相传许多年以前,这里曾经是一片汪洋,后来经过大禹的努力,终于治水成功,通过劈山开石,将此处的水引入曹娥江后,这里变成了一片盆地。但"八里洋"的名称却一直沿袭了下来。大禹治水,不仅平息了这一带的水患,还给这里带来了稀有的"禹粮石"资源。

"禹粮石"又称魂石、响石、空青、药石、空石,是浙江嵊州独有的地方石种,是难得一见的石中珍品。其外形有的褶皱像山核桃,有的圆形似铁球状,用手摇之,其内核随即振动有声,据说砸碎后里面还有黄色无砂质感的粉末。

了溪禹余粮石

禹余粮实为氧化物类矿物褐矿的一种矿石,主要由含铁矿物经氧化后,再经水解汇集而成。采集后去净杂石即可作药用。禹余粮性味甘、涩,归脾、胃、大肠经,功能涩肠止血,主治久泻久痢等。煎汤,或入散剂、丸剂,外用适量,可研末撒或调敷。现代科学验明,禹余粮其外壳及内核由许多微量元素组成,它在科学、核能、医学等方面都有极其重要的用途。

关于"禹粮石"的由来,有不同的说法。宋代王十朋《余粮山》诗云:"禹迹始壶口,禹功终了溪,余粮散幽谷,归去锡元圭。"民间故事相传大禹治水,曾登东山顶,观察地势,并摇身一变成为一头似象非象、似牛非牛的怪兽,用又粗又长的鼻子在拱山。这时,他妻子涂山女正好给他送来一篮馒头作点心,见此情景,惊吓得跌坐在地上,把这篮馒头打翻了,化为怪兽的禹听见妻子的尖叫,知道发生误会,连忙恢复原形来打招呼。这样,在山上的馒头,后来变成了石团子。

又相传秦始皇统一六国后,曾几度南巡。快到剡县之时,为阻止其入剡,地方官遂编谎言:"剡县穷山恶水,有八里洋、两头门等险地,去了后恐有生命之虞。"秦始皇吓得再也不敢来剡县巡视。

（本资料由八何洋村提供）

041禹王庙

禹迹点：041 禹王庙

（一）地理位置

经度　　　120.838953

纬度　　　29.651021

所在地　　嵊州市剡湖街道禹溪村

（二）简介

禹王庙。位于今剡湖街道禹溪村。禹溪村旧名了溪村，相传禹治水毕功于此，为纪念禹治水之功，建禹王庙，塑大禹像。今庙为清道光十九年（1839 年）重建，坐北朝南。现存正殿三间，通面宽 9.7 米，通进深 8.5 米。硬山顶。有道光十九年"重修禹王庙碑"。（邱志荣文）

（三）图

禹溪村禹王庙标识位置图

（四）照片

禹王庙外景（邱志荣摄）

禹王殿及禹王像（邱志荣摄）

042禹后庙

禹迹点：042 禹后庙

（一）地理位置

经度　　　120.829334

纬度　　　29.632307

所在地　　嵊州市剡湖街道里坂村 219 号

（二）简介

位于剡湖街道里坂村。《嵊县地名志》：据老农座谈，先祖原住八里洋，当时村前的田畈称外畈，这里称里畈。因来此地种田较远，后分迁定居，遂成村落，即以畈名为村名，并易畈为坂。位于县城 4 公里处，东近杭温公路，南邻县化肥厂。村略呈方形。

庙建于明崇祯元年（1628 年），是乡人为纪念大禹夫人禹后娘娘深明大义，担当家庭重任，支持大禹治水成功的功德所立。庙坐北朝南，四合式，有门厅、戏台、厢房和大殿，为嵊州市文物保护单位。庙内有崇祯十五年（1642 年）邑人进士王心纯撰文的"禹后灵祠碑"。（张钧德文）

（三）图

里坂村禹后庙标识位置图

（四）照片

禹后庙外景（邱志荣摄）

禹后供奉、"涂山屏寿"匾额（邱志荣摄）

禹后像（邱志荣摄）

庙牌（邱志荣摄）

（五）附录

禹后庙简介

禹后庙建造于明末崇祯戊辰元年（1628年），坐落在里坂村东首，面积800平方米左右。大禹治水，无暇顾及成家，"以三十年未娶"，后与涂山娘娘结婚。婚后四天，便告别新婚娇妻前往治水。涂山娘娘承担家庭责任，使大禹安心"八年之外，三过其门而不入"。大禹晚期来东方会稽山一带视察洪水，绍兴市各县尤其是嵊州市北门外一带，如艇湖村、八里洋、里坂、禹溪等村都一片汪洋。大禹又发动人民凿山开渠，把曹娥江洪水排出大海，使人民安居乐业。大禹治平洪水，解除了人民的痛苦，这种功绩是与禹后娘娘贤内助分不开的，人民始终不忘弘扬娘娘积极配合支持丈夫治水的功绩。在清康熙廿七戊辰年（1688年）重修扩建庙宇。各地善男信女络绎不绝来庙纪念，乡火旺盛。又在道光十八戊辰年（1838年）进行重修。今因庙百数年以来未修理，已成危房，各地人民为了继续弘扬娘娘功绩，自愿协助捐款重修庙宇、立像，人民又络绎不绝来庙纪念。

嵊州市里坂村禹后庙

二〇〇三年十一月十五日

043嵊浦

禹迹点：043 嵊浦

(二)简介

在嵊州市剡溪嵊浦潭两岸。此段河道狭窄，峭岩壁立。传说以前岸西的嵊山和岸东的嵊山是相连的，剡中盆地是一个大湖，后来大禹劈开嵊、嵊二山，将剡中湖水泄出，剡中才变成了一个盆地。

据童剑超《嵊州剡溪禹迹考》：嵊浦。附近嵊山嵊山，峰岭相连，其间倾涧怀烟，泉溪引雾，是剡溪最大的峡口和深渊。乘高瞰下，有深林茂竹，倒影辉映，剡溪水深而清。民国《嵊县志》：嵊嵊二山之峡为溪口，剡之四乡，山围平野，溪行其中，至嵊山清风岭相向壁立，愈越而嵊山回峦于下，若遮若护，舟行距二三里外，望之恍不知水从何出。传云此为一山，禹凿而两之以决水。旧录所谓"苍崖壁立、下束清流"是也。(邱志荣文)

(三)图

嵊浦标识位置图

（四）照片

嵊州嶀浦传为大禹所开（戴秀丽摄）

嶀浦曹娥江段风景（戴秀丽摄）

044禹山

禹迹点：044 禹山

（一）地理位置

经度　　　120.866557

纬度　　　29.704193

所在地　　嵊州市仙岩镇禹山村

（二）简介

在今嵊州仙岩镇仁村。《嵊县地名志》：相传，夏禹治水曾驻此运筹帷幄，禹山（片村）因此得名。后人建有东、西两个禹亭以示纪念。晋车骑将军谢玄，曾依山傍溪筑舍，尽幽居之乐，故过去曾有游谢乡之名，并建有独山庙塑像供祀，车骑山也因而得名。宋驸马都尉竹简，因与奸臣蔡京不合，隐居禹山，传为嵊县竹氏之始祖。

禹山南还有一座二三十米的岩壁，壁的上端有一个山洞，名猢狲洞，传说是大禹藏治水秘笈的地方。山西有一个小山岙，据传是大湖时代的一个船埠头，大禹便在这里登岸。这山岙甚奇，大雪天，别地白雪皑皑，唯此处落地即化，传说是禹冶制器具时留下的余热仍在起作用。

《嵊州剡溪禹迹考》：禹山。车骑山南岭上有一个黄土山包，传说是大禹居住的地方，故名禹山，山上曾筑有禹亭，今为禹山茶场。禹山南有一座二三十米的岩壁，壁的上端有一个黑乎乎的大洞，人无路可入，只容猴子进出，故名狒狲洞，至今也不知里面有多大多深，传说是大禹藏治水秘笈的地方。（邱志荣文）

（三）图

禹山标识位置图

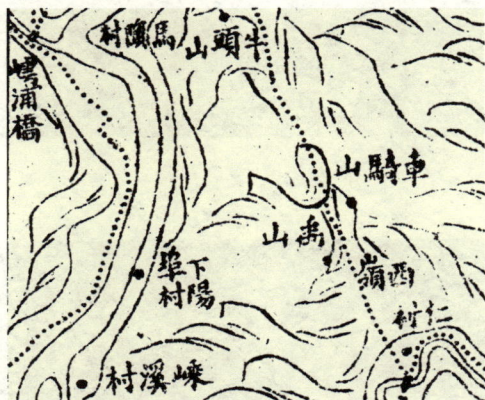

嵊县禹山、车骑山、嵊浦桥位置图〔引自清·光绪
二十年（1894年）《浙江全省舆图并水陆道里记》〕

（四）照片

禹山村全景（戴秀丽摄）

禹山茶园（戴秀丽摄）

禹山山门刻石（戴秀丽摄）

五、新昌县（10个）

穿岩十九峰（戴秀丽摄）

045-01大禹积砂岩

禹迹点：045-01 大禹积砂岩

（一）地理位置

经度　　　120.838294

纬度　　　29.507627

所在地　　新昌县七星街道五联村南岩禅寺

（二）简介

位于新昌县七星街道五联村南岩禅寺山壁。明成化《新昌县志》载："山岩陡险，皆沙石积成，如筑墙状，以物触之，纷纷而落，时或有崩堕者。世传大禹治水东注，积沙成岩。人掘其地，有螺蚌壳，云岩下乃海门也。"（邱志荣文）

（三）图

七星街道五联村大禹积沙岩标识位置图

（四）照片

大禹积沙岩南岩禅寺（戴秀丽摄）

大禹积沙岩（戴秀丽摄）

积沙岩岩体（邱志荣摄）

045-02铁佛寺

禹迹点：045-02 铁佛寺

（一）地理位置

经度　　　120.843475

纬度　　　29.507273

所在地　　新昌县七星街道五联村铁佛寺

（二）简介

位于新昌县七星街道赵婆岙村"兵舰山"半山腰部，新嵊白垩纪盆地中偏东部。据县志载：世传大禹治水东注，积沙成岩，下海门也。当前依稀可辨有蟹壳贝之类镶嵌其间。这种特定的山岩地壳，因经千百年的雨蚀风化自然而成，所以人称"海迹神山"。铁佛寺前身为化云洞，又叫观云洞，建于清同治九年（1870年），僧戒清募捐在化云洞中建造铁佛寺，主洞高16米，深28米，宽约18米。洞如蟹状。季节变化之时，不时有团团云霓飘忽，看似洞中吐出，洞名由此而来。寺周围岩壁陡险，大小洞窟数不胜数，构成了千姿百态的石窟世界。（据浙江省2007—2011年第三次文物普查）

（三）图

铁佛寺标识位置图

（四）照片

铁佛寺全景（邱志荣摄）

铁佛寺正门（邱志荣摄）

铁佛寺简介碑（邱志荣摄）

046禹王庙（渡王山）

禹迹点：046 禹王庙（渡王山）

（一）地理位置

经度　　　120.929614

纬度　　　29.532358

所在地　　新昌县羽林街道上余岙村

（二）简介

《新昌县水利志》第五章《古迹轶闻》第二节《轶闻》："县城北十里有山，相传大禹治水尝登其上。后人建有禹王庙，名渡王山。"

成化《新昌县志》卷三记载："渡王山，在县东十里三十九都，绵亘三十里。相传大禹治水曾经此山。上有禹王祠。"卷十记载："禹王庙，去县北一十里渡王山上。俗传大禹治水经此，民为之立祠。"渡王山之名，出自大禹治水，渡王山也就成了村名。（邱志荣文）

（三）图

羽林街道上余岙村禹王庙标识位置图

（四）照片

禹王庙大门（邱志荣摄）

禹王庙碑（邱志荣摄）

禹王庙及大禹像（邱志荣摄）

047顾东山（大禹像）

禹迹点：047 顾东山（大禹像）

（一）地理位置

经度　　　121.070421

纬度　　　29.506237

所在地　　新昌县沃洲镇祝家庄村

（二）简介

据万历《新昌县志》记载："顾东山在三十三都，县东五十里，世传禹治水时登之，以望东海诸山。"又据民国《新昌县志》卷三记述：顾东山"其由剡界岭上大湖山，过陈公岭、王罕岭下岗路，起顾东山，极蟠龙岗而止，为东乡支山之大者"。顾东山即今新昌县沃洲镇祝家庄村周边之山。相传大禹治水曾登上顾东山，因而旧时山的东南有禹王庙。2017 年 11 月 30 日，由乡贤和村民集资 30 万元，从河北将汉白玉禹王像运至祝家庄顾东山，进行开光祭奠仪式。并定于每年农历十月十三日开展大禹祭祀典礼，弘扬禹王文化，传承禹水精神。（邱志荣文）

（三）图

顾东山大禹像标识位置图

（四）照片

大禹神像正面（邱志荣摄）

大禹神像简介（邱志荣摄）

048禹王庙（祝家庄）

禹迹点：048 禹王庙（祝家庄）

（一）地理位置

经度　　　121.072558

纬度　　　29.504404

所在地　　新昌县沃洲镇祝家庄村

（二）简介

在今新昌县沃洲镇祝家庄村周边之山。为纪念大禹在顾东山治水，当地民众修建禹庙，历代祭祀不绝。庙中有《兴复禹王庙碑记》：

> 《新昌新赋》云："尝闻大禹顾东山，经时岁之渺渺。"大禹顾东山之说为新昌人文遗存之最。顾东山之地望，据万历《新昌县志》载："顾东山在三十三都，县东五十里，世传大禹治水时登之以望东海。"顾东山即今祝家庙村后之山是也。山不在高，有仙则名。顾东及近邻之先民，以顾东为荣，修缮禹庙，敬奉禹王，代代相传；名门望族之族谱列顾东派系，并记顾东为村景之一，赋诗作文，广为传颂。然岁月沧桑，世事变亘，禹庙易名，失缮颓倾，禹迹圣地遭湮没。时维公元2011年，徐氏龙侬感圣恩之优渥，倡议修复禹庙，并辛勤募化，得众善乐助。筑殿房，塑圣像，历时四年，禹庙得以兴复，顾东又呈卿云：霞瑞映辉，物阜年丰，万家安康。故属词比事，以示后人。

公元 2014 年 9 月吉日立

（邱志荣文）

（三）图

祝家庄禹王庙标识位置图

（四）照片

禹王庙外景（戴秀丽摄）

禹王庙禹王像（邱志荣摄）

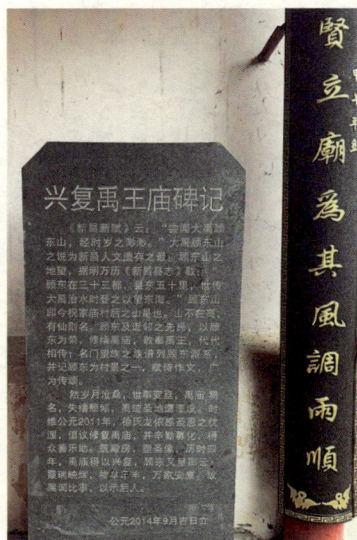

兴复禹王庙碑记（邱志荣摄）

禹王庙

永远跟党走　共筑幸福庄

　　禹王庙位于祝家庄村祝家庙自然村，占地面积约480平方米，已有300多年历史。经文史研究专家认定这是绍兴迄今为止发现民间纪念大禹尚存的禹王庙之一。据万历《新昌县志》记载："顾东山在三十三都，县东五十里，世传禹治水时登之，以望东海诸山。"顾东山即今祝家庄后之山。顾东及近邻之先民，为纪念大禹治水毕功于此，修建禹庙，历代祭祀不绝。顾东山附近的村民慺而不舍，一代一代相承，修缮禹王庙宇，敬奉大禹，保存了大禹治水在新昌的传说，传承了历史文脉。

禹王庙简介（邱志荣摄）

049缆船峰

禹迹点：049 缆船峰

（一）地理位置

经度　　　120.807467

纬度　　　29.391388

新昌县镜岭镇雅庄村穿岩十九峰下巨石旁

（二）简介

新昌县镜岭镇雅庄村穿岩十九峰之一。山上有岩，传说大禹曾缆船其上。南宋王爚有诗曰："有峰俯仰如鹅鼻，世传任公钓鱼地。缆舟凿石宛然在，海变桑田几千年。"（张钧德文）

（三）图

缆船峰标识位置图

（四）照片

缆船峰上有古寺（邱志荣摄）

缆船峰下留巨石（邱志荣摄）

050百郎殿

禹迹点：050 百郎殿

（一）地理位置

经度　　　120.801455

纬度　　　29.374968

所在地　　新昌县镜岭镇雅庄村百郎峰入山口

（二）简介

新昌县穿岩十九峰南侧有百郎峰,山顶有岩洞,深广各 10 余米,俗传大禹治水有人员百余曾驻此,因名百郎殿。《新昌县水利志》第五章《古迹轶闻》第二节《轶闻》:"百郎会聚。县城西南五十里穿岩十九峰南侧有百郎峰,其下有洞,深广各 10 余米,俗传大禹治水有人员百余曾驻此,因名百郎殿。"（张钧德文）

（三）图

镜岭镇雅庄村百郎殿标识位置图

（四）照片

新昌百郎殿禹迹标识牌柱

百郎殿下流水潺潺（邱志荣摄）

一水环绕（邱志荣摄）

051禹余粮石

禹迹点：051 禹余粮石

（一）地理位置

经度　　　121.08466

纬度　　　29.440462

所在地　　新昌县沃洲镇水帘村东峁山水帘洞

（二）简介

位于新昌县沃洲镇水帘村东峁山水帘洞周边山岭。"一名远望尖,在绍兴府新昌县东四十里,其高以丈计者五千余。"（《东峁志略》）东峁山亦有"禹余粮"石,为大小不等的圆石,内有金针、萝卜丝、豆沙、肉粒等形状物体,酷似馒头食品,故俗称石馒头。《东峁志略》:"禹余粮石,随人意劈开,呼麻类麻,呼菽类菽。"故有"信口呼来应不虚"（清·释止喻《禹余粮石》）的诗句。（邱志荣文）

（三）图

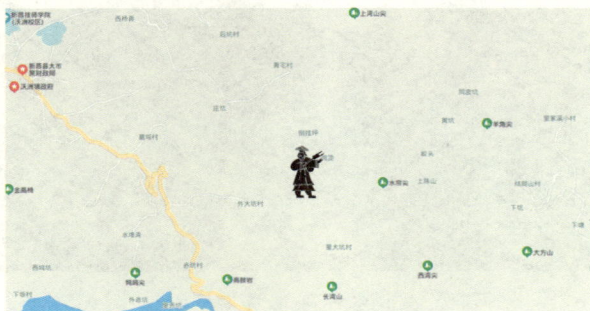

沃洲镇水帘村东峁山水帘洞标识位置图

禹望山、余粮山、水帘尖图〔引自清·光绪二十年(1894年)《浙江全省舆图并水陆道里记》〕

沃州山、东岇山图〔引自清·光绪二十年(1894年)《浙江全省舆图并水陆道里记》〕

(四)照片

俯视水帘洞(戴秀丽摄)

大禹治水留有禹余粮

东峁山禹粮石

水帘洞前一线瀑（邱志荣摄）

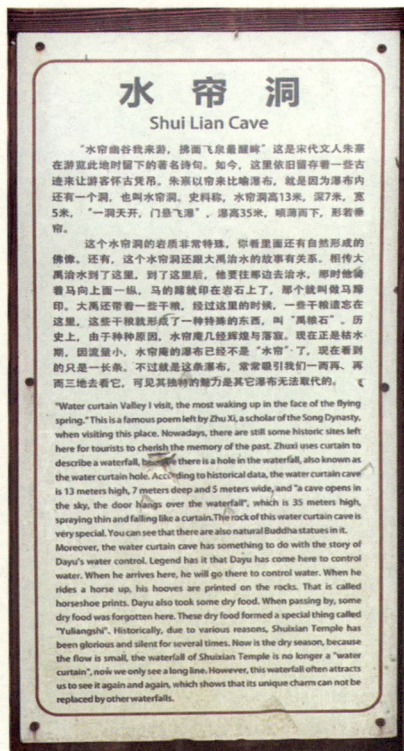

水 帘 洞
Shui Lian Cave

"水帘幽谷我来游，拂面飞泉最醒眸"这是宋代文人朱熹在游览此地时留下的著名诗句。如今，这里依旧留存着一些古迹来让游客怀古凭吊。朱熹以帘来比喻瀑布，就是因为瀑布内还有一个洞，也叫水帘洞，史料称，水帘洞高13米，深7米，宽5米，"一洞天开，门悬飞瀑"，瀑高35米，喷薄两下，形如帘帘。

这个水帘洞的岩质非常特殊，你看里面还有自然形成的佛像。还有，这个水帘洞还跟大禹治水的故事有关系。相传大禹治水到了这里，到了这里后，他要往那边去治水，那时他骑着马向上面一纵，马的蹄印印在岩石上了，那个就叫做马蹄印。大禹还带着一些干粮，经过这里的时候，一些干粮遗忘在这里，这些干粮就形成了一种特殊的东西，叫"禹粮石"。历史上，由于种种原因，水帘庵几经辉煌与落寞。现在正是枯水期，因流量小，水帘庵的瀑布已经不是"水帘"了，现在看到的只是一长条。不过就是这条瀑布，常常吸引我们一两两，再两三地去看它，可见其独特的魅力是其它瀑布无法取代的。

"Water curtain Valley I visit, the most waking up in the face of the flying spring." This is a famous poem left by Zhu Xi, a scholar of the Song Dynasty, when visiting this place. Nowadays, there are still some historic sites left here for tourists to cherish the memory of the past. Zhuxi uses curtain to describe a waterfall, because there is a hole in the waterfall, also known as the water curtain hole. According to historical data, the water curtain cave is 13 meters high, 7 meters deep and 5 meters wide, and "a cave opens in the sky, the door hangs over the waterfall", which is 35 meters high, spraying thin and falling like a curtain. The rock of this water curtain cave is very special. You can see that there are also natural Buddha statues in it. Moreover, the water curtain cave has something to do with the story of Dayu's water control. Legend has it that Dayu has come here to control water. When he arrives here, he will go there to control water. When he rides a horse up, his hooves are printed on the rocks. That is called horseshoe prints. Dayu also took some dry food. When passing by, some dry food was forgotten here. These dry food formed a special thing called "Yuliangshi". Historically, due to various reasons, Shuixian Temple has been glorious and silent for several times. Now is the dry season, because the flow is small, the waterfall of Shuixian Temple is no longer a "water curtain", now we only see a long line. However, this waterfall often attracts us to see it again and again, which shows that its unique charm can not be replaced by other waterfalls.

水帘洞与禹余粮

专家学者在新昌禹余粮山水帘洞考察定点（戴秀丽摄）

052彼苍庙

禹迹点：052 彼苍庙

（一）地理位置

经度　　　120.931614

纬度　　　29.363222

所在地　　新昌县儒岙镇儒一村

（二）简介

位于绍兴市新昌县儒岙镇儒一村村口。明代古建筑，临溪而筑，祀大禹，坐西北朝东南。建筑占地 109 平方米。彼苍庙其原意是"天庙"。相传"修行一世，不如彼苍庙坐一息"之说。原建筑 20 世纪 60 年代毁损，现建筑按旧制在旧址上重建，为青瓦屋面歇山顶。彼苍庙主体建筑坐西北朝东南，然山门进门辟于东向，禹王殿为大殿一进、面宽三间，明间构架抬梁式，五架抬梁前施卷棚轩，后带双步八檩用四柱，牛腿、斗拱承托撩檐枋。现庙内尚存捐田、茶田、禁戏等碑记三通及石质烛台 1 个。捐田碑为清乾隆五十八年（1793 年）立，茶田碑、禁戏碑均为清光绪三十三年（1907 年）立，石质烛台为清雍正九年（1731 年）制。围墙内有三棵五百年以上的古柏，与彼苍庙相映生辉。1994 年公布为新昌县文物保护点。（据浙江省 2007—2011 年第三次文物普查）

（三）图

儒岙镇儒一村彼苍庙标识位置图

（四）照片

彼苍庙外景（戴秀丽摄）

大禹治水壁画

大禹治水三过家门壁画

彼苍庙禹王殿禹王像（邱志荣摄）

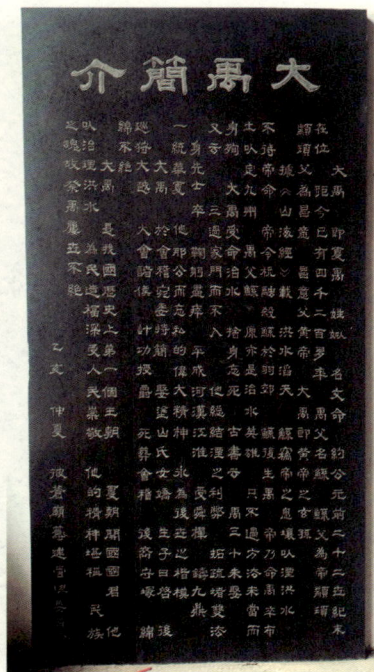

彼苍庙大禹简介（邱志荣摄）

彼苍庙公祭大禹陵文（邱志荣摄）

岙口桥古井碑（邱志荣摄）

禁戏碑记（邱志荣摄）

053禹王庙

禹迹点：053 禹王庙

（一）地理位置

经度　　　120.915924

纬度　　　29.338943

所在地　　新昌县儒岙镇南山村

（二）简介

在绍兴市新昌县儒岙镇南山村。建于乾隆年间。南山是儒岙镇第一大村，处于天姥山下，2006 年曾独立举办民俗文化节，主要活动有做香袋、纺棉花、制作谢公屐等。（张钧德文）

（三）图

儒岙镇南山村禹王庙标识位置图

（四）照片

禹王庙俯视（戴秀丽摄）

禹王庙大门（戴秀丽摄）

禹王庙大殿（邱志荣摄）

"地平天成"匾(邱志荣摄)

大禹像(邱志荣摄)

名木古树(邱志荣摄)

六、诸暨市（2个）

诸暨五泄（戴秀丽摄）

054 了山

禹迹点：054 了山

（一）地理位置

经度　　　120.223629

纬度　　　29.661712

所在地　　诸暨市暨南街道三和村

（二）简介

诸暨是古越发祥地之一，其地名与大禹有关。隆庆《诸暨县志》载："诸者，众也；暨者，及也"；"诸暨之得名……或曰禹会计而诸侯毕及也"。认为"诸"是众的意思，是指禹和天下诸侯，"暨"是及的意思，是指涉及、到达，"诸暨"即为禹及众诸侯所到达停留之地。

了山位于诸暨市暨南街道三和村（原王家井镇闸头村）。光绪《诸暨县志·山水志》载，世人曾在了山建有禹思亭、了山祠、了山闸等，后毁。据1982年编制的《浙江省诸暨县地名志》记，了山自然村在王家井公社江下大队。

传说大禹为治浣江洪水，曾亲临诸暨，在斗岩石室中得黄帝《水经》。大禹便按书中指点，沿浦阳江而上，到了擂鼓山北侧，得神力相助，平定水患。治水大业到此了结，便欣然命之为"了山"。（邱志荣文）

（三）图

三和村了山标识位置图

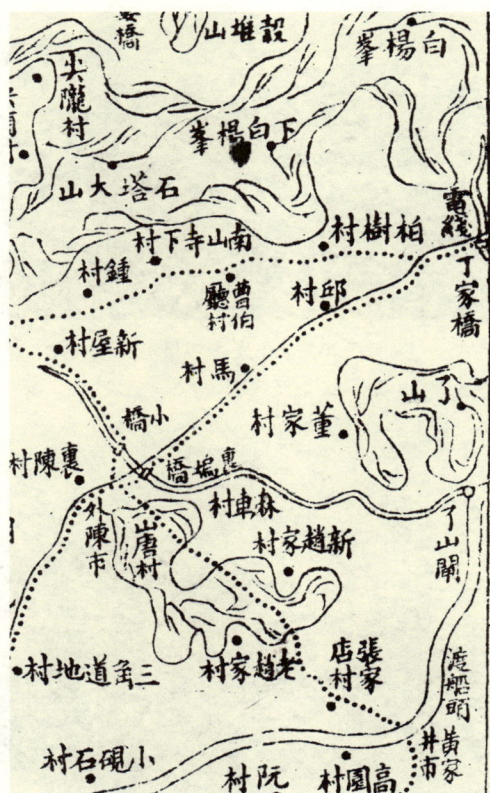

诸暨了山图（今三和村一带）〔引自清·光绪二十年（1894年）《浙江全省舆图并水陆道里记》〕

（四）照片

三和村风光秀丽（戴秀丽摄）

了山航拍（戴秀丽摄）

了山排涝站（邱志荣摄）

三和村防汛责任埂段碑（邱志荣摄）　　　山塘村防汛责任埂段碑（邱志荣摄）

在诸暨市暨南街道三和村召开禹迹标识定点座谈会（戴秀丽摄）

（五）附录

诸暨地名溯源

　　了山、禹思亭。相传大禹曾为治理浦阳江而来诸暨。今王家井的了山，即与大禹有关。大禹治水，至此为了，因名"了山"焉。后人为纪念大禹功德，又有"禹思亭"之设。光绪《诸暨县志·山水志》载："（浦阳江）北流经王家井，村在江东，有市，市旁有禹思亭，亭侧为道南书院。又北流经了山闸头，有了山渡，旁有了山亭。"清郭凤沼《诸暨青梅词》载："一曲寒塘鸣佩环，十年五年水潺潺；青溪绿树多逢雨，樵唱声声出了山。"自注云："了山，在三十一都"。又有"了山闸""了山亭"等地名。（杨士安文）

055叠石

禹迹点：055 叠石

（一）地理位置

经度　　　120.057922

纬度　　　29.710242

所在地　　诸暨市五泄风景区

（二）简介

传说此系大禹治水堆土造成，实为地质现象。叠石岩壁立数十丈，层层叠叠如彩屏，上刻"叠石胜境"。（张钧德文）

（三）图

五泄叠石地理标识位置图

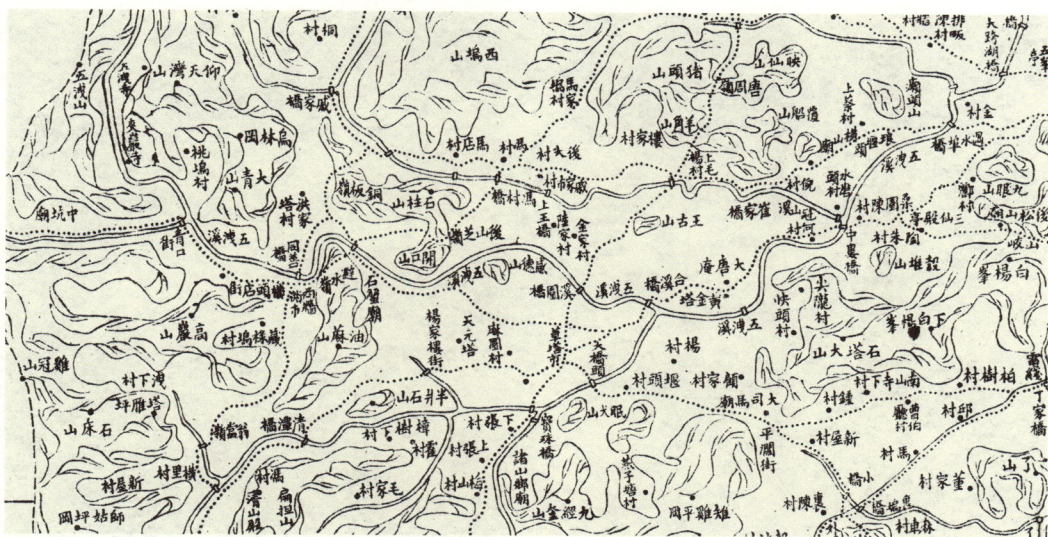

五泄溪一带地形图〔引自清·光绪二十年(1894年)《浙江全省舆图并水陆道里记》〕

(四)照片

叠石全景(戴秀丽摄)

叠石刻石(戴秀丽摄)

五泄水库(戴秀丽摄)

副编：大禹专题史料选编

大禹陵享殿（戴秀丽摄）

一、历史文献

文献记禹 ①

尚书

帝曰："咨！四岳，汤汤洪水方割，荡荡怀山襄陵，浩浩滔天；下民其咨。有能俾乂？"佥曰："于！鲧哉！"帝曰："吁！咈哉！方命圮族。"岳曰："异哉。试可，乃已。"帝曰："往，钦哉！"九载，绩用弗成。（《尧典》）

流共工于幽洲，放驩兜于崇山，窜三苗于三危，殛鲧于羽山；四罪而天下咸服。（《舜典》）

舜曰："咨！四岳。有能奋庸熙帝之载，使宅百揆，亮采惠畴？"佥曰："伯禹作司空。"帝曰："俞！咨禹，汝平水土，惟时懋哉！"禹拜稽首，让于稷、契暨皋陶。帝曰："俞！汝往哉！"（《舜典》）

大禹，曰文命，敷于四海，祗承于帝。（《大禹谟》）

帝曰：俞！地平天成。六府三事允治，万世永赖，时乃功。（《大禹谟》）

帝曰：来！禹。降水儆予。成允成功。惟汝贤，克勤于邦，克俭于家，不自满假。惟汝贤，汝惟不矜，天下莫与汝争能。汝惟不伐，天下莫与汝争功。（《大禹谟》）

人心惟危，道心惟微。惟精惟一，允执厥中。（《大禹谟》）

帝曰："来！禹，汝亦昌言。"禹拜曰："都！帝。予何言？予思日孜孜。"皋陶曰："吁！如何？"禹曰："洪水滔天，浩浩怀山襄陵；下民昏垫。予乘四载，随山刊木。暨益奏庶鲜食。予决九川，距四海；浚畎浍，距川。（《益稷》）

禹别九州，随山浚川。任土作《贡》。禹敷土，随山刊木，奠高山大川。（《禹贡》）

淮海惟扬州。彭蠡既猪，阳鸟攸居。三江既入，震泽底定。筱、簜既敷；厥草惟夭，厥木惟乔。厥土惟涂泥。厥田惟下下，厥赋下上上错。厥贡惟金三品，瑶、琨、筱、簜、齿、革、羽、毛、惟木。岛夷卉服。厥篚织贝；厥包橘、柚，锡贡。沿于江海，达于淮、泗。（《禹贡》）

禹锡玄圭，告厥成功。（《禹贡》）

---

① 《文献记禹》由邱志荣、张卫东选录。

山海经

又东四百里，曰句余之山，无草木，多金玉。(《南山经》)

又东五百里，曰会稽之山，四方，其上多金玉，其下多砆石，勺水出焉，而南流注于湨。(《南山经》)

会稽山在大楚南。(《海内东经》)

共工之臣名曰相繇，九首蛇身，自环，食于九山。其所歍所尼，即为源泽，不辛乃苦，百兽莫能处。禹湮洪水，杀相繇，其血腥臭，不可生谷，其地多水，不可居也。禹湮之，三仞三沮，乃以为池，群帝因是以为台。在昆仑之北。(《大荒北经》)

洪水滔天。鲧窃帝之息壤以堙洪水，不待帝命。帝令祝融杀鲧于羽郊。鲧复生禹。帝乃命禹卒布土以定九州。(《海内经》)

诗经

鲁颂·閟宫

閟宫有侐，实实枚枚。赫赫姜嫄，其德不回。上帝是依，无灾无害。弥月不迟，是生后稷。降之百福，黍稷重穋。稙穉菽麦，奄有下国。俾民稼穑，有稷有黍，有稻有秬。奄有下土，缵禹之绪。

商颂·长发

浚哲维商，长发其祥。洪水茫茫，禹敷下土方，外大国是疆。幅陨既长，有娀方将，帝立子生商。

商颂·殷武

天命多辟，设都于禹之绩。岁事来辟，勿与祸适，稼穑匪解。

论语

子曰：禹，吾无间然矣！菲饮食，而致孝乎鬼神；恶衣服，而致美乎黻冕；卑宫室，而尽力乎沟洫。

禹，吾无间然矣。(《泰伯》)

国语

昔禹致群神於会稽之山，防风氏后至，禹杀而戮之。(《鲁语下》)

韩非子

禹朝诸侯之君会稽之上，防风之君后至而禹斩之。(《饰邪》)

墨子

禹东教乎九夷，道死，葬会稽之山。衣衾三领，桐棺三寸，葛以缄之，绞之不合，通之不埳。土地之深，下毋及泉，上毋通臭。既葬，收馀壤其上，垄若参耕之亩，取止焉。(《节葬下》)

今本竹书纪年

帝禹夏后氏，母曰修已，出行，见流星贯昴，梦接意感，既而吞神珠，修己背剖，而生禹於石纽。虎鼻【大】口，两耳参镂，首戴钩钤，胸有玉斗，足文履已，故名文命。长有圣德，长九尺九寸。梦自洗於河，取水饮之。又有白狐九尾之瑞。当尧之世，舜举之。禹观於河，有长人白面鱼身出，曰："吾河精也。"呼禹曰："文命治水。"言讫，授禹《河图》，言治水之事，乃退入于渊。禹治水既毕，天锡玄圭，以告成功。夏道将兴，草木畅茂，青龙止于郊，祝融之神降于崇山。乃受舜禅，即天子之位，洛出龟书，是为《洪范》。三年丧毕，都于阳城。元年壬子，帝即位，居冀。颁夏时于邦国。二年，咎陶薨。五年，巡狩，会诸侯于涂山。南巡狩，济江，中流有二黄龙负舟，舟人皆惧。禹笑曰："吾受命于天，屈力以养人。生，性也；死，命也。奚忧龙哉！"龙于是曳尾而逝。八年春，会诸侯于会稽，杀防风氏。夏六月，雨金于夏邑。秋八月，帝陟于会稽。禹立四十五年。

禹荐益於天。七年，禹崩，三年丧毕，天下归启。

管子

禹封泰山，禅会稽。（《封禅篇》）

庄子

禹亲自操橐耜，而九杂天下之川，腓无胈，胫无毛，沐甚风，栉疾雨，置万国。禹，大圣也，而形劳天下也如此。（《杂篇下》）

左传

禹合诸侯於涂山，执玉帛者万国。（《哀公七年》）

孟子

当尧之时，水逆行，泛滥於中国。蛇龙居之，民无所定。下者为巢，上者为营窟。《书》曰："洚水警余。"洚水者，洪水也。使禹治之。禹掘地而注之海，驱蛇龙而放之菹；水由地中行，江、淮、河、汉是也。险阻既远，鸟兽之害人者消，然后人得平土而居之。（《滕文公下》）

禹之行水也，行其所无事也。如智者亦行其所无事，则智亦大矣。（《离娄下》）

孟子曰：禹恶旨酒而好善言。（《离娄下》）

禹思天下有溺者，由己溺之也。（《离娄下》）

禹之治水，水之道也，是故禹以四海为壑。（《告子下》）

吕氏春秋

禹行功，见涂山之女，禹未之遇而巡省南土。涂山氏之女乃令其妾待禹于涂山之阳，女乃作歌，歌曰："侯[候]人兮[兮]猗！"实始作为南音。周公及召公取风焉，以为《周南》《召南》。（《音初》）

禹葬於会稽，不变人徒。[汉高诱注：变，动也，言无所兴造，不扰民也。会稽山，在会稽、山阴县南。]（《节葬》）

昔者禹一沐而三捉发，一食而三起，以礼有道之士，通乎已[己]之不足也。通乎已

[己]之不足，则不与物争矣！（《有始览》）

史记

夏禹，名曰文命。禹之父曰鲧，鲧之父曰帝颛顼，颛顼之父曰昌意，昌意之父曰黄帝。禹者，黄帝之玄孙而帝颛顼之孙也。禹之曾大父昌意及父鲧皆不得在帝位，为人臣。

当帝尧之时，鸿水滔天，浩浩怀山襄陵，下民其忧。尧求能治水者，群臣四岳皆曰鲧可。尧曰："鲧为人负命毁族，不可。"四岳曰："等之未有贤于鲧者，愿帝试之。"于是尧听四岳，用鲧治水。九年而水不息，功用不成。于是帝尧乃求人，更得舜。舜登用，摄行天子之政，巡狩。行视鲧之治水无状，乃殛鲧于羽山以死。天下皆以舜之诛为是。于是舜举鲧子禹，而使续鲧之业。

尧崩，帝舜问四岳曰："有能成美尧之事者使居官？"皆曰："伯禹为司空，可成美尧之功。"舜曰："嗟，然！"命禹："女平水土，维是勉之。"禹拜稽首，让于契、后稷、皋陶。舜曰："女其往视尔事矣。"

禹为人敏给克勤；其德不违，其仁可亲，其言可信；声为律，身为度，称以出；亹亹穆穆，为纲为纪。

禹乃遂与益、后稷奉帝命，命诸侯百姓兴人徒以傅土，行山表木，定高山大川。禹伤先人父鲧功之不成受诛，乃劳身焦思，居外十三年，过家门不敢入。薄衣食，致孝于鬼神。卑宫室，致费于沟淢。陆行乘车，水行乘船，泥行乘橇，山行乘檋。左准绳，右规矩，载四时，以开九州，通九道，陂九泽，度九山。令益予众庶稻，可种卑湿。命后稷予众庶难得之食。食少，调有余相给，以均诸侯。禹乃行相地宜所有以贡，及山川之便利。（《夏本纪》）

于是九州攸同，四奥既居，九山刊旅，九川涤原，九泽既陂，四海会同。六府甚脩，众土交正，致慎财赋，咸则三壤，成赋中国，赐土、姓："祗台德先，不距朕行。"（《夏本纪》）

东渐于海，西被于流沙，朔、南暨：声教讫于四海。于是帝锡禹玄圭，以告成功于天下。天下於是大平治。（《夏本纪》）

禹曰："予娶涂山，辛壬癸甲，生启，予不子，以故能成水土功。"（《夏本纪》）

帝舜荐禹于天，为嗣。十七年而帝舜崩。三年丧毕，禹辞辟舜之子商均于阳城。天下诸侯皆去商均而朝禹。禹于是遂即天子位，南面朝天下，国号曰夏后，姓姒氏。

帝禹立而举皋陶荐之，且授政焉，而皋陶卒。封皋陶之后于英、六，或在许。而后举益，任之政。（《夏本纪》）

十年，帝禹东巡狩，至于会稽而崩。以天下授益。三年之丧毕，益让帝禹之子启，而辟居箕山之阳。

禹子启贤，天下属意焉。及禹崩，虽授益，益之佐禹日浅，天下未洽。故诸侯皆去益而朝启，曰"吾君帝禹之子也"。于是启遂即天子之位，是为夏后帝启。

夏后帝启，禹之子，其母涂山氏之女也。（《夏本纪》）

太史公曰：禹为姒姓，其后分封，用国为姓，故有夏后氏、有扈氏、有男氏、斟寻氏、彤城氏、褒氏、费氏、杞氏、缯氏、辛氏、冥氏、斟戈氏。……或言禹会诸侯江南，计功而崩，因葬焉，命曰会稽。会稽者，会计也。(《夏本纪》)

淮南子

昔者，夏鲧作三仞之城，诸侯背之，海外有狡心。禹知天下之叛也，乃坏城平池，散财物，焚甲兵，施之以德。海外宾伏，四夷纳职，合诸侯于涂山，执玉帛者万国。(《原道训》)

禹葬会稽之山，农不易其亩。[汉高诱注：禹会群臣于会稽，葬山阴之阳，不烦农人之田亩。](《齐俗训》)

越绝书

昔者，越之先君无馀，乃禹之世，别封於越，以守禹冢。问天地之道，万物之纪，莫失其本。神农尝百草、水、土甘苦，黄帝造衣裳，后稷产稿，制器械，人事备矣。畴粪桑麻，播种五谷，必以手足。

大越海滨之民，独以鸟田，小大有差，进退有行，莫将自使，其故何也？曰：禹始也，忧民救水，到大越，上茅山，大会计。爵有德，封有功，更名茅山曰会稽。及其王也，巡狩大越，见耆老，纳诗书，审铨衡，平斗斛。因病亡死，葬会稽。苇椁桐棺，穿圹七尺；上无漏泄，下无即水；坛高三尺，土阶三等，延袤一亩。尚以为居之者乐，为之者苦。无以报民功，教民鸟田，一盛一衰。当禹之时，舜死苍梧，象为民田也。禹至此者，亦有因矣，亦覆釜也。覆釜者，州土也，填德也。禹美而告至焉。禹知时晏岁暮，年加申酉，求书其下，祠白马禹井。井者，法也。以为禹葬以法度，不烦人众。(《记地传》)

涂山者，禹所取妻之山也，去县五十里。(《记地传》)

故禹宗庙，在小城南门外大城内。禹稷在庙西，今南里。(《记地传》)

禹穴之时，以铜为兵，以凿伊阙，通龙门，决江导河，东注於东海。(《记宝剑》)

吴越春秋

禹伤父功不成，循江溯河，尽济甄淮，乃劳身焦思。以行七年。闻乐不听，过门不入，冠挂不顾，履遗不蹑，功未及成，愁然沉思。乃案《黄帝中经历》，盖圣人所记，曰："在于九山东南，天柱号曰宛委。赤帝在阙，其岩之巅，承以文玉，覆以磐石，其书金简，青玉为字，编以白银，皆缫其文。"禹乃东巡，登衡岳，血白马以祭，不幸所求。禹乃登山，仰天而啸。因梦见赤绣衣男子，自称玄夷苍水使者。"闻帝使文命于斯，故来候之。非厥岁月，将告以期。无为戏吟，故倚歌覆釜之山。"东顾谓禹曰："欲得我山神书者，斋于黄帝岩岳之下，三月庚子，登山发石，金简之书存矣。"禹退又斋。三月庚子，登宛委山，发金简之书。案金简玉字，得通水之理。(《越王无馀外传》)

禹三十未娶。行到涂山，恐时之暮，失其度制，乃辞云："吾娶也，必有应矣。"乃有白狐九尾造于禹。禹曰："白者，吾之服也。其九尾者，王之证也。涂山之歌曰：'绥绥白狐，九尾痝痝。我家嘉夷，来宾为王。成家成室，我造彼昌。天人之际，於兹则行。'明矣哉！"禹因娶涂山，谓之女娇。取辛壬癸甲，禹行。十月，女娇生子启。启生不见父，昼夕呱呱啼泣。（《越王无馀外传》）

尧崩，禹服三年之丧，如丧考妣，昼哭夜泣，气不属声。尧禅位於舜，舜荐大禹，改官司徒，内辅虞位，外行九伯。

舜崩，禅位命禹。禹服三年，形体枯槁，面目黧黑，让位商均，退处阳山之南、阴河之北。万民不附商均，追就禹之所，状若惊鸟扬天，骇鱼入渊，昼歌夜吟，登高号呼，曰："禹弃我，如何所戴？"禹三年服毕，哀民，不得已，即天子之位。

三载考功，五年政定，周行天下，归还大越。登茅山以朝四方群臣，观示中州诸侯，防风后至，斩以示众，示天下悉属禹也。乃大会计治国之道，内美釜山州慎之功，外演圣德以应天心，遂更名茅山曰会稽之山。因传国政，休养万民，国号曰夏后。封有功，爵有德，恶无细而不诛，功无微而不赏，天下喁喁，若儿思母、子归父。而留越恐群臣不从，言曰："吾闻食其实者，不伤其枝，饮其水者，不浊其流。吾获覆釜之书，得以除天下之灾，令民归於里闾，其德彰彰若斯，岂可忘乎？"乃纳言听谏，安民治室。居靡山，伐木为邑；画作印，横木为门。调权衡，平斗斛，造井示民，以为法度。凤凰栖于树，鸾鸟巢于侧，麒麟步于庭，百鸟佃于泽。

遂已耆艾将老，叹曰："吾晏岁年暮，寿将尽矣，止绝斯矣。"命群臣曰："吾百世之后，葬我会稽之山，苇椁桐棺。穿圹七尺，下无及泉，坟高三尺，土阶三等葬之。"后曰："无改亩，以为居之者乐，为之者苦。"禹崩之后，众瑞并去。天美禹德，而劳其功，使百鸟还为民田，大小有差，进退有行，一盛一衰，往来有常。

禹崩，传位与益。益服三年，思禹未尝不言。丧毕，益避禹之子启于箕山之阳。诸侯去益而朝启，曰："吾君，帝禹子也。"启遂即天子之位，治国於夏。遵禹贡之美，悉九州之土以种五谷，累岁不绝。启使使以岁时春秋而祭禹於越，立宗庙於南山之上。

禹以下六世而得帝少康。少康恐禹祭之绝祀，乃封其庶子於越，号曰无馀。余始受封，人民山居，虽有鸟田之利，租贡才给宗庙祭祀之费。乃复随陵陆而耕种，或逐禽鹿而给食。无馀质朴，不设宫室之饰，从民所居。春秋祠禹墓于会稽。

无馀传世十余。末君微劣，不能自立，转从众庶为编户之民，禹祀断绝。十有馀岁，有人生而言语，其语曰"鸟禽呼"，咽喋咽喋。指天向禹墓曰："我是无馀君之苗末。我方修前君祭祀，复我禹墓之祀，为民请福於天，以通鬼神之道。"众民悦喜，皆助奉禹祭，四时致贡，因共封立，以承越君之后，复夏王之祭。安集鸟田之瑞，以为百姓请命。自后稍有君臣之义，号曰无壬。（《越王无馀外传》）

水经注

又有会稽之山，故防山也，亦谓之为茅山，又曰栋山。《越绝》云：栋，犹镇也，盖《周礼》所谓扬州之镇矣。山形四方，上多金玉，下多玦石。《山海经》曰：夕水出焉，南流注于湖。《吴越春秋》称，覆釜山之中有金简玉字之书，黄帝之遗谶也。山下有禹庙，庙有圣姑像，《礼乐纬》云：禹治水毕，天赐神女圣姑，即其像也。山上有禹冢，昔大禹即位十年，东巡狩，崩于会稽，因而葬之。有鸟来，为之耘，春拔草根，秋啄其秽，是以县官禁民不得妄害此鸟，犯则刑无赦。山东有湮井，去庙七里，深不见底，谓之禹井，云东游者多探其穴也。秦始皇登会稽山，刻石纪功，尚存山侧。孙畅之《述书》云：丞相李斯所篆也。又有石匮山，石形似匮，上有金简玉字之书，言夏禹发之，得百川之理也。（《渐江水》）

嘉泰会稽志

卷一

越在唐虞时，禹平水土，制九州，而越为扬州之域。《职方氏》：东南曰扬州，其山镇曰会稽。释云：会稽在山阴。《旧经》云：涂山在山阴县西北，禹会万国之所在。《左传·哀公七年》鲁大夫曰：禹合诸侯於涂山，执玉帛者万国。杜预注云，涂山在寿春东北，说者遂疑涂山非会稽。今涂山之名有四。会稽、寿春之外，复有渝州之涂山，杜子美赋禹庙诗者。《文字音义》云：盫［音涂］山，古国名，夏禹娶之，今之宣州当涂县也。杜预独指寿春之涂山为禹合诸侯之地，宜必有据。然按《史记·夏本纪》赞曰：禹会诸侯江南，计功而崩，因葬焉，命曰会稽。会稽者，会计也。裴骃注引《皇览》曰：禹冢在山阴会稽山上。会稽山本名苗山，在县南，去县七里。《越传》曰：禹到大越，上苗山、大会计，爵有德，封有功，更名苗山曰会稽。《家语》孔子曰：昔禹致群臣於会稽之山，防风氏后至，禹杀而戮之，其骨专车。《封禅书》曰：禹封泰山，禅会稽。由是论之，禹既合诸侯於会稽，庸讵知鲁大夫所谓涂山非会稽与？至夏后氏少康，封庶子於会稽，以奉守禹之祀，文身断发，披草莱而邑焉。后二十餘世至於允常。允常之时，与吴王阖闾战而相怨伐。允常卒，子勾践立，是为越王。

卷六

大禹陵，禹巡守江南，上苗山，会计诸侯，死而葬焉。犹舜陟方而死，遂葬苍梧。圣人所以送终事最简易，非若汉世人主豫自起陵也。刘向书云：禹葬会稽，不改其列，谓不改林木百物之列也。苗山，自禹葬后，更名会稽。是山之东，有陇隐若剑脊，西向而下，下有窆石，或云此正葬处，疑未敢信。然《檀弓》注天子六绋四碑所以下棺。则窆石者，固碑之制度，至其数不同，或繇繁简异宜，或世代悠远，所存止此，皆不可知也。窆石之左，是为禹庙，背湖而南向。然则古之宫庙固有依丘陇而立者。案《皇览》：禹冢在会稽山，自先秦古书帝王墓皆不称陵，而陵之名，实自汉始。《旧经》云：禹陵在会稽县南一十三里。

禹庙，在县东南一十二里，《越绝书》云：少康立祠於禹陵所。梁时修庙，唯欠一梁，俄风雨大至，湖中得一木，取以为梁，即梅梁也。夜或大雷雨，梁辄失去，比复归，水草被其上，人以为神。縻以大铁绳，然犹时一失之。政和四年，敕即庙为道士观，赐额曰"告成"。禹陵旧在庙旁，今不知所在。独有当时窆石尚存，高丈许，状如秤权。庙东庑祭嗣王启，而越王句践亦祭别室。镜湖在庙之下，为放生池，临池有咸若亭，又有明远阁、怀勤亭。怀勤，取建炎御制诗"登台望稽岭，怀哉夏禹勤"之句。

涂山禹庙，在〔山阴〕县西北四十五里。

南镇庙，在（会稽）县南一十三里。《周礼·职方》：扬州之镇山曰会稽。隋开皇十四年，诏南镇会稽山就山立祠，取其旁巫一人主洒扫，且命多莳松柏。天宝十载，封会稽山为永兴公。岁一祭，以南郊迎气日。国朝乾德六年，诏问礼官五镇见祭罢祭之由。时以会稽山在吴越国，乃下其国行祭事。淳化二年，秘书监李至言，五郊迎气之日，皆祭逐方岳镇海渎，自唐乱离之后，有不在封域者，遂阙其祭，国家克复四方，间虽奉诏特祭，未著常祀，望遵旧礼，就迎气日各祭於所隶之州，长吏以次为献，官从之。其后立夏日祀南镇会稽山永兴公於越州。

防风庙，在〔会稽〕县东北二十五里，禹诛防风氏，此其遗迹。

卷七

告成观，在〔会稽〕县东南七里。政和四年二月敕改禹祠为告成观。靖康初元，翰林学士翟公汝文守会稽，作三清于正殿，因设醮祭。……殿之西南有井，能愈疾，一郡所崇事也。

龙瑞宫，在县东南二十五里。有禹穴及阳明洞天。道家以为黄帝时尝建候神馆於此。至唐神龙元年，置怀仙馆，开元二年因龙见，改今额。宫正居会稽山南，峰嶂逍崒。其东南一峰崛起，上平如砥，号苗龙上升台。苗龙者，不知其名，唐初人，善画龙，得道仙去。大抵龙瑞尤宜烟雨中望之，重峰叠巘，图画莫及。故邦人旧语曰：晴禹祠，雨龙瑞。

大禹寺，在〔会稽〕县南一十二里。梁大同十一年建。会昌五年毁废，明年重建。寺自唐以来为名刹。西偏有泉，名菲饮，有亭覆之。绍兴中王编修钰题名大字刻泉上。

卷九

会稽山，在〔会稽〕县东南一十二里……《舆地志》云：会稽山，一名衡山。其山有石，状如覆釜，亦谓之覆釜山。《十道志》云：会稽山，本名茅山，一名苗山，一名涂山。禹行天下，会稽名山，因地为名。吴王夫差入，越王以甲楯五千保会稽山。《太平御览》：会稽之山，古防山也，亦名茅山，又曰栋山。《越绝》云：栋犹镇也，即扬州之镇山。《三国志》：虞翻曰：南山攸居，实为州镇。隋开皇十四年，诏会稽等山并就山立祠。唐开元十四年，封四镇山为公，会稽南镇曰"永兴公"。唐《地理志》：会稽县有南镇永兴公祠，即此山也。自经史地志所著，曰苗山，曰茅山，曰衡山，曰釜山，曰防山，曰覆釜，又曰栋山，亦曰南山,实一山也。东北接观岭,其上有磐石屹立,曰降仙台,一曰苗龙仙人台。永兴公祠之侧有茗坞、淘沙径、思古亭遗址。山南别峰曰石伞峰,之下有唐齐抗书堂、范蠡养鱼池。山西北五里即禹井、禹庙,今为告成观。又西百余步有大禹寺、菲饮泉。[山与宛委相接,宛委山即禹穴,号阳明洞天。按《旧经》引《吴越春秋》:东南天柱号宛委,乃禹藏书处,在会稽山南三里。则宛委别一山也。又《旧经》云:会稽山周回三百五十里,盖总言东南诸山之隶会稽郡者。如晋·王彪之《刻石山赞》云:会稽刻石山。宋·何胤传云:居会稽秦望山。然则刻石、秦望皆可以"会稽山"名之。《泊宅编》云:会稽,东南巨镇,对案梅李尖山,谓之笔案。其周回六十里,此又兼言宝山也。然则会稽云者,诸山之通称尔。]

宛委山,在[会稽]县东南一十五里。《旧经》云:山上有石箦,壁立干云,升者累梯而至。《十道志》:石匮山,一名宛委,一名玉笥,有悬崖之险,亦名天柱山。昔禹治水,歌功未成,乃斋于此,得金简玉字,因知山河体势。《水经》云:玉笥竹林云门天柱精舍,并疏山为基,筑林栽宇,割涧延流,尽泉石之好。《太平御览》云:会稽石匮山上有金简玉字之书,夏禹发之,得百川之理。山下有栖神馆,唐改为怀仙馆,今为龙瑞宫。《道书》云:阳明洞天,一云极玄太玄之天,山巅有飞来石,其下葛仙翁丹井,山南叶天师龙见坛。[太史公上会稽,探禹穴。《史记》注云:禹至会稽,因葬焉。上有孔穴,民云禹入此穴。自《旧经》诸书皆以禹穴系之会稽宛委山。里人以阳明洞为禹穴,今无所考。惟唐·郑鲂书"禹穴"二大字,元微之铭而鲂序之。然昌黎《送惠师》云:"尝闻禹穴奇,东去穿瓯闽。越俗不好古,流传失其真。"则禹穴不可定名久矣。《旧经》引《遁甲开山图》云:禹治水至会稽,宿衡岭,宛委之神奏玉匮书十二卷。禹开宛委山,得赤珪如日,碧珪如月,各长一尺二寸。《吴越春秋》引《黄帝中经》云,东南天柱曰宛委,赤帝在阙,其岩之巅,承以文玉,覆以磐石,其书金简玉字,编以白银,皆瑑其文。及禹巡衡岳,血白马而祭之,梦见赤绣衣男子,自称玄夷使者,闻帝使文命于斯,故来候之。倚歌覆釜之山,顾谓禹曰:欲得我神书者,斋于黄帝皇岳之下。三月,庚子,登宛委山,发金简之书,按金简玉字,得通治水之理。上说不经,姑录之。]

石匮山,在[山阴]县东南一十五里。《旧经》云:山形如匮,禹治水毕,藏书於此。

涂山,在[山阴]县西北四十五里。《旧经》云:禹会万国之所。按《史记》《国语》,禹会诸侯於会稽,执玉帛者万国。防风氏后至,禹诛之。史载仲尼之言曰,越人得其骨节专车。《书》曰:禹娶於涂山。

注:涂山,国名。《左传》:禹会诸侯於涂山。杜预注:在寿春县东北。说者云,今濠州也。苏鹗《演义》云:涂山有四:一会稽;二渝州,巴南旧江州;三濠州;四当涂县。又引《文字音义》云:螽山,音涂,涂,古国名。既为古国,禹娶之宜矣。自《越绝》等书,皆云禹娶于会稽涂山。应劭曰:在永兴北。永兴,今萧山县也。《吴越春秋》又兼载《涂山

之歌》，其说不经。大氐渝、濠、宣、越之涂山，皆有禹迹。盖禹之浚川，虽尝遍历海内，其会诸侯于会稽，则信而有征；至娶妇处，则好事者傅会于此，非其实也。

又柳子厚《山铭》、东坡《庙诗》乃在渝、濠，非此之谓。

卷十

了溪，在（会稽）县东北一十五里，源出了山，合县南溪流以入于剡溪。《旧经》云：禹疏了溪，人方宅土。［华安仁作《赵仲渊传》云：安道采真於了水。安道，戴逵也。以了水通剡，故云。］

刑塘，在［会稽］县北一十五里。《旧经》引贺循《记》云：防风氏身三丈，刑者不及，乃筑高塘临之，故曰刑塘。

卷十一

菲饮泉，在大禹寺侧，王龟龄诗云：梵王宫近夏王宫，一水清涵节俭风。越俗不知王好恶，泉名恰在酒名中。

禹井，在［会稽］县东南会稽山。《山海经》注：会稽郡山阴县南山上有禹井。《水经》云：山南有硎，去庙七里，谓之禹井。

葛仙翁井，在（会稽）县东南禹穴侧。宋之问诗云：著书惟太史，炼药有仙翁。华安仁《考古》云：葛稚川炼丹於宛委山下，有遗井，大如盆盂，其深尺许，清泉湛然。

阳明洞天，在宛委山龙瑞宫。《旧经》云：三十六洞天之十一洞也，一名极玄太元之天。唐观察使元稹以春分日投金简於此。诗云：偶因投秘简，聊得泛平湖，穴为探符坼，潭因失箭剞。白乐天和云：去为投金简，来因挈玉壶。洞外飞来石下为禹穴，传云禹藏书处，一云禹得玉匮金书於此。《史记》：司马迁探禹穴。注云：禹巡狩至会稽，因葬焉，上有孔穴，民间云，禹入此穴。《水经》云：山东有硎，深不见底，东游者多探其穴。今无所考。

窆石，在禹祠。《旧经》云：禹葬於会稽山，取此石为窆，后人覆以亭屋。有古隶，不可读。宣和中，杨时有题名。秦少游《禹庙》诗云：一代衣冠埋窆石，千年风雨锁梅梁。

飞来石，在禹穴侧，石上有唐宋名贤题名碑。乡云，贺知章题名在龙瑞宫，此石所镌者。

卷十三

石船、石帆、铁履、铁屐。《郡国志》：涂山有石船，长一丈，云禹所乘者。《十道四蕃志》：圣姑从海中乘石舟、张石兜帆至此，遂立庙。庙中有石船，船侧掘得铁履一量。《寰宇记》：宋元嘉中有人於石船侧掘得铁屐一双。《会稽记》云：东海圣姑乘石船、张石帆至，二物见在庙中，盖江北禹庙也。

卷十八

千人坛，即禹陵也。《史记·正义》引《会稽旧记》云：禹葬茅山，有聚土平坛，人功所作，故谓之千人坛。

禹会乡。在山阴县西五十里。唐·郑鲂《龙瑞宫碑》云：千川万山，皆禹之会。注云：读如会稽之会。［东坡《濠州涂山诗》云：樵苏已入黄熊庙，乌鹊犹朝禹会村。盖濠梁亦有一禹会也。］

宝庆会稽续志

卷三

告成观，在［会稽］县东南七里。政和中即禹庙为之，故自三清殿及三门、两廊皆政和以后所创，独禹庙为旧物，梅梁至今犹在，则其古可知矣。嘉定十五年郡守汪纲视事来谒，睹其朽损，即命整葺，既加盖瓦，又复甃砌，于是殿宇内外丹垩彩饰灿然一新。有古珪璧佩环藏于庙。

龙瑞宫，前志云在县东南二十五里。道家以为黄帝时尝建候神馆於此，至唐神龙元年置怀仙馆。开元二年因龙见，改今额。按宫有石刻《龙瑞宫山界至记》，不知何人所记，乃贺知章书。云宫自黄帝建候神馆，宋尚书孔灵产入道，奏改怀仙馆。神龙元年再置。开元二年敕叶天师醮，龙现，改龙瑞宫。是则怀仙馆自宋已有之，唐不过再置尔。此前志失於详考也。有龙现坛，祈祷极感应。嘉定十四年，浙东提刑汪纲以旱来祷，设坛于宫，忽有物蜿蜒于坛上，体状殊异，不类凡虺。人皆知神龙所变化也。继而雨如倾注。叶适有诗云："感格孰如汪仲举，步虚未了龙来语。会稽秦望都洗清，越人唤作提刑雨。"盖记实也。汪既领郡事，遂重建龙祠，颇为严饰，又请於朝，赐龙神庙额为嘉应庙云。

卷四

剡溪，在［嵊］县南一百五十步。王铚云：剡溪古谓之了溪。《图志》谓禹治水至此毕矣。［前志云：了溪在会稽县东北十五里，源出了山，合县南溪流入于剡溪。核其地，非。］

禹余粮，会稽及嵊县了溪有之。《博物志》曰：禹治水，弃余食於江，为禹余粮。顾况诗云：宛委山里禹余粮，石中黄子黄金屑。

万历绍兴府志

卷十九

山阴大禹庙，在涂山南麓。宋元以来，咸祀禹于此。国朝始即会稽山陵庙致祭，兹庙遂废。又一在三江巡检司北，一在余姚东山。［宋王十朋诗：逢日英雄吞四海，血祀初期千万载。稽山木像弃长江，逆溯波涛鬼其馁。鸟喙辛勤十九年，平吴霸越世称贤。故国无人念遗烈，山间庙貌何凄然。马守开湖利源迥，岁沃黄云九千顷。年来遗迹半湮芜，庙锁湖边篆烟冷。吴越国王玉节还，尽将锦绣裹江山。自从王气息牛斗，庙北昭王屋一间。乃知流光由德厚，祀典谁能如夏后。九年洪水滔天流，下民昏垫尧心忧。帝惧万国生鱼头，锡禹洪范定九州。功成执玉朝冕旒，奔走讼狱归歌讴。南巡会稽觐诸侯，书藏魅穴千丈幽。蝉蜕尘寰不肯留，千古灵庙依松楸。吾皇盛德与禹侔，菲食卑宫恶衣裘。

思禹旧绩祀事修，小臣效职躬荐馐。仰瞻黼冕怀远猷，退惜分阴惭惰偷。嗟乎！越山高兮可堙而俦，惟有禹贡声名长不朽，告成世礼无时休。禹庙诗甚多，兹诗似咏兹庙者，故附焉，余俱载禹陵庙下。]

　　卷二十

　　陵会稽禹陵，在会稽山西北五里。《越绝书》：禹始也，忧民救水到大越，上茅山，大会计。及其王也，巡守大越，因病亡死，葬会稽。《嘉泰志》云：禹巡守江南，死而葬焉，犹舜陟方而死，遂葬苍梧。圣人所以送终事最简易，非若汉世人主豫自起陵也。刘向曰：禹葬会稽不改其列，谓不改林木百物之列也，苗山自禹葬后，更名会稽。《皇览》：禹冢在会稽山。自先秦古书，帝王墓皆不称陵。陵之名，实自汉始。《吴越春秋》：禹命群臣曰："吾百岁之后，葬我会稽之山。苇椁桐棺，穿圹七尺，下无及泉，坟高三尺，土阶三等葬之。"后曰："无改亩。"司马迁《自序》曰：上会稽，探禹穴。《水经注》亦云：东游者多探其穴。《史记·正义》又引《会稽旧记》云：禹葬茅山，有聚土平坛，人功所作，故谓之千人坛。独悬窆处，不可亿知。《嘉泰志》：是山之东，有陇隐若剑脊，西向而下，下有窆石，或云此正葬处，疑未敢信。窆石之左，是为禹庙，背湖而南向。然则古之宫庙，固有依丘陇而立者。近嘉靖中，闽人郑善夫定在庙南可数十步许，知府南大吉信之，立石，刻"大禹陵"三大字，覆以亭，恐亦未足为据。而庙之建，则似起於无馀祀禹之日。《吴越春秋》：无馀从民所居，春秋祠禹墓於会稽。传世十馀，末君不能自立，转为编户，禹祀断绝。十有馀年，有人生而言语，其语曰"鸟（兽）[禽]呼"，（燕）[咽]喋（燕）[咽]喋。指天向禹墓曰："我，无馀君之苗末，我方修前君祭，复我禹墓之祀，为民请福於天。"众民悦喜，皆助奉禹祭。因共立，以承越后，复夏王之祭。宋建隆二年，诏先代帝王陵寝，令所属州县遣近户守视其陵墓，有隳毁者亦加修葺。乾德四年，诏吴越王立禹庙於会稽，置守陵五户，长吏春秋奉祀。绍兴元年，诏祀禹於越州。绍熙三年十月，修大禹陵庙。皇明洪武三年，遣官访历代帝王陵寝，令各行省臣同诣所在，审视陵庙，并其图以进。浙江行省进大禹陵庙图。九年，令五百步之内，禁人樵采，设陵户二人，有司督近陵人看守，每三年传制，遣道士赍香帛致祭，登极遣官告祭，每岁有司以春秋二仲月祭。《水经注》：禹庙有圣姑像。《礼乐纬》：禹治水毕①，天赐神女圣姑。即其像也，今废。[皇明传制祭文：洪武三年：昔者，奉天明命，相继为君。代天理物，抚育黔黎。彝伦攸叙。井井绳绳，至今承之。生民多福，思不忘报，特遣使赍香帛，命有司诣陵致祭。惟帝英灵，来歆来格。上飨。登极祭文：洪武四年：皇帝御名，遣臣致祭大禹夏后氏之陵，曰：曩者有元失驭，天下纷纭。朕由此集众平乱，统一天下，今已四年矣。稽诸古典，自尧舜继天立极，列圣相传，为蒸民主者，陵各有在。虽去古千百馀载，时君当修祀之。朕典百神之祀，故遣官赍牲醴奠祭修陵。君

---

①　浙图藏本写作"禹治水旱"。《水经注》卷四十《浙江水》所引《礼乐纬》，则为"禹治水毕"。

灵不昧,尚惟歆飨。宣德元年:惟王丕崇王道,宁济生民,伟烈鸿谟,光垂万世。予嗣承大统之初,谨用祭告。惟神昭格,祐我邦家。尚飨。正统元年:惟王奠安海宇,致治之功,民用永赖。予嗣承大统,祗严祭告,用祈祐我家国,永底隆平。尚飨。景泰文同。天顺元年:惟王平治水土,民物奠安,功德之隆,万世永赖。兹予复正大位,祗严祀事,用祈祐我家邦,永底康乂。尚飨。成化元年:惟王肇启王业,以家天下,治水神功,万世赖焉。兹予祗承天序,式修明祀。用祈鉴祐,永福我邦家。尚飨。弘治、正德、嘉靖、隆庆、万历文同。春秋二祭文:维王功加当时,泽垂后世。陵寝所在,仰止益虔。宋谢惠连祭文:咨圣继天,载诞英徽。克明克哲,知章知微。运此宏谟,恤彼民忧,身劳五岳,形瘦九州。呱呱弗顾,虔虔是钦。物贵尺璧,我重分阴。乃锡玄圭,以告成功。虞数既改,夏德乃隆。临朝总政,巡国观风。淹留稽岭,乃徂行宫。恭司皇役,敬属晖融。神息略荐,乃昭其忠。唐宋之问《谒禹庙》诗:夏王乘四载,兹地发金符。峻命终不易,报功畴敢逾。先驱总昌会,后至伏灵诛。玉帛空天下,衣冠照海隅。旋闻厌黄屋,便道出苍梧。林表祠转茂,山阿井讵枯。舟迁龙负壑,田变鸟耘芜。旧物森如在,天威肃未殊。玄夷届瑶席,玉女侍清都。奕奕闱闼邃,轩轩仗卫趋。气青连曙海,云白洗春湖。猿啸有时答,禽言常自呼。灵歆异蒸糈,至乐匪笙竽。茅殿今不袭,梅梁古制无。运逢日崇丽,业盛答昭苏。伊昔力云尽,而今功尚敷。揆材非箭美,精享愧生蒭。郡职昧为理,拜空宁自诬。下车霰已积,摄事露行濡。人隐冀多祐,曷难沾薄躯。杜甫诗:禹庙长藤萝,生灵享祀多。九年非禹力,天下尽江河。严维诗:竹使羞殷荐,松龛扞禹祠。为鱼歌圣德,舞羽降神祠。文卫瞻如在,精灵信有期。夕阳陪醉止,塘上鸟咸迟。李绅诗:削平水土穷沧海,畚锸东南尽会稽。山拥翠屏朝玉帛,穴通金阙驾云霓。秘文镂石藏金壁,宝检封云化紫泥。清庙万年长血食,始知明德与天齐。宋秦观诗:阴阴古殿注修廊,海伯川灵俨在傍。一代衣冠埋窆石,千里风雨锁梅梁。碧云暮合稽山暗,红芰秋闻鉴水香。令我免鱼由帝力,恨无歌舞奠椒浆。明郑善夫诗:脱屣行探禹穴灵,万年鸿宝秘丹扃。梅梁窆石空山里,相见虞廷旧典刑。周祚诗:禹庙千峰侧,城南椒乱生。黄扉消水怪,白日走山精。滚滚江河下,遥遥万石倾。龙蛇万里外,群石仰垂成。马明衡诗:夏王陵庙垂今古,野客孤怀万里开。海上青氛迷玉帛,山空白日走风雷。清时喜见神龟出,绝代谁怜司马才。欲访藏书问何处,千峰雨色送高杯。汪应轸诗:禹穴冥迷惟有庙,龙蛇古屋空山开。玉笥沉沉深岁月,梅梁隐隐动云雷。支祁不锁千年足,鱼鳖曾兴万国哀。海色江声作风雨,苍梧归客共吟杯。陈鹤宴集禹庙诗:十年相望路犹迷,一夜逢君鉴水西。花下长歌灯屡换,帘前话久月初低。稽山雨后晴云出,禹庙春深暮草齐。万里为官向巴峡,思家莫听岭猿啼。]

　　鸟田,在禹庙下。《吴越春秋》:禹崩之后,天美禹德而劳其功,使百鸟还为民田,大小有差,进退有行,一盛一衰,往来有常。《地理志》:山上有禹井、禹祠,下有群鸟耘田也。《水经注》:鸟为之耘,春拔草根,秋啄其秽。是以县官禁民不得妄害此鸟,犯则刑无赦。

梅梁，在禹庙。梁季修庙，忽风雨大至，湖中得一木，取以为梁，乃梅梁也。《四明图经》：鄞县大梅山顶梅木，伐为会稽禹庙之梁。张僧繇画龙于上，忽夜风雨，飞入镜湖与龙斗，后人见梁上水草淋漓，始骇之。乃以铁索锁于柱，后为人取去。今所存他木也，犹绊以铁索，存故事耳。宋徐天祐诗：殿角枯梁水月身，木龙谁信解成真。休将金锁空萦绊，灵物飞腾自有神。

窆石，在禹庙之左，高丈许，状如秤锤。《旧经》：禹葬会稽山，取此石为窆。上有古隶，不可读。宋杨时有题名。元至正末兵变，为所伤折。今覆以亭，知府彭谊修。［明韩阳《记》：按《史记》，禹至江南会诸侯于涂山，崩，遂葬焉。夫窆石者，岂下棺之具耶？或谓下棺之后，以此石镇之。及考《檀弓》注，天子葬用四（牌）［碑］，窆石与碑制类，其数不同，或繁简异宜，或世代悠远，所存止此，皆不可知焉。石上有遗字，宋直宝文阁王顺伯《金石录》云是汉刻，第以岁久模糊，难於考辨。石之下，即神禹所藏穴也。故先辈有"一代衣冠埋窆石"之句。旧有亭覆其上，柱皆以木为之，风漂雨摧，速成易朽。天顺戊寅，羊城彭公谊来知府事，谒陵之后，睹亭倾覆，即用工凿山取石为柱为楣而重建之，不二年，亭成，勒石以记。］

禹碑亭，在禹庙旁。嘉靖中，季本守长沙，从岳麓书院携碑文归，知府张明道刻入石。字奇古难辨，成都杨慎谩译之。［《禹碑文》：承帝曰嗟，翼辅佐卿。洲渚与登，鸟兽之门。参身洪流，而明发尔兴。久旅忘家，宿岳麓庭。智营形折，心罔弗辰。往求平定，华岳泰衡。宗疏事衰，劳余伸里。郁塞昏徙，南渎衍亨。衣制食备，万国其宁，窜舞永奔。］

宋政和四年，敕改禹庙为告成观。靖康初，翟守汝文作三清于正殿，又作真武像，尤极精致。说者谓得天人粹温之气，而阴威肃然。翟忠惠家传：公妙於刻塑，授法工师，於会稽告成观刻三清玉帝真武像，神气虚闲，如与人接，郡人谓之木宝。《嘉泰志》云：翟公命工塑真武像。既成，熟视曰："不似，不似！"即日毁之别塑，今告成观西庑小殿立像是也。道士贺仲清在傍亲见之，而不敢问。

卷三十五

虞舜　按舜姚姓，史称冀州人。舜母握登感虹而生舜于姚墟，因以姚为姓。姚墟者，冀土也。然《孟子》以舜为东夷之人。冀於九州为北，安得为东夷哉？今会稽盖有诸冯村云。舜之穷也，尝耕历山，渔雷泽，陶河滨；比其达也，受尧之禅，终于文祖。而支庶分封于余姚，又封於上虞，以虞称国，故因曰上虞，以姚称姓，故因曰余姚，而其地有虞山、历山、舜山、舜井、舜田、橐里、陶灶、渔浦，又有握登舜庙。舜即未必生於此，要亦其子孙像舜所居而名之者矣。古者天子巡狩方岳，以勤恤民隐，舜南巡既已至苍梧，况会稽东南巨镇哉？王十朋氏曰：舜不生於是，则游於是，其殆然乎。其国传世不知於何时绝，然勾践之地东至於鄞，鄞者，今宁波之鄞县也，则疑於此时已亡矣。

夏禹　按禹受舜命治水，功未及成，愁然沉思，乃按《黄帝中经历》，盖圣人所记，曰：

在于九山,东南天柱,号曰宛委。禹乃登宛委,发金简之书,按金简玉字,得通水之理。还治水,毕功于了溪。宛委者,会稽南山也;了溪,在今嵊县。及禹受舜禅,三载考功,五年考定,周行天下,至大越,登茅山,以会诸侯,执玉帛者万国,封有功,爵有德,恶无细而不诛,功无微而不赏。防风氏后至,禹戮之。防风氏,中州诸暨也,其身三丈,刑者不及,乃筑高塘以临之。禹既会诸侯,乃大会计治国之道,更名所登茅山曰会稽之山,会稽者,会计也。禹是时已耆艾将老,遂崩於大越,葬于会稽之山。后少康封其庶子无馀于大越,以奉禹祀。

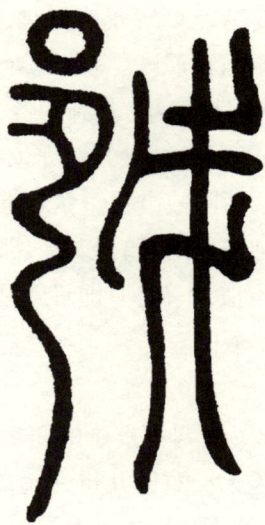

鸟虫篆"越"字(引自越王剑刻字)

秦始皇、康熙帝、乾隆帝南巡绍兴纪实

秦始皇帝　据《史记·秦始皇本纪》载："三十七年十月癸丑,始皇出游。左丞相斯从,右丞相去疾守。少子胡亥爱慕请从,上许之。十一月,行至云梦,望祀虞舜於九疑山。浮江下,观籍柯,渡海渚。过丹阳,至钱唐。临浙江,水波恶,乃西百二十里从狭中渡。上会稽,祭大禹,望于南海,而立石刻颂秦德。"

康熙皇帝　据《清实录·圣祖实录》载:康熙二十八年正月(己巳朔)庚午(初二)诏南巡临阅河工。丙子(初八)启銮。二月(己亥朔)丁未(初九),驻跸杭州府城。己酉(十一日)谕扈从部院诸大臣:"朕稽古省方,咨求治理。阅视河道,期底平成。凡有利于民生,必令群沾实惠。兹行次浙省,禹陵在望。念大禹功德隆盛,万世永赖,应行亲诣,以展企慕之忱。其致祭典礼,所司即察例举行。政治所先,在崇文教。江南、浙江,为人文萃集之地,入学额数应酌量加增,永昭弘奖。着该督抚详议奏请。江宁、镇江、杭州驻防满洲、汉军兵丁,镇守要地,久历岁时,深用轸念,应作何恩赉,以彰优恤,着该部议奏。自南巡以来,所经过地方官员,除八法处分及列款纠劾外,凡因公罣误、降级留任者,俱准与开复;降级调用者,着带所降之级留任。其经过地方,现在监禁人犯,除十恶及诏款所不赦等罪,并官员犯赃者不宥外,其余自康熙二十八年二月十一日以前,死罪及军流徒罪以下,已结未结,俱准宽释,以示朕赦罪宥过之意。备办船只地方各官,效力勤劳,着该督抚会同奉差官员,确查具题,各加一级。纤夫供役劳苦,亦着该督抚察明人数,量给恩赏。朕廑念民依,特蠲租赋,总期实德润泽苍生。近见民间有建立碑亭,称颂德意者,虽出群黎感戴之诚,但恐各郡皆然,未免致损民力。诚使闾阎殷阜,则禆益良多,碑亭何与焉?嗣后亦宜停止。江浙钱粮,既经蠲豁,犹虑有不肖有司,借端词讼朘削民生,着该督抚严行禁饬。至各处榷关,原有则例。朕舟行所至,咨访过关商民,每不难于输纳额税,而以稽留关次,不能速过为苦。榷关官员,理宜遵奉屡颁谕旨,恤商惠民,岂可反贻之累。自今应力除积弊,凡商民抵关,交纳正税,即与放行,毋得稽留苛勒,以致苦累。违者定行从重处分。朕夙夜孜孜,惟冀官吏军民、士农商贾,无一人不获其所。故於民生吏治,图维区画,务极周详。尔等可即传谕,俾一体奉行,称朕意焉。"

"致祭禹陵典礼,应照康熙二十三年致祭明太祖陵例,遣官致祭后,皇上亲诣奠酒。上谕曰:'尧、舜、禹、汤,皆前代圣君。遣官致祭后,方亲诣奠酒,未为允惬。禹陵朕将亲祭,祭文内可书朕名。'又谕曰:'祭以敬为主。禹陵僻处荒村,恐致亵慢。凡供献粢盛礼仪诸事,令左都御史马齐、侍郎席尔达同往省视。'"

"辛亥,上渡钱塘江,舟泊绍兴府会稽山麓。"

"壬子,上亲撰祭文,诣禹陵致祭,率扈从诸臣,行三跪九叩礼。……上登窆石亭留览。是日,御舟泊萧山县西兴镇。"

"癸丑,又谕刑部尚书图纳等:'朕兹行特为百姓,阅视河道,咨访闾阎风俗。因禹陵在迩,躬往致祭。归时便道过西湖,聊尔寓目,非为游观也。'"

"甲寅,谕福建、浙江总督王骘曰:'朕巡行江表,缅怀禹德,躬率群臣,展祭陵庙。顾瞻殿庑圮倾,礼器缺略,人役寥寥,荒凉增叹。愚民风俗,崇祀淫祠,俎豆馨香,奔走恐后。宜祀之神,反多轻忽,朕甚慨焉! 在昔帝王陵寝,理应隆重培护。况大禹道冠百王,身劳疏凿,奠宁率土,至今攸赖。特书'地平天成'四字,悬之宇下。令地方官即加修理,毕备仪物。守祀人役,亦宜增添。俾规模弘整,岁时严肃,兼赐白金二百,给守祀之人。此后益令敬慎。守土之臣,亦须时为加意,称朕奠崇遐慕之怀。其各祗遵,毋忽。'"

"御制禹陵颂、并序。序文曰:'朕阅视河淮,省方浙地,会稽在望,爰渡钱塘,展拜大禹陵庙,瞻眺久之。敕有司修葺,春秋苾裸,粢盛牷醴,必丰必虔,以志崇报之意。时康熙二十八年二月十四日也。缅惟大禹,接二帝之心传,开三代之治运。昏垫既平,教稼明伦,由是而起。其有功于后世不浅,岂特当时利赖哉? 朕自御宇以来,轸怀饥溺,留意河防,讲求疏浚,渐见底绩。周行山泽,益仰前徽。爰作颂曰:下民其咨,圣人乃生。危微精一,允执相承。克勤克俭,不伐不矜。随山刊木,地平天成。九州始辨,万世永宁。六府三事,政教修明。会稽巨镇,五岳媲灵。兹惟其藏,陵谷式经。百神守护,松柏郁贞。仰止高山,时切景行。'"

"乙卯,上自杭州回銮。舟泊石门县石门镇。谕扈从部院诸大臣等:'朕巡省民生风俗,行次浙江,见省会兵民,俱相和辑,生齿蕃庶,闾里乂安。但观民间习尚,好为争讼。争讼一兴,则不肖有司,因缘诈索,势所必至。纵或官员无所朘削,而胥吏作奸,究不能无私行勒取之弊,小民之牵连苦累者多矣。夫微忿不捐,构成嫌怨。小则耗损物力,大则倾陷身家,其为蠹害,不可胜言。矜此愚民,允宜深戒。地方大小衙门、官员,亦应各简词讼,劝导闾阎,俾守分息争,共安生业。又凤闻东南巨商大贾,号称辐辏。今朕行历吴越州郡,察其市肆贸迁,多系晋省之人,而土著者盖寡。良由晋风多俭,积累易饶;南人习俗奢靡,家无储蓄。目前经营仅供朝夕,一遇水旱不登,则民生将至坐困。苟不变易陋俗,何以致家给人足之风。尔等可传谕将军、总督等,令家喻户晓,务使敦本兴让,崇俭黜浮,兵民日益协和,风俗日益淳朴,词讼日益减少,积储日益丰盈,则教治化行,朕心实嘉赖焉。'"

据《清史稿·圣祖本纪》载:"二十八年己巳春正月庚午,诏南巡临阅河工。丙子启銮."二月"丁未,驻杭州。……辛亥,渡钱塘江,至会稽山麓。壬子,祭禹陵,亲制祭文,书名,行九叩礼,制颂刊石,书额曰'地平天成'。癸丑,上还驻杭州".

乾隆皇帝 据《清实录·高宗实录》载:乾隆十六年,辛未三月(戊戌朔)辛丑(初四)"遣官祭南镇之神,并明臣王守仁祠,赐王守仁祠扁[匾],曰'名世真才'".

甲辰(初七),"是日,御舟驻跸绍兴府西,翼日如之。乙巳,上亲祭禹陵,行三跪九叩礼。丙午,上奉皇太后回銮,渡钱塘江,至杭州".

丁未(初十,清明节),予姒氏奉祀官。谕:"朕时巡至杭州,禹陵在望,缅惟平成之德,万世永赖。皇祖圣祖仁皇帝曾亲祀焉。爰东渡浙江,陟会稽。式遵皇祖旧典,躬荐馨于宇下。厥有姒氏子姓,世居陵侧,应世予八品官奉祀。该督抚择其有品行者一人充之,昭崇德报功至意。"

据《清史稿·高宗本纪》载:"十六年春正月庚子",初次南巡。"三月戊戌朔,上奉皇太后幸杭州府。""乙巳,上祭禹陵。丙午,上奉皇太后还驻杭州府。"

(引自《绍兴县志》,中华书局 1999 年版。据所涉文献校订)

禹庙屋脊康熙帝"地平天成"题刻

历代祭禹王文选

据《嘉泰会稽志》载,南朝·宋遣左曹掾谢惠连祭禹庙。

祭禹庙文 "谨遣左曹掾奉水土之羞,前荐夏帝之灵。咨圣继天,载诞英徽。克明克哲,知章知微。运此宏谟,恤彼民忧。身劳五岳,形瘦九州。呱呱弗顾,虔虔是钦。物贵尺璧,我重寸阴。乃锡玄圭,以告成功。虞数既改,夏德乃隆。临朝总政,巡国观风。淹留稽岭,乃徂行宫。恭司皇役,敬属晖融。神息略荐,乃昭其忠。"

据康熙《会稽县志》载,明洪武三年定式传制祭文。九年诏令每三年传制遣道士赍香帛致祭。

传制祭文 "昔者奉天明命,相继为君。代天理物,抚育黔黎。彝伦攸叙。井井绳绳,至今承之。生民多福,思不忘报。特遣使赍捧香帛,命有司诣陵致祭。惟帝英灵,来歆来格。尚飨。"

据康熙《会稽县志》载,明洪武四年皇帝遣臣告祭登极文。九年,诏令凡遇登极,遣官告祭禹王。

洪武四年皇帝遣臣告祭禹王文 "曩者有元失驭,天下纷纭。朕集众平乱,统一天下,今已四年矣。稽诸古典,自尧舜继天立极,列圣相传,为烝民主者,陵各有在。虽去古千百余载,时君当脩祀之。朕典百神之祀,故遣官赍牲醴奠祭脩陵。君灵不昧,尚惟歆飨。"

据康熙《会稽县志》载,明洪武九年定每岁由有司以春秋二仲月致祭。

春秋二仲月祭文 "维王功加当时,泽垂后世。陵寝所在,仰止益虔。"

宣德元年皇帝遣臣告祭禹王文 "惟王丕崇王道,宁济生民,伟烈显谟,光垂万世。予嗣承大统之初,谨用祭告。惟神昭格,祐我邦家。尚飨。"

正统元年皇帝遣臣告祭禹王文 "惟王奠安海宇,致治之功,民用永赖。予嗣承大统,祇严祭告,用祈祐我家国,永底隆平。尚飨。"

天顺元年皇帝遣臣告祭禹王文 "惟王平治水土,民物奠安,功德之隆,万世永赖。兹予复正大位,祇严祀事,用祈祐我家邦,永底康乂。尚飨。"

成化元年皇帝遣臣告祭禹王文 "惟王肇启王业,以家天下,治水神功,万世赖焉。

兹予祗承天序,式脩明祀,用祈鉴祐,垂福我邦家。尚飨。"

［注］景泰元年皇帝遣官告祭禹王文,与正统元年祭文同;弘治元年、正德元年、嘉靖元年、隆庆元年、万历元年皇帝遣官告祭禹王文,均与成化元年祭文同。

据清乾隆《绍兴府志》,选录康熙七年(1668年)、十五年、二十八年、三十五年、四十二年、四十八年、五十二年,雍正元年(1723年),乾隆元年(1736年)、十六年、四十五年祭禹王文。

康熙七年遣周之桂致祭禹王文　"自古历代帝王,继天立极。朕奉天眷,绍缵丕基。躬亲庶政,明禋肇脩。敬遣专官,代将牲帛,用申殷荐,惟神鉴焉。"

康熙十五年遣李廷松致祭禹王文　"自古历代帝王,维天眷命,抚御鸿图,懋建元储,前徽是景,明禋大典,亟宜举行。敬遣专官代将牲帛,爰昭殷荐之忱,聿修钦崇之礼。伏维格歆,尚其鉴享。"

康熙二十八年圣祖仁皇帝亲祭禹王文　"惟王精一传心,俭勤式训。道由天锡,启皇极之图畴;功在民生,定中邦之井牧。四载昔劳胼胝,永赖平成;九叙早著谟谋,惟歌府事。行其无间,德远益新。腾省方东南,道经吴越,睹长江之浩渺,心切溯洄;瞻高巘之嵯峨,企深仰止。幸矣! 松楸伊迩,俨然律度可观。特荐馨香,躬修祀事。惟祈灵爽,尚克来歆。"

康熙三十五年遣王材任致祭禹王文　"自古帝王继天出治,道法兼隆,莫不慈惠嘉师,覃恩遐迩。朕勤恤民依,永期殷阜。迩年以来,郡县水旱间告,年谷歉登,夙夜孜孜,深切轸念。用是专官秩祀,为民祈福,冀灵爽之默赞,溥乐利于群生。尚鉴精忱,俯垂歆格。"

康熙四十二年遣李旭升致祭禹王文　"自古帝王继天立极,出震承乾,莫不道洽寰区,仁周遐迩。朕钦承丕绪,抚驭兆民,思致时雍,常殷惕励,历兹四十余载。今岁适届五旬,宵旰兢兢,无敢暇逸,渐至民生康阜,世运升平。顷因淮黄告成,亲行巡历,再授方略善后,是期睹民志之欢欣,滋朕心之轸恤,遄回銮驭,大沛恩膏。用遣专官,敬修祀典,冀默赞郅隆之治,益宏仁寿之麻。尚鉴精忱,俯垂昭格。"

康熙四十八年遣卢起龙致祭禹王文　"朕惟古帝王正位临民,代有令德,是以享祀千秋,用昭巨典。朕仰荷天麻,抚临海宇,建元立良,历四十余载。不意婴狂易之疾,深惟祖宗洪业及万邦生民所系至重,不得已而有退废之举。嗣后渐次体验,当有此大事时,性生奸恶之徒,各庇邪党,借端构衅。朕觉其日后必成乱阶,随不时究察,穷极始末,因而确知病原,皆由镇厌,亟为除治。幸赖上天鉴佑,平复如初。朕比因此事,耗损精神,致成剧疾。皇太子晨夕左右,忧形于色,药饵必亲,寝膳必视,惟诚惟谨,历久不渝,令德益昭,丕基克荷。用是复正储位,永固国本。特遣专官,敬申殷荐,尚祈歆格。"

康熙五十二年遣周起渭致祭禹王文 "自古帝王继天出治,建极绥猷,莫不泽被生民,恩周寰宇。朕恭膺宝历,仰绍前徽,夙夜孜孜,不遑暇逸。兹御极五十余年,适当六旬初届,所幸四方宁谧,百姓乂和,稼穑岁登,风雨时若,维庶徵之,协应爰群,祀之虔修。特遣专官,式循旧典,冀益赞雍熙之运,尚永贻仁寿之庥。俯鉴精诚,用垂歆格。"

雍正元年遣穆理浑致祭禹王文 "自古帝王继天出治,建极绥猷,莫不泽被生民,仁周海宇。维我皇考峻德鸿勋,媲美前古,显谟承烈,垂裕后昆。朕以眇躬,缵膺大宝。当兹嗣位之始,宜修享祀之仪。特遣专官,虔申昭告,惟冀时和岁稔,物阜民安,淳风徧洽乎寰区,厚德长孚於率土。尚其歆格,鉴此精诚。"

乾隆元年遣朱必阶致祭禹王文 "礼崇祀典,光俎豆於前徽;念切景行,荐馨香於往哲。惟王继天建极,抚世诚民,丰功煜耀於生前,骏烈昭垂於宇宙。溯典型於在昔,凛法监之常存。朕以藐躬,继登大宝。属膺图之伊始,宜展祀以告虔。特遣专官,祗遵彝典,苾芬在列,备三献之隆仪,灵爽式凭,仰千秋之明德。尚其歆格,永锡鸿禧。谨告。"

乾隆十六年高宗纯皇帝亲祭禹王文 "惟王神灵首出,文命宣昭。平地成天,万世仰随刊之绩;府修事治,兆人歌功叙之休。绍统绪於见知,亲承帝训;际都俞之交赞,时拜昌言。成允成功,继勋华而媲美;不矜不伐,诵谟典而兴怀。追维窆石之封,想像导河之烈。朕省方问俗,莅止会稽,瞻閟殿之穹隆,式临南镇;仰神功之巍焕,永奠中邦。俎豆亲陈,苾芬载荐。"

乾隆四十五年遣内阁学士德明致祭禹王文 "惟王绍述勋华,平成天地。演畴泄蕴,十六字独受心传;敷土歌功,四百祀式承文命。契五声以听政宣风,自协悬韶;合九牧以凝庥洽化,永昭象鼎。朕畴咨水土,轸念东南。俯顺舆情,不靳五巡之复举;缅思明德,曾勤四载之周行。翘瞻封域而增怀,敬遣从官而展祭。治光暨讫,高山留会计之名;烈著随刊,秘简想灵威之守。神其降格,鉴此升歆。"

据《祀禹录》载,民国 24 年(1935 年)浙江省政府主席黄绍竑祭告禹王。

祭告禹王祝文 "惟王克勤克俭,成允成功。善政在乎养民,声教讫乎四海。随山刊木,九泽既陂。祗召德先,庶士交正。蒸民乃粒,百谷用成。明德惟馨,万世永赖。黄绍竑等祗承典祀,夙夜惟寅,享於克诚,永膺多福。谨告。"

据民国 25 年(1936 年)9 月 19 日《绍兴晚报》载,浙江省绍兴区行政督察专员兼绍兴县长贺扬灵例祀大禹。

例祀大禹祝文 "维中华民国二十五年,当夏正丙子之岁,九月丁酉朔,越十有九日甲辰,第三区行政督察专员贺,谨以明水牲牢,祭告于夏后大禹之神位前,曰:惟王克勤克俭,成允成功,善政在乎养民,声教讫乎四海。随山刊木,九泽既陂,祗君德先,庶士交正,蒸民乃粒,百谷用成。明德维馨,万世永赖。贺等祗承典礼,夙夜惟寅,享於克诚,永膺多福。谨告。"

1995 年浙江省暨绍兴各界公祭禹王文 "维公元一千九百九十五年，岁次乙亥，季春之月，谷雨良辰，浙江省省长万学远等谨代表全省四千三百万人民，偕同台湾同胞、港澳同胞、海外侨胞、华人代表，敬具香花牲礼，奉祭于大禹陵前，曰：

巍巍大禹，轩辕裔孙；克绳祖武，继烈扬芬。受命治水，披山通泽；劳身焦思，民始安宅。八年于外，夙夜在公；车辙驱驰，沐雨栉风。精勤敏给，寸阴是惜；心系苍生，过门不入。平成底定，茅山计功；万方执帛，九州攸同。一沐三握，一饭三起；虚怀从善，谨严律己。卑宫菲食，克俭克勤；举贤授能，区宇以宁。东巡吾浙，崩葬会稽；千秋俎豆，瞻拜灵仪。缵绪务本，疏湖筑塘；良田沃土，鱼米之乡。东南竹箭，挺生英裔；志士仁人，前赴后继。百年中土，历尽沧桑；鸡鸣风雨，多难兴邦。改革开放，擘划万端；图强大业，尚多艰难。励精图治，惩腐清埃；汲古鉴今，继往开来。民族团结，侨旅同心；河山一统，大旗共擎。凡我同胞，血浓于水；国运昌隆，举世称美。缅怀祖德，豪气如虹；艰苦奋斗，再创神功。值此阳春，风和日丽；赫赫我祖，鉴临天地。稽山苍苍，浙水泱泱；神州大同，再荐馨香。尚飨。"

（引自《绍兴县志》，中华书局 1999 年版）

1995 年公祭大禹陵典礼（袁云摄）

绍兴姒氏世谱（片段）①

姒氏世谱 目次

序　　　　　　宋·知越州事范仲淹
徵禹穴记　　　宋·越州金判王十朋
姒氏世谱序　　明·巡按监察御史杨鹤
序　　　　　　清·会稽陶式玉
乾隆谒禹陵记　清·玉笥山人傅玉露
姒氏世谱序　　清·兵部左侍郎提督浙江学政朱士彦
姒氏世谱序　　清·兵部侍郎兼都察院右副都御史浙江巡抚兼管监政杨昌浚
正文　　　　　姒氏世谱
跋　　　　　　清·翰林院编修国史馆协修前内阁中书加二级鲍存晓

序

宇宙之奇，毕贡于唐虞之世。如九年之浸，十日之射；山则泰岱、华岳，水则黄河、黑水，怪则巫之祁：皆离奇幻诞，不可测识。而大禹一身左右之，故号之曰"神禹"。目为神，则奇之至矣。乃集玉帛之会于会稽而殁，复葬之，得无敷土奠定之馀，山川之奇气磅礴郁塞，尽萃于此邦乎！

予来守是郡，求金简玉册之藏于石鹢、石篑、石帆诸胜，觉无乎不奇，然而探其书，则蔓菁荒烟灭没而终不可得觅。夏后氏之遗胄于疏篱茅屋间，颇能历历道其世系始末，且谨愿醇朴犹有不矜不伐祗台遗风，岂至奇者未尝不至平乎！

吾因之追溯明德，慨慕流连，以为探其书者，不若得接其子姓之为犹快也。因为记，

---

① 姒氏世谱说明：原著为一卷本，清光绪二年（1876 年）木刻版印制，书高 30 厘米，宽 21.5 厘米，天蓝色裱纸封面，无题签，本文宣纸折页对开，中缝上端印《姒氏世谱》，文字繁体直行。原书现藏浙江省图书馆、绍兴鲁迅纪念馆。

20 世纪 80 年代，因本人工作需要，复印部分《姒氏世谱》页面，现整理刊载并校录文字，以供参考。

（邱志荣辑注）

以留志之。

宋知越州事范仲淹敬记

姒氏世谱序

呜呼，生民之祸，孰有大于水者乎！唯圣人能治，而天亦量其功以报之。功在一世者其报小，功在十世者其报大。若禹，则功在万世矣。唐虞以前，句龙、元冥、台骀皆有治水之勤，祀为明神。及尧之时，怀襄[1]之祸益烈。上橧巢，下营窟，茹毛血，衣羽皮，生民几尽。禹锡圭乘载，荒度随刊，疏导钟丰，而高山大川以奠。君子端冕而治，小人井牧而食，皆禹功也。由商周以迄于今，惟河数迁徙，间数百年为一二州之患，其他江汉渭洛诸川，行则流，潴则汇，顺其轨趋于海勿变。然则禹之功非历万世而无穷者哉？禹受舜禅，百岁而崩。皋陶、伯翳，德不足以代夏。天命启世王，传四百载而鼎始迁。扈、寻既亡，杞、缯作宾，[2]绵绵延延，迄于周衰。而少康之庶子封会稽者，至越王句践而伯，灭吴，会齐晋，天子赐胙。传六世至王无彊[3]，灭于楚，而诸族子为王为君于江南海上。汉兴，闽越、东瓯，犹为王侯，何其盛也！王无彊既灭，楚取吴地至浙江。越之子孙虽为家人，犹姓姒氏，依会稽山禹陵居。历二千余年，有户数十。

我朝康熙中，圣祖南巡，赐之金，使市田以奉祀事。乾隆中，高宗南巡，命世为八品官。盖所以褒崇先圣之明德也。岂非积厚者流光，功历万世而无极者，其报亦历万世而无极与？

呜呼！今之人皆羲农黄暐之胄也。氏族分殊，不能因枝而返本，溯流而穷源；独禹之后，历四千余年、一百三十余世，服畴食德，姓而不氏。生氏以来，受命而王者所未有也，天下一家而已矣。

士彦奉命视浙学、试绍兴，事既竣，以礼谒禹陵庙，取姒氏一人为博士弟子，曰佐清。其明年，佐清以谱来谒，曰："先世以十六字纪世次，今竟矣。请复为十六字以纪之，并序其谱。"案自少康至允常暨无彊以后，世系名位，他书尽所表见。而《史记》载少康子封越，至允常二十余世。则固可考矣。姒氏，神明之后，能读书敦本、保姓守祀，是可嘉也。因撰四语序其谱而归之。序曰："锡圭承命，府事肇修。守先服旧，源远长流。"

时道光八年二月丙戌，兵部左侍郎、提督浙江学政朱士彦序。

---

① 怀襄，谓洪水汹涌奔腾溢上山陵。《书·尧典》："汤汤洪水方割，荡荡怀山襄陵，浩浩滔天。"
② 有扈氏、斟寻氏、杞氏、缯氏，均为夏禹后裔。《国语·周语下》："有夏虽衰，杞、缯犹在。"
③ 本《序》中"无彊"共3处。"无彊"一作"无强"。

姒氏世谱

第一世祖大禹王,名文命,字高密。父曰鲧,祖大父曰颛顼,曾大父曰昌意。高大父曰黄帝。禹,乃黄帝之元孙[1]也。母有莘氏女,曰志,是为修已[2]。孕岁有二月,于尧戊寅二十八载六月六日,生禹于西川之石纽乡。当尧之时,洪水为灾,怀山襄陵。四岳举鲧治水,九载无功。于是舜举禹而使续父之业。禹伤父功不成,乃劳身焦思,八年于外,三过家门而不入。随山刊木,以开九州,通九道,陂九泽,度九山。行相地宜以贡,及山川之便利。自冀州始,东渐于海,西被于流沙,溯南暨,声教讫于四海。于是尧锡元圭与禹,告成功于天下。甲子八十一载封禹于夏,赐姓姒氏。

婆涂山氏女娇,历辛、壬、癸、甲四日,即往治水。生子启,"呱呱"而泣,勿顾,惟荒度土功。舜辛酉三十六载,有苗氏昏迷不恭,奉命往征。舞干羽于两阶。七旬,有苗格化。舜荐禹于天。十有七年而舜崩。三年之丧毕,退避舜之子于阳城。天下不归舜子商均而归禹。遂即天子位。都安邑,国号夏。有黄龙负舟之祥。是时天雨金三日。见罪人即泣,闻昌言则拜,遇旨[3]即绝。悬钟鼓鞀鞞以待贤士,铸九鼎以象九州。癸未八载,东巡狩,致群臣于会稽。作乐曰:《大夏》,注《山海》。在位二十七载,寿一百岁。崩于会稽,葬苗山。传位于启。

二世祖帝启,禹之子也。母涂山氏女,能明训教而致其化。以故,启知王事,达君臣之义。恃父之功,乃继世而有天下。及即位,遵禹贡之美,悉九州之土。以种五谷,而于岁时春秋,使使祭禹於越,立庙于南山之上。甲申岁,有扈氏不恭,威侮五行,怠弃三正。帝作《甘誓》,召六卿伐之。大战于甘,遂灭有扈氏。在位九载,寿九十一岁。癸丑崩。子太康立。帝太康,启之子也。盘游无度,不恤民事。畋猎于洛水之表,十旬弗归。有穷国君后羿为相,专权。因民之怨,拒之河上,不得归国。居于阳夏,十载而崩。在位二十九年,立弟仲康。

三世祖帝仲康,太康之弟也。后羿所立,羿为之相。壬戌元年即位。时羲和湎淫沉乱于酒,遐弃厥司。癸亥二年,命允侯掌六师往征之,翦羿羽翼。故终帝世,羿不得逞。在位十三年,崩。子相立。

四世祖帝相,仲康之子也。乙亥元年即位。时权归后羿,为羿所逐。居商邱,依同姓诸侯斟灌、斟郭氏。壬午八载,羿因夏民以代夏政。恃其善射,不修民事。淫于原兽,专用寒浞为相。浞行媚于内,施赂于外,娱羿于畋。内外咸叛。羿犹不悛,将归自畋,家

---

[1] 元孙,玄孙。

[2] 原本写作"脩已"。《史记》作"脩己"。

[3] 旨,指旨酒(美酒)。

众蓬蒙等杀而烹之，以食其子。子不忍食，杀于穷门。夏遗臣靡奔有鬲氏。浞自立。壬寅二十八载，浞因羿室生浇（即奡）及豷。浇长，浞使浇灭斟灌、斟鄩氏，弑帝于商邱。后缗方娠，逃出自窦，归于有仍。帝相在位二十七年崩。子少康立。

五世祖帝少康，相之子也。帝母，有仍国君之女。时寒浞篡位，后归有仍而生帝。既长，为有仍牧正。浇使臣椒求之，奔有虞，为庖正。虞君姚思妻以二女，使居纶邑。有田一成，有众一旅。能布其德，以兆其谋。收集夏众，而抚其官职。力谋兴复。有旧臣曰靡，自有鬲氏收斟、鄩二国之遗民，举兵灭浞。帝得归故都。壬午岁，即天子位。夏道复兴，诸侯来朝。时夏遭羿、浞叠篡，禹祀断绝四十载矣。故帝封子无馀①於越为王，专奉禹祀。帝在位二十二年崩。

六世祖越王无馀，少康之子也。授命来越，披草莱而成邑。人民山居，虽有鸟田之利，租贡才给宗庙祭祀之费，复随陵陆而耕种，或逐禽鹿而给食。不设宫室之饰，从民所居。专奉禹祖陵祀。越之建国自此始焉。无馀卒，子丕诚承立，奉祀。

七世祖越王丕诚，无馀之子也。继父立国，辟治荒芜，播种五谷。兆民始聚。勤奉陵祀。丕诚卒，子宗元立。

八世祖宗元，丕诚之子也。恪守遗业，治安越国，蒸尝无缺。宗元卒，子绍圣立。

九世祖越王绍圣，宗元之子也。克承先志，躬勤抚绥。绍圣卒，子毅正立。

十世祖越王毅正，绍圣之子也。毅正卒，子子诚立。

十一世祖越王子诚，毅正之子也。微弱无为，徒袭空名。子诚卒，子娄立②。

十二世祖越王娄，子诚之子也。传立商世，徒有空名，而无权位，不能自立。转从众庶，同为编氓。遗无恒产，后皆隐身匿迹，无闻於世。禹祀复绝者二十七世。有飞鸟衔秽，拥田生稻，以供祭祀。有人初生而言语，其语曰"鸟禽呼"，咽喋咽喋。指天向禹墓曰："我，无馀君之苗末。复我前君禹墓之祀，为民请命于天，以通鬼神之道。"众民喜悦，因共择其正派无壬为王，继越君之后，承奉禹祀。

四十世祖越王无壬，为众民所立，复君臣之义，明治安之策。无壬卒，子无瞫立。

四十一世祖越王无瞫，无壬之子也。无瞫卒，子无谭立。

四十二世祖越王无谭，无瞫之子也。无谭卒，子允常立。

四十三世祖越王允常，无谭之子也。既立，民众兵强。与吴王寿梦、诸樊、阖闾交相怨伐，数败吴师。然越之兴霸③，始自允常。及卒后，传于子。勾践立。

---

① 即"无余"。

② 原本"立"作"直"，误。

③ 家谱原作"典霸"，与"兴霸"形近。宋王十朋《会稽三赋》："《吴越春秋》云，越之兴霸，自允常矣。"据改。

　　四十四世祖越王勾践,允常之子也。吴王阖闾闻允常死,兴师伐越。勾践使死士三千挑战。三行,至吴陈,呼而自刭。吴师观之,因袭击吴师,败吴师于檇李,射伤阖闾。阖闾且死,告其子夫差曰:"必无忘越!"三十六年,夫差伐越,败越于夫椒。保栖会稽。使大夫文种行成于吴。吴王将许之,伍子胥谏曰:"不可。越与我同壤,世为仇敌。克而弗取,将又存之。违天而长寇仇,悔不可及。"越王令文种献美女宝器于伯嚭。

　　伯嚭因说吴王曰:"诛降杀服,祸及三世。今越王已服,为臣。王若赦之,此国之大利也。"吴王乃许之。成,越王返国,身自耕作,夫人自织。食不加肉,衣不重彩。折节下贤,厚遇宾客。赈贫吊死,与百姓同劳苦。居二年,吴王将伐齐,子胥谏曰:"未可。臣闻勾践食不重味,衣不加彩,与百姓同苦乐。此人不死,必为国患。吴有越心腹之疾;齐与吴,疥癣也。愿王释齐伐越。"吴王弗听。遂伐齐,败之艾陵。时鲁哀公十一年,虏齐高国以归。太宰嚭反间于吴王,乃赐子胥自刭。于是遂得赦。越事吴以珠玉,奉以西施。哀公十三年,吴国精兵悉从往,北会诸侯于黄池。越发习流二千人,教士四万人,君子六千人,诸御千人伐吴,吴师败,遂杀吴太子。告急,时吴王方盟会诸侯于黄池,惧天下闻笑,因密之。阴使人以厚礼请成於越。越因自度不能灭吴,乃与吴平。后四年,复伐吴。吴师败,栖姑苏。行成於越,王将许之,范蠡曰:"不可。"吴王遂自杀。越乃以兵北渡淮,与秦、晋诸侯会于徐州。致贡于周。周元王使人赐胙,命为伯。诸侯毕贺,号称霸王。二十七年冬,寝疾将卒,为太子曰:"吾自禹之后,承允常之德,蒙天灵之佑、神祇[1]之福,从穷越之地,籍楚之前锋,摧灭吴国。跨江涉淮,从晋、齐之地,功德巍巍,自致于斯。其可不诚乎?夫霸者之后难以久立。其慎之哉!"遂卒。子鼫与立。

　　四十五世祖越王鼫与,勾践之子也。守成保国,并无失德。立一年,卒。子不寿立。

　　四十六世祖越王不寿,鼫与之子也。立十年,卒。子翁立。

　　四十七世祖越王翁,不寿之子也。三十五年灭郯,三十七年卒。子翳立。

　　四十八世祖越王翳,翁之子也。三十三年迁于吴。三十六年,太子诸咎弑其君。十月,粤弑诸咎,立孚错枝为君。明年,大夫氏区定粤乱。越人三弑其君,子搜患之,逃乎丹穴。越人薰之以艾,乘以王舆,号曰无颛。字之候[2],承立。

　　四十九世祖越王之候,翳之子也。善于抚治,兆庶赖宁。卒,子无彊[3]立。

　　五十世祖越王无彊,之候之子也。无彊为王,兴师伐齐、伐楚,与中国争强。当楚威王时,越北伐齐。齐王使人说越王,遂释齐而伐楚。楚威王兴兵迎敌,大败越师。越王遇害。楚尽取故吴之地而至浙江,时周显王四十六年也,而越以此散。诸族子争立,共

---

① 　家谱原本作"神祇"。

② 　"之候"疑误。《史记》等古籍作"之侯"。共 3 处。

③ 　家谱原作"无彊",共 5 处。"彊"古同"彊(强)",易混;参《史记》等改作"无彊"。

推无彊之子玉为君。

五十一世祖越君玉，无彊之子也。玉立，不称王而称君。仅保会稽，守奉陵祠。卒，子尊立。

五十二世祖越君尊，玉之子也。尊卒，子亲立。

五十三世祖越君亲，尊之子也。亲卒，子摇立。

五十四世祖越君摇，亲之子也，自勾践至君亲凡历八世，朝服於楚。秦灭六国后，遂不祀。至越君摇佐诸侯平秦。汉高帝复以摇为越王，以奉禹祀。摇之子七人，或居南越，或为东越闽君，而长子贞复，隐居於越之三江。

五十五世祖贞复，越王摇之子也。虽奉禹祀，隐不袭爵，故后世遂无荫袭。生子曰纯。

五十六世祖纯，贞复之子也。字奇英，配陈氏，生仁。

五十七世祖仁，纯之子也。字原道，配吴氏，生孝。

五十八世祖孝，仁之子也。字思忠，配范氏，生道。

五十九世祖，孝之子也。字渊如。

（以下略）

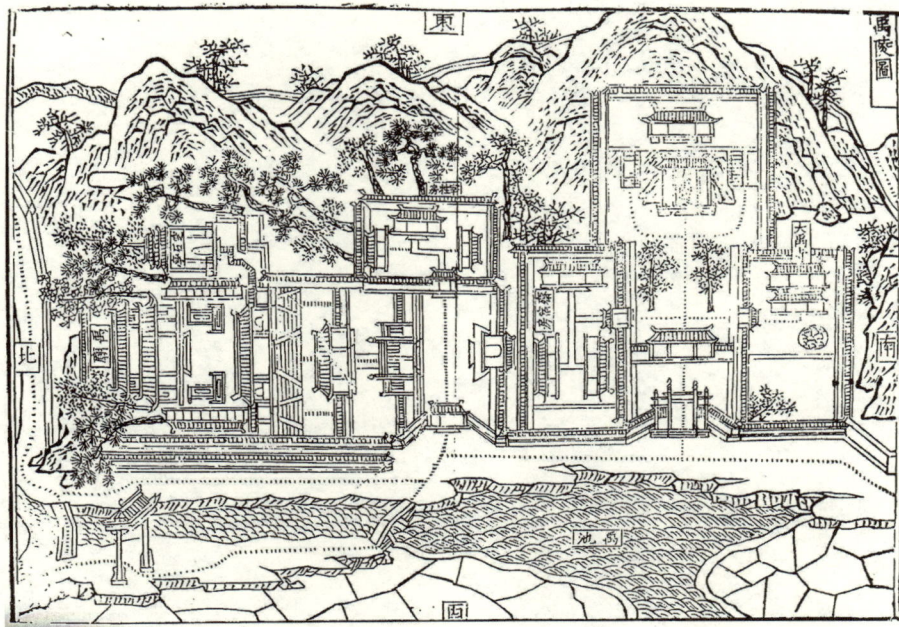

禹陵图（引自明·万历《绍兴府志》）

《姒氏世谱》原稿影印（部分）

序

宇宙之奇畢貢于唐虞之世如九年之浸十日
之射山則泰岱華嶽水則黃河黑水怪則巫之
祁皆離奇幻誕不可測識而　大禹以一身左
右之故號之曰　神禹目矚神則奇之至矣乃
集玉帛之會于會稽而殘復葬之得無數土冀
定之餘山川之奇氣磅礴鬱墨盡萃于此邦乎
予來守是郡求金簡玉冊之藏于石鈃石簣石
帆諸勝覺無半不奇然而探其書則蔓菁荒烟

滅沒而終不可得寬夏后氏之遺胄于疎籬茅
屋間頗能歷歷道其世系始末且謹應醇朴猶
有不肯不伐祇台遺風豈至奇者未嘗不至平
予吾因之追遡明德慨慕流連以為探其書者
不若得接其子姓之為猶愉也因為記以畱誌
之
　　宋知越州事范仲淹敬記

姒氏世譜序

嗚呼生民之禍孰有大於水者乎唯聖人能治
而天亦量其功以報之功在一世者其報大若唐虞以
在十世者其報大若禹則功在萬世矣
前句龍元冥臺駱皆有治水之勤祀為明神及
堯之時皮生民幾盡禹祀上乘巢下營窟如毛血
衣羽皮生民之禍益烈禹主乘載荒度隨刊疏導
鍾豐而高山大川以奠君子端冕而治小人井
牧而食皆禹功也由商周以迄於今惟河數遷

徙間數百年為一二州之患其他江漢渭洛諸
川行則流潏則滙順其軌趨於海弗夑然則禹
之功非歷萬世而無窮者哉禹受舜禪百歲而
崩皋陶伯翳德不足以代天命啟世王傳四
百載而鼎始遷尋既七杞縉作賓縣縣延延
迄於周衰而少康之庶子封會稽者至越王句
踐而伯滅吳諸越齊晉天子賜胙傳六世至王無
彊滅於楚而諸族子為王為君於江南海上漢
興閩越東甌猶為王侯何其盛也王無彊既滅

独禹之後歷四千餘年一百三十餘世服疇食
德姓而不氏生氏以來受命而王者所未有也
天下一家而已矣士彥奉
命視浙學試紹興事既竣以禮謁禹陵廟取姒氏一
人為博士弟子曰佐清其明年佐清以譜來謁
曰先世以十六字紀世次今竟矣請復為十六
字以紀之並序其譜案自少康至允常暨無疆
以後世系名位他書無所表見而史記載以
子封越至允常二十餘世則固可考矣如氏神

以民宗譜　二九

楚取吳地至浙江越之子孫雖為家人猶姓姒
氏依會稽山禹陵而居歷二千餘年有戶數十
我
朝康熙中
聖祖南巡賜之金使市田以奉祀事乾隆中
高宗南巡命世為八品官蓋所以褒崇先聖之明德也
豈非積厚者流光功歷萬世而無極者其報亦
歷萬世而無極與嗚呼今之人皆羲農黃單之
胄也氏族分殊不能因枝而返本溯流而窮源

第一世祖大禹王名文命字高密父曰縣祖大父曰
顓頊曾大父曰昌意高大父曰黃帝禹乃
黃帝之元孫也母有莘氏女曰志是為脩
己孕歲有二月于堯戊寅二十八載六月
六日生禹于西川之石紐鄉當堯之時洪
水為災懷山襄陵四嶽舉禹治水九載無
功乃舜舉禹而使續父之業禹傷父功
不成乃勞身焦思八年于外三過家門而
不入隨山刊木以開九州通九道陂九澤

明之後能讀書敦本保姓守祀是可嘉也因撰
四語序其譜而歸之序曰
錫圭承命　府事肇修
守先服舊　源遠長流
告
道光八年二月丙戌兵部左侍郎提督浙江學
政朱士彥序

三四十

度九山行相地宜以貢及山川之便利自
冀州始東漸于海西被于流沙遡南暨聲
教訖于四海于是堯錫元圭主與禹告成功
于天下甲子八十一載封禹于夏賜姓如
氏娶塗山氏女憍歷辛壬癸甲四日即往
治水生子啟呱呱而泣勿顧惟荒度土功
舜辛酉三十六載有苗氏昏迷不恭奉命
往征舞干羽于兩階七旬有苗格化舜薦
禹于天十有七年而舜崩三年之喪畢退

避舜之子于陽城天下不歸舜子商均而
歸禹遂即天子位都安邑國號夏有黃龍
負舟之祥是時天雨金三日見罪人即泣
聞昌言即拜過旨即絕懸鐘鼓鞀鐸以待
賢士鑄九鼎以象九州癸末八載東巡狩
致羣臣于會稽作樂曰大夏葬山海在位
二十七載壽一百歲崩于會稽葬苗山傳
位于啟

二世祖帝啟　禹之子也母塗山氏女能明訓教而

帝太康

致其化以故啟知王事達君臣之義特父
之功乃繼世而有天下及即位遵禹貢之
美愍九州之土以種五穀而于歲時春秋
使使祭禹于越立廟于南山之上甲申歲
有扈氏不恭威侮五行怠棄三正帝作甘
誓召六卿壽九十一歲癸丑崩子太康立
位九載　啟之子也盤遊無度不恤民事畋獵
于洛水之表十旬弗歸有窮國君后羿為

相專權因民之怨拒之河上不得歸國居
于陽夏十載而崩在位二十九年立弟
仲康

三世祖帝仲康　太康之弟也后羿所立羿為之相
壬戌元年即位時羲和湎淫沉亂于酒遐
棄厥司癸亥二年命允侯掌六師往征之
前羿羽翼故終帝世羿不得逞在位十三
年崩子

四世祖帝相　仲康之子也乙亥元年即位時權歸

后羿為羿所逐居商邱依同姓諸侯斟灌
斟鄩氏壬午八載羿因夏民以代夏政恃
其善射不脩民事淫于原獸專用寒浞為
相浞行媚于内施賂于外娛羿于畋内外
咸叛羿猶不悛將歸自畋家眾蓬蒙等殺
而烹之以食其子不忍食殺于窮門夏
遺臣靡有鬲氏浞自立壬寅二十八載
浞因羿室生澆卹豷澆長浞使澆滅
斟灌斟鄩氏弑帝于商邱后緡方娠逃出

五世祖帝少康　相之子也帝母有仍國君之女時

少康立

自竇歸于有仍帝相在位二十七年崩子

寒浞纂位后歸有仍而生帝既長為有仍
收正澆使臣叔求之奔有虞為庖正虞君
姚思妻以二女使居綸邑有田一成有眾
一旅能布其德以兆其謀收集夏眾而撫
其官職郭二國之遺民舉兵滅浞帝得歸故
收斟鄩二國之遺民舉兵滅浞帝得歸故

都壬午歲即天子位道復興諸侯來朝
時夏遭羿浞篡簒遍祀斷絕四十載矣故
帝封子無餘於越為王專奉禹祀帝在位
二十二年崩

六世祖越王無餘　少康之子也授命來越披草萊
而成邑人民山居雖有鳥田之利租貢纔
給宗廟祭祀之費復隨陵陸而耕種或逐
禽鹿而給食不設宮室之飾從民所居尚
奉禹祖陵祀越之建國自此始焉無餘卒

子　丕誠承立奉祀

七世祖越王丕誠　無餘之子也繼父立國闢治荒
蕪播種五穀兆民怡聚勤奉陵祀丕誠卒

八世祖宗元　丕誠之子也恪守遺業治安越國蒸

子　宗元立

嘗無缺宗元卒子　紹聖立

九世祖越王紹聖　宗元之子也克承先志躬勤撫

綏紹聖卒子　毅正立

十世祖越王毅正　紹聖之子也毅正卒子子誠立

十一世祖越王子誠　毅正之子也微弱無為徒衆

十二世祖越王，妻子誠卒子　妻直

十二世祖越王，妻　子誠之子也傳立商世徒有
空名而無權位不能自立轉從衆庶同為

編甿遺絕無恒產後皆隱身匿跡無聞於世
禹祀復絕者二十七世有飛鳥御穮擁田

生稿以供祭祀有人初生而言語其語曰
鳥禽呼嚥喋喋指天句　禹墓曰我無

餘君之苗末後我前君　禹墓之祀為民

請命于天以過鬼神之道衆民喜悅困共

擇其正派　無壬為王纘越君之後承奉
禹祀

四十世祖越王無壬為衆民所立復君臣之義明治

安之策無壬卒子　無瞪立

四十一世祖越王無瞪　無壬之子也　無瞪卒
子　無譚立

四十二世祖越王無譚　無瞪之子也　無譚卒
子　允常立

四十三世祖越王允常　無譚之子也既立民衆兵
強與吳壽夢諸樊闔閭交相怨伐數敗

吳師然越之典霸始自允常及卒後傳于
子　勾踐立

四十四世祖越王勾踐　允常之子也吳王闔閭聞
允常死興師伐越勾踐使死士三十挑戰

三行至吳陳呼而自剄吳師觀之因襲擊
吳師敗吳師于橋李射傷闔閭闔閭且死

告其子夫差曰必無忘越三十六年夫差

伐越敗越于夫椒保棲會稽使大夫文種
行成于吳王將許之伍子胥諫曰不可

越與我同壤世為讎敵克而弗取將又存
之違天而長冦悔不可及越王令文種

獻美女寶器于伯嚭因說吳王曰誅
降殺服禍及三世今越王已服為臣王若

赦之此國之大利也吳王乃許之成越王，
返國身自耕作夫人自織食不加肉衣不

重綵折節下賢厚遇賓客賑貧弔死與百

姓同勞苦居二年吳王將伐齊子胥諫曰
未可臣聞勾踐食不重味衣不加綵與百
姓同苦樂此人不死必為國患吳有越
心之疾齊猶疥癬也願王釋齊伐吳
賜子胥自剄於是遂得赦越事吳以珠玉
年厲齊高國以歸太宰嚭反間于吳王乃
王弗聽遂伐齊敗之艾陵時魯哀公二十一
奉以西施哀公十三年吳國精兵悉從往
北會諸侯于黃池越發習流二千人教士

四萬人君子六千人諸御千人伐吳師
敗遂殺吳太子茲急時吳王方盟會諸侯
于黃池懼天下聞笑因自度不能滅吳乃與
禮請成于越越因自度亦未能滅吳與吳
平後四年復伐吳吳師敗棲姑蘇行成于
越王將許之范蠡曰不可吳遂自殺越
乃以兵北渡淮與齊晉諸侯會于徐州致
貢于周周元王使人賜胙命為伯諸侯畢
賀號稱霸王二十七年冬寢疾將卒為太

子曰吾自三禹之後承九常之德蒙天靈
之祐神祇之福從越之地籍楚之前鋒
攉滅吳國跨江涉淮從晉齊之地功德巍
巍自致于斯其可不誠乎夫霸者之後難
以久立其慎之哉遂卒子
四十五世祖越王鼫與　勾踐之子也守成保國並
無失德立一年卒子
四十六世祖越王不壽　鼫與之子也立十年卒
子
　翁立

四十七世祖越王　翁　不壽之子也三十五年滅
鄭三十七年卒子
四十八世祖越王　翳　翁之子也三十三年還于
吳三十六年太子諸咎弑其君十月粵殺
諸咎粵滑吳陽文錯枝為君明年大夫代區定粵
亂越人三弑其君子搜患之逃乎丹穴越
人薰之以艾乘以王輿號曰無顒宇之侯
承立
四十九世祖越王之侯　翳之子也善于撫治兆庶

賴寧卒子　無疆立

五十世祖越王無疆　之侯之子也無疆爲王與師
伐奔齊伐楚與中國爭強當楚威王時越北
伐齊齊王使人説越王遂釋齊而伐楚楚
咸王興兵迎敵大敗越師越王遇害楚盡
取故吳之地而至浙江時周顯王四十六
年也而越以此散諸族子爭立共推無疆
之子　玉爲君

五十一世祖越君　玉　無疆之子也玉立不稱王

五十五世祖　貞復越王摇之子也雖奉　禹祀隱
不襲爵故後世遂無陰襲生子曰　純

五十六世祖　純　貞復之子也　字奇英

配陳氏生　仁

五十七世祖　仁　純之子也　字原道

配吳氏生　孝

五十八世祖　孝　仁之子也　字思忠

配范氏生　道

五十九世祖　道　孝之子也　字淵如

而稱君僅保會稽守奉陵祠卒子　尊立

五十二世祖越君　尊　玉之子也尊卒子　親立

五十三世祖越君　親　尊之子也親卒子　摇立

五十四世祖越君　摇　親之子也自勾踐至君親
凡歷八世朝服於楚秦滅六國後遂不祀
至越君摇佐諸侯平秦漢高帝復以摇爲
越王以奉　禹祀摇之子七人或居南越
或爲東越閩君而長子　貞復隱居于越
之三江

禹裔主要姓氏来源考①

姒姓来源

姒姓,上古八大姓之一。与姬姓、姜姓长期通婚,姒氏、有蟜氏、有崇氏(鲧)、夏后氏、有莘氏、杞氏等国(部落)以及周文王之妻太姒、周幽王之后褒姒均为姒姓。在中国众多的姓氏中,姒姓可以说是一个小姓氏。由于分化成了许多个姓氏,分布在各地的姒姓不足2000人。

据记载,姒姓是一个有着4000多年历史的姓氏。姒姓的祖先是被世人千古传颂的中国古代治水英雄大禹。陕西城固,浙江绍兴、萧山、温州、杭州,四川峨眉山市、峨边,云南鲁甸,上海,北京,天津,河南杞县,江苏苏州,黑龙江哈尔滨等地区均有此姓。目前绍兴禹陵村是姒氏集中地。他们的职责主要是守护大禹陵。关于姒姓的来源,一个说法是姒姓是尧赐予大禹的。《国语·周语下》记载:"帅象禹之功,度之于轨仪,莫非嘉绩,克厌帝心。皇天嘉之,祚以天下,赐姓曰'姒'、氏曰'有夏',谓其能以嘉祉殷富生物也。"韦昭注:"尧赐禹姓曰姒,封之於夏。"

孙庆伟认为"皇天"是指当时的天下共主舜,实质是舜因为禹的功绩而对禹赐姓命氏,让禹成为当时姒姓的首领,"氏曰有夏"则是命禹之国为夏。②

《吴越春秋》则是直接提到:"尧……乃号禹曰伯禹,官曰司空,赐姓姒氏,领统州伯,以巡十二部。"

还有另一个说法是禹的母亲修己吞薏苡而生禹,故而姓姒,东汉的王充在其著作《论衡》中有提到这一说法:"禹母吞薏苡而生禹,故夏姓曰姒。"

有学者从文字学的角度出发,认为姒姓是由薏苡的苡字转化而来。如于省吾以为,苡从以声,加上形符女旁即姒字,姒就是苡字孳化而来。③

李玄伯从图腾的角度认为"姒之图腾当似苤苢,因为他系图腾,姒姓皆处自他"。④

① 本资料由浙江大禹文化发展基金会陈永林提供。
② 孙庆伟:《鼏宅禹迹:夏代信史的考古学重建》,生活·读书·新知三联书店2018年版,第48页。
③ 于省吾:《略论图腾与宗教起源和夏商图腾》,《历史研究》1959年第11期。
④ 李玄伯:《中国古代社会新研》,上海文艺出版社1988年版,第108页。

夏朝之时以国为姓的有夏后氏、有扈氏、有男氏、斟寻氏、彤程氏、褒氏等；在漫长的历史中，姒姓也衍化出了夏、鲍、余、楼、包、禹、侣、曾、欧阳等姓氏。

夏姓来源

夏氏主要由姒姓夏氏和妫姓夏氏组成，其中以大禹后裔姒姓夏氏为主。夏姓的来源根据《中国姓氏辞典》有以下三种说法：

一是姒姓夏氏出自大禹之后，属于以国为氏。据记载夏朝传十四世，十七王。至夏后桀时，为商汤所灭，汤放桀于南巢（今安徽巢湖市北），《尚书·仲虺之诰》记："成汤放桀于南巢。"子孙以禹时国号夏后为氏。公元前 1046 年周武王灭商，封禹在南巢的后裔为巢伯，（据《巢湖市志》记："西周加封这个夏、商的遗留方国为伯爵。"）封禹的后裔东楼公为杞侯（据《史记·陈杞世家》）。其余不得封的夏禹后裔以夏为氏。

二是为夏侯氏所简化过来。《姓氏词典》据《安化夏氏谱·叙》注云："系夏侯氏所改。湖南安化夏氏，其先出于夏侯。"《中国姓氏辞典》亦载："（夏）为夏侯氏所改。今甘肃庆阳夏氏即是。"

三是出自妫姓，以王父字为氏。《通志·氏族略》记载，春秋时期陈国陈宣公的儿子子西，字子夏。其孙夏徵舒遂祖父之字为姓，其后故有夏姓。

此外，少数民族中的夏氏，据夏卫兵整理主要有以下七类：

1. 回族中的夏姓。山东德州北营夏姓、镇江夏姓，都是回族。分布少而集中。福建回族夏姓据《晋江县志》引明崇祯年间的《闽书抄》记载："夏不鲁罕丁者，西洋喳啫唎绵（波斯开才龙城，即今伊朗卡泽伦城）人，皇庆间（1312—1313 年）随贡使来泉（泉州），住排铺街。修回回教，泉人延之住持礼拜寺。……夏敕大师，不鲁罕丁子也，习回回教，继其业，亦寿百一十岁。"据此可知不鲁罕丁的后裔以夏为姓。

2. 土家族中的夏姓。湖南湘西土家族中有夏姓，土家族本是汉族一支，土家族夏氏也和汉族夏氏同出一源。

3. 蒙古族夏氏。明朝时有蒙古人改姓汉姓夏。内蒙古自治区、新疆蒙古族中有夏姓。《续通志·氏族略》载："明赐元人齐噜台姓名曰夏贵。"

4. 满人中的夏姓。东北夏氏在清代被迫编入满八旗，然而夏姓出自汉人，清灭亡后认祖归宗，复归汉家。

5. 东北锡伯族中的夏氏。因清代历史原因，汉族夏氏流入锡伯族，后被清政府征调入疆。故少量分布于东北和新疆。血统上属于汉族。

6. 侗族中的夏姓。贵州省玉屏侗族自治县等地侗族中有夏姓。为汉族夏氏流入。

7. 北宋属国西夏党项族有夏姓。然而党项族已被铁木真父子屠灭。该支已经不存。

鲍姓来源

据《中国姓氏辞典》记载,鲍姓的历史来源有二:

一是出自姒姓。据《姓苑》记载:"(鲍姓)系出姒姓,夏禹后。春秋时杞公子有仕齐者,食采于鲍,因以命氏"。据《元和姓纂》及《通志·氏族略》载,春秋时,夏禹后人,杞国公子敬叔,到齐国出仕,食采于鲍邑(今山东济南历城),因以为鲍氏。称鲍敬叔,有子名鲍叔牙。

二是由鲜卑族复姓改姓而来。出自南北朝时期鲜卑拓跋部,属于汉化改姓为氏。据史籍《魏书·官氏志》记载,南北朝时代北鲜卑族复姓俟力氏,迁居中原后改为汉姓鲍氏。在南北朝民族大融合的过程中,北魏王朝代北地区的鲜卑族俟力氏、鲍俎氏随北魏孝文帝于太和十八年(494年)南下,将都城从平城(今山西大同)迁至洛阳,后在北魏孝文帝大力推行的汉化改革政策实施过程中,改汉姓为鲍氏,逐渐融入汉族,世代相传至今。

此外,鲍姓还有源于芈姓的说法。该说法认为鲍姓出自春秋时期楚国大夫申鲍胥,属于以先祖名字为氏。

除以上的源流外,鲍姓还有自部分少数民族汉化改姓而来。

1. 源于蒙古族。出自蒙古"黄金家族"孛儿只斤氏后裔。在元末明初,孛儿只斤氏族人纷纷开始改冠汉姓,多为鲍氏、包氏、宝氏、博氏、金氏、奇氏、罗氏、波氏、陆氏、王氏、梁氏、彭氏等,其中的鲍氏为主流姓氏,世代相传至今。

2. 源于景颇族。景颇族金别氏,在明朝中央政府在西南地区实行改土归流运动中,被地方汉族最高行政长官赐予汉姓为鲍氏,亦有汉族鲍氏兵员驻守边疆时与景颇民族联姻后融入景颇族,形成汉姓鲍氏,主要分布在云南德宏傣族景颇族自治州。

3. 源于满族。据史籍《清朝通志·氏族略·满洲八旗姓》记载,保佳氏(亦称鲍佳氏)、博尔济吉特氏源出蒙古孛儿只斤氏,为女真引借姓氏,清朝中叶以后多冠汉姓为鲍氏、包氏、博氏、李氏等。布吉尔根氏,亦称博勒济尔格氏、鲍尔吉根氏,清朝中叶以后多冠汉姓为鲍氏。乌雅氏,亦称吴雅氏,源出唐朝末期女真"通用三十姓"之一的乌延部,在金国时期称女真兀颜部,世居长白山等地,是满族最古老的姓氏之一。清朝中叶以后多冠汉姓为鲍氏、吴氏、乌氏、穆氏、包氏、黄氏、邵氏、朱氏、牛氏等。

4. 源于佤族。佤族羊布拉氏,亦称尤斯拜氏,世居云南西盟、沧源、孟连地区,在清朝中央政府在西南地区实行改土归流运动中,被地方汉族最高行政长官赐予汉姓为鲍氏。

5. 今回族、侗族、傣族等少数民族中,均有鲍氏族人分布,其来源大多是在唐、宋、元、明、清时期中央政府推行羁縻政策及改土归流运动中改为汉姓鲍氏,世代相传至今。

余姓来源

余姓的来源主要有三个。

一是出自姒姓。夏禹封小儿子姒罕姓余。其后代遂相沿为余姓。据陈廷炜《姓氏考略》记载:"传夏禹之后有余氏。"按史书的记载,大禹少子叫罕,赐姓为余,其后代相传为余氏。有学者认为,这一支的余姓应念作 xú 或 tú。因大禹之妻是涂山之女,大禹赐小儿子为余氏,有纪念妻子之意。在上古时代,"余"字与"涂"字通假。

二是源自姬姓,出自春秋时秦国大夫由余之后。据《风俗通义》载,余姓为"由余之后,世居歙州,为新安大族,望出下邳、吴兴"。春秋时,秦国大夫由余,他的祖先是晋人,避乱于西戎。后留在秦国为臣。他为穆公谋划征伐西戎,使秦国成为西方霸主。他的后代子孙以其名字为姓,有姓由,有姓余,同出一宗。

三是出自他族和他族改姓。

1. 源于赤狄族。出自秦汉时期赤狄族隗姓之后,属于汉化改姓为氏。据史籍《国语》记载:"潞、洛、甲、余、满五姓,皆赤狄隗姓。"赤狄隗姓部族,原为周王朝时期生活在中原北部地区的游牧民族,主要活动于晋、卫、鲁、邢各诸侯国之间,后逐渐同华夏族通婚,由潞、洛、甲、余、满五个主要的氏族部落组成。赤狄隗姓族群被晋国吞灭后,赤狄族人大多成为晋国臣民。

2. 源于匈奴族。出自汉朝时期匈奴梼余部之后,属于汉化改姓为氏。梼余,原来是汉朝时期匈奴民族所居住的地区,有著名的梼余山,匈奴中有梼余部,当以该山名为姓氏,或以该部落名称命山名。匈奴梼余部在"河西之战"后被强制内迁,后该氏族部落逐渐汉化,族人中有取原居地名称为汉姓者,称余氏。

3. 源于蒙古族。元朝有蒙古族钦察人玉里伯牙吾氏家族,其始祖为元朝武平王东路蒙古元帅不花铁木耳,元顺帝时玉里伯牙吾氏为避祸逃到庐州(今安徽合肥),其姓多汉化为俞氏、白氏、柏氏、余氏、富氏、于氏等,族人遍布全国各地,尤以四川、安徽、云南、贵州、重庆、湖南、江苏、江西等地区为众;由铁木复姓所改。据《余氏总谱》载,云南镇雄县余姓,系铁木复姓所改,为元太祖成吉思汗(铁木真)的后代,出自铁穆氏宰相之家。

4. 源于满族。据史籍《清朝通志·氏族略·满洲八旗姓》记载:满族尼玛哈氏,源于唐朝末期女真"通用三十姓"之一的尼漫古不姓氏、金国时期为尼庞古部,以部为氏,世居辽阳(今辽宁辽阳),是满族最古老的姓氏之一,后多冠汉姓为余氏、俞氏、于氏、胜氏等;满族裕瑚噜氏,以地为氏,世居虎尔哈(今黑龙江黑河对岸俄罗斯地区)、长白山等地。后多冠汉姓为余氏、玉氏、裕氏、于氏、娄氏等。

5. 源于党项羌人。西夏时期,党项羌贵族和大户分布在灵州和西凉府。1226年,蒙古破西凉府,因守军投降,西凉府百姓未遭杀戮,得以保全。后被蒙古人征召攻打南宋。

其中铣节族有一人作战有功，被蒙古人赐名沙喇臧卜，派往庐州驻守，生五子改汉姓余，有子余阙为合肥余氏始祖。

6. 源于锡伯族。锡伯族余木尔其氏，世居黑龙江流域，在清朝中叶被编入索伦部，迁驻新疆伊犁地区，后冠汉姓为余氏。

7. 源于古氏族。出自唐朝时期白马氏族。今四川、甘肃一带的白马藏族，原为东汉末期至唐朝时期的白马氏族之后裔，其中的严茹氏、热则氏、陪茹氏等部落，后多改汉姓为余氏。

8. 源于傈僳族。傈僳族中的挖饶时氏族，在改土归流运动中改为汉姓余氏。

9. 源于羌族。羌族中的余约氏族，在改土归流运动中改为汉姓余氏。

10. 源于其他少数民族。今苗族、彝族、布依族、土家族、白族、保安族等均有分布。

禹姓来源

禹姓有三大源流：

一是源于姒姓，出自夏朝开国君主大禹。《元和姓纂》称："禹氏，夏禹之后，支庶以谥为姓。"在大禹后裔中，禹氏一支以祖上的谥号为姓氏，称禹氏，世代相传。禹氏族人尊奉夏禹为得姓始祖。

二是出自春秋时期郚国，属于以国为氏。郚国位于山东省临沂市城北8公里处的南坊镇古城村。郚，是西周初年的一个封国，因是周公旦所封的夏后氏之裔，故称郚国（禹裔之邑）。后被鲁国所灭。考古学家在郚国古城遗址中，发现了从两周至汉朝不同历史时期的陶器残片和铜戈、铜箭镞等文物。郚国灭亡后，其后代子孙以国为姓，称郚氏，后去邑为禹，称禹姓。宋·郑樵《通志·卷三十》称："禹氏有二，郚国去邑为禹。"

三由羽氏而改。据《元和姓纂》称："羽……魏《官氏志》拂羽氏后改姓禹氏。"羽姓源于鲜卑族，出自南北朝时期北魏拓跋部拂羽氏，属于以氏族名称汉化为氏。该部族人在北魏孝文帝迁都洛阳后，在汉化改革过程中皆改为汉字单姓羽氏，后融合于汉族之中，一些羽姓人便将"羽"改为"禹"。

其他源流：

1. 源于回族。回族禹氏，主要分布在陕西省安康市的恒口等地。据清咸丰六年（1856年）安康禹氏后嗣为其始祖所立墓碑记载："始祖禹开云，系西安府渭南人也。清顺治年间，跋山涉水，来到兴郡安邑（陕西安康），住在梅子铺东、越河西岸（越岭关）。"

2. 源于满族，属于汉化改姓为氏。据史籍《清朝通志·氏族略·满洲八旗姓》记载：满族伊拉哩氏，亦称伊里氏、伊拉礼氏、伊喇立氏，世居乌喇（今吉林永吉）、叶赫（今吉林梨树）、蜚优城（今吉林珲春三家子满族乡高力城村）、伊罕阿林城（今吉林市东北15公里处）、松花江等地。在清朝中叶以后多冠汉姓为禹氏、伊氏、何氏、赵氏、尼氏、潘氏、苏氏、许氏等。

夏侯姓来源

夏侯出自姒姓,以国爵为氏。据《唐书·宰相世系表》所载,周代,夏禹裔孙东楼公受封为杞侯(在今河南省杞县),至杞简公为楚国所灭。弟佗奔鲁国,鲁悼公以其为夏禹之后,给以采地为侯,称为夏侯。因以为氏焉。后离开鲁国至沛地,分沛之谯,遂为谯郡人。《中文大字典》注引《姓谱》亦云:"本姒姓,夏禹之后。周武王立,封夏裔于杞。杞为楚灭。简公弟佗奔鲁。鲁悼公以佗(为)夏后,受爵为侯,因以为夏侯氏。"明朝洪武元年,朱元璋诏令天下复姓改为单姓,大部分夏侯氏于是改为夏氏。

楼姓来源

楼姓,据《中国姓氏辞典》记载,源出有二:

一是出自姒姓,据《姓谱》记载,夏少康之裔,周封为东楼公,子孙因氏焉。夏王朝覆灭后,夏桀之子姒仲和、姒仲礼兄弟俩避祸于会稽(今浙江绍兴),以牧牛为生,因此改姓为娄氏。"娄"字古义为"系牛",就是牧牛。到了西周时期,周王封大禹后代娄(云)衢为谏议齐侯,封于杞邑(今河南杞县),以主夏祀,号称"东楼公"。据传,当时周武王对娄(云)衢说:"无木不成楼,犹无水不成源也!"遂改其姓为"楼"。自此,大禹后裔中的娄氏子孙一脉遂以"楼"为姓氏,称楼氏,世代相传至今,是非常古老的姓氏之一。

二是为古代鲜卑族复姓所改。据《魏书·官氏志》记载,南北朝时,代北复姓盖楼氏、贺楼氏,进入中原后改为汉字单姓楼氏。在北魏孝文帝迁都洛阳入主中原之后,大力推举汉化改革政策,在这个过程中,盖楼氏、贺楼氏两族之民多改为汉姓楼氏、娄氏、盖氏、贺氏等,后逐渐融入汉族,世代相传至今,大多以代郡为郡望,少数以洛阳为郡望。

除上述两种记载于《中国姓氏辞典》的说法之外,关于楼氏来源还有以下几种说法:

1. 源于赵氏。晋文公之大夫赵衰之子赵婴被封在楼(今山西省临汾市永和县)。此后赵婴又称楼婴,而后人以楼为姓。

2. 源于以下几种官位

出自古代谯楼守。谯楼,就是城楼,亦称戍楼,是负责职守城池、瞭望敌情、防御攻击之敌的重要城池构筑体。负责值守谯楼的将领官职称谓就是"谯楼守"。后有以先祖官职称为姓氏者,称谯楼氏,又简改为单姓谯氏、楼氏,世代相传至今。

出自汉朝时期军官楼烦将。楼烦将是军队中专门以弓箭射击进行远距离攻击、防御的部队指挥军官,在作战中,指挥官在战车小楼上观察敌情,发令射击,因此称"楼烦"。后有以先祖官职称为姓氏者,称楼烦氏,又简改为单姓楼氏,世代相传至今。

出自三国时期吴国官吏楼下都尉。楼下都尉,是三国时期孙吴国模仿汉朝时期的

"榷酤"所设置的一种官位，属于文职官吏，专职负责掌管典余酤事，就是管理酿酒业，负责酒业销售与税收，并选取精酿保障王室。后有以先祖官职称为姓氏者，即称楼氏，世代相传至今。

出自汉朝时期军官楼船将军。后有以先祖官职称为姓氏者，称楼船氏、楼舟氏，又简改为单姓楼氏、舟氏、船氏等，世代相传至今。

3. 源于地名。出自元、明时期蒙古贞部落。在蒙古贞部落世居的今辽宁省阜新市新民镇，有一个非常古老的古城建筑叫"排山楼"，原来是元朝宁宗孛儿只斤·懿璘质班至顺三年（1332 年）所建的大玄宫祖碑中的一部分。在明朝时期，以蒙古军卒驻守该地为哨所，其中即有以驻地名称为姓氏者，汉化即称楼氏、宫氏等，世代相传至今。

4. 源于国名。出自两汉时期西域古国楼兰。楼兰王尉屠耆的后裔子孙中，多有内附中原留居者，以原国名为汉化姓氏，称楼兰氏，后简改为单姓楼氏、兰氏等，分别融入汉族、回族、维吾尔族、柯尔克孜族等民族中，世代相传至今。

5. 源于羌族。出自古代东汉时期白马羌豪族楼氏。东汉建武十三年（37 年），世居于广汉塞外（今四川绵阳北部与甘肃南部武都之间）的白马羌首领楼登，率族人五千余户内属，汉光武帝刘秀非常高兴，当即敕封楼登为归义君长。白马羌中的楼氏族人依旧以楼为氏，并逐渐汉化，世代相传至今。

谭姓来源

出自姒姓，以国名为氏。据《姓谱》《元和姓纂》《谭氏家谱序》所载，春秋时代有谭国，在今山东济南市章丘区西。公元前 684 年（周庄王十四年、鲁庄公十年）为齐桓公所灭。谭子逃亡至莒国（在今山东省莒县），子孙以原国名"谭"为氏。"谭"本国名，乃"周不得姓之国"。郑樵云：子爵，庄十年齐灭之。今齐州历城有古谭城，子孙以国为氏。《姓氏考略》据《姓谱》亦注："周有谭国，齐桓公灭之。谭子奔莒，子孙以国为氏。"《中国古今姓氏辞典》引明苏平仲《谭氏家谱·序》则云："谭本姒姓，子爵，其分土在今济南、历城之间，实齐之附庸也。入春秋三十九年（周庄王之十四年，鲁庄公之十年），见灭于齐桓公，而谭子奔莒。谭自为齐所灭，子孙遂以国为氏。"

其他来源：

1. 出自瑶族始祖盘瓠，属于汉化改姓为氏。据《万姓统谱》的考证，巴南（今云南、贵州一带）六姓有谭氏，自称盘古的后代，望出弘农，是为云南、贵州谭氏。

2. 谈氏有避讳改姓谭氏。又据《万姓统谱》所载，谭氏有避仇去言旁为覃者，在岭南（泛指五岭之南，大致相当今广西大部分地区）。

3. 源于蒙古族，属于汉化改姓为氏。蒙古族塔塔儿氏，源出元朝时期成吉思汗的世仇部族塔塔儿部，世居察哈尔（今河北张家口一带，包括河北、内蒙古乌兰察布市与锡林郭勒盟、山西部分地区)。塔塔儿部被成吉思汗剿灭后,一部分族人迁入辽东地区。清朝中叶以后多冠汉姓为谭氏、戴氏等。

4. 源自傿姓。傿姓为避战乱,其中一支迁徙至蜀,一支迁徙陕改姓谭。

5. 其他民族如景颇族勒羊氏,汉姓为谭。壮、毛南、瑶、彝、哈尼、鄂伦春、蒙古、土家、回、黎、侗、苗等民族均有此姓。

封国之姓

夏朝建立以后,继续进行分封,《史记·夏本纪》记载:"太史公曰:禹为姒姓,其后分封,用国为姓,故有夏后氏、有扈氏、有男氏、斟郭氏、彤城氏、褒氏、费氏、杞氏、缯氏、辛氏、冥氏、斟戈氏。"虽然司马迁记载为用国为姓,实际上这些还是姒姓的分封国。

1. 夏后氏。夏后氏是禹建立的国家,据《夏本纪》记载:"禹于是遂即天子位,南面朝天下,国号曰夏后,姓姒氏。"同时也是姒姓集团的大宗。夏后氏所在的区域被称为"有夏之居",其国度变动较为频繁,但是大约都在今天的河南及山西一带。

2. 有扈氏。有扈氏虽然也是姒姓之国,但因为对启的即位不满,而与启交战于甘之野,最后身死国灭。《夏本纪》对此有记载:"于是启遂即天子之位,是为夏后帝启……有扈氏不服,启伐之,大战于甘……(启)遂灭有扈氏。天下咸朝。"高诱在注《淮南子·齐俗训》时,将有扈氏称之为"夏启之庶兄"。该说法尚不可考。有扈氏的地望在如今陕西省西安市鄠邑区,有学者认为客省庄二期文化就是有扈氏的遗存。李学勤认为出土于陕西宝鸡的户卣及户彝上的铭文"户"即有扈氏之"扈"。

3. 有男氏。又称之为有南氏,其地望大概在今南阳一带,与《史记·货殖列传》所记载的"颍川、南阳,夏人之居"基本吻合。

4. 斟寻氏。斟寻氏的地望《史记正义》引用的《括地志》有两种说法,一是在今山东潍坊一带,"斟寻故城,今青州北海县是也";另有一说斟寻在河南巩义一带,"故鄩(一作邹)城在洛州巩县西南五十八里,盖桀所居也。"《史记正义》引《括地志》瓒云:"斟寻在河南,盖后迁北海也。"

5. 彤城氏。《尚书正义》引王肃云:"彤,姒姓之国。"《史记索隐》记载:"周有彤伯,盖彤城氏之后。"《通鉴·周纪》:"(彤)其地当在汉京兆郑县界。郑县,今陕西西安府华州,州西南有彤城。"也就是今天陕西渭南市华州区。

6. 褒氏。褒氏因周幽王宠妃、烽火戏诸侯的女主角褒姒而出名。《史记·周本纪》索隐:"褒,国名,夏同姓,姓姒氏。"同书《正义》引《括地志》:"褒国故城在梁州褒城县东二百步,古褒国也。"也就是今天的陕西汉中一带。从汉中通往关中的四条古道之一的褒斜道就是从褒城出发的。

7. 费氏。《史记·夏本纪》索隐称费即弗。在山东邹县邾国故城内发现的铜鼎上有铭文："弗奴父作孟姒□塍鼎"，证实了费确实为姒姓。

8. 杞氏。《史记·陈杞世家》记载："杞东楼公者，夏后禹之后苗裔也。殷时或封或绝。周武王克殷纣，求禹之后，得东楼公，封之於杞，以奉夏后氏祀。"杞的所在地即今河南杞县。

9. 缯氏。《国语·周语》："杞、缯由大姒。"韦昭注："杞、缯二国姒姓，夏禹之后，大姒之家也。大姒，文王之妃，武王之母也。"其地据杜预注，大概在今山东枣庄。

10. 辛氏又作有莘氏。关于辛氏有两种说法，一说辛氏是夏禹母族的姓氏。《大戴礼记·帝系》记载："鲧娶于有莘氏之子，谓之女志氏，产文命。"《史记·周本纪》正义记载的是："莘国，姒姓，夏禹之后。"又有说法为："夏启封支子于莘，莘辛声相近，遂为辛氏。"也有学者认为辛氏本为夏禹母族之姓，夏启时族灭，启遂封其支子。辛氏的地望据杨伯峻考证在今山东省曹县西北。

11. 冥氏又作鄍氏。宋·罗泌《路史后纪》引《春秋公子谱》云："鄍出姒氏"。其地望见于《左传·僖公二年》，引《括地志》云："故鄍城在陕州河北县东十里，虞邑也。"陕州河北县即今山西平陆。

12. 斟戈氏又称斟灌氏。其地望在山东寿光。

以上 12 个封国大体都沿黄河分布，且主要集中于陕西、山西、河南等地。并从黄河中游往东延伸至山东一带。可见当时夏人控制着中原和东夷地区。

诗　颂①

会稽山赞

晋·郭璞

禹徂会稽,爰朝群臣。

不虔是讨,乃戮长人。

玉匮表夏,玄石勒秦。

(《嘉泰会稽志》卷二十,中华书局 2006 年版)

　　作者简介:郭璞(276—324),字景纯,河东郡闻喜县(今山西闻喜)人。两晋时期著名文学家、训诂学家、风水学者。曾为《尔雅》《方言》《山海经》等作注,传于世。

祭禹庙文

南朝宋·谢惠连

谨遣左曹掾,奉水土之羞,前荐夏帝之灵:

咨圣继天,载诞英徽。克明克哲,知章知微。

运此宏谟,恤彼民忧。身劳五岳,形瘦九州。

呱呱弗顾,虔虔是钦。物贵尺璧,我重寸阴。

乃锡玄圭,以告成功。虞数既改,夏德乃隆。

临朝总政,巡国观风。淹留稽岭,乃徂行宫。

恭司皇役,敬属晖融。神息略荐,乃昭其忠。

(《嘉泰会稽志》卷二十,中华书局 2006 年版)

　　作者简介:谢惠连(406—433),南朝宋文学家。陈郡阳夏(今河南太康)人。《隋书·经籍志》载有《谢惠连集》6 卷,佚。逯钦立《先秦汉魏晋南北朝诗·宋诗》卷四录其诗 33 篇。

---

① 《诗颂》由张卫东、邱志荣选注。主要参考葛美芳主编,邹志方选注:《绍兴水利诗选》,中华书局 2011 年版;邱志荣主编:《绍兴市水利志》,中国水利水电出版社 2021 年版。

谒禹庙

唐·宋之问

夏王乘四载，兹地发金符。

峻命终不易，报功畴敢渝。

先驱总昌会，后至伏灵诛。

玉帛空天下，衣冠耀[①]海隅。

旋闻厌黄屋，更道出苍梧。

林表祠转茂，山阿井讵枯？

舟迁龙喷[②]壑，田变鸟耘[③]芜。

旧物森如在，天威肃未除[④]。

玄夷届瑶席，玉女侍清都。

奕奕闺阆[⑤]邃，轩轩仗卫趋。

气青连曙海，云白洗春湖。

猿啸有时答，禽言长自呼。

灵歆异蒸糈，至乐匪笙竽。

茅殿今文袭，梅梁古制无。

运遥日崇丽，业盛答昭苏。

伊昔力云尽，而今功尚敷。

揆材非美箭，精享愧生刍。

郡职昧为理，邦空宁自诬？

下车霤已积，摄事露行濡。

人隐冀多祐，曷唯沾薄躯？

（宋·孔延之编：《会稽掇英总集》卷八，人民出版社2006年版）

作者简介：宋之问（约656—约713）[⑥]，一名少连，字延清，虢州弘农（今河南灵宝）人。一说汾州西河（今山西汾阳）人。

---

① 《御定全唐诗》作"照"。

② 一作"喷"。《御定全唐诗》等作"负"。四库全书版《会稽掇英总集》作"喷"，据改。李白《望庐山瀑布二首》："挂流三百丈，喷壑数十里。"明张世昌《五泄山》："玉龙喷壑翻云涛。"

③ 《御定全唐詩》作"芸"。

④ 《御定全唐詩》作"殊"。

⑤ 《御定全唐詩》作"扁闱（一作阃阆）"。

⑥ 一作（656—713）。据《辞海》1999年版改。

题禹庙

唐·崔词

惟舜禅功始,惟尧锡命初。九州方奠画,万壑遂横疏。

受箓尝开洞,过门不下车。诸侯会玉帛,沧海荐图书。

玄默将遗世,崇高亦厌居。耘田自有鸟,浚泽岂为鱼。

家及三王嗣,殷囚百代如。灵容肃清宇,衮服闭荒墟。

枣径愁云暮,松扉撤祭馀。叨荣陵寝邑,怀古益踌躇。

（宋·孔延之编:《会稽掇英总集》卷八,人民出版社 2006 年版）

作者简介:崔词,生卒年不详。唐元和二年至五年（807—810 年）,在越州（今浙江绍兴）。《会稽掇英总集》存诗 8 首。

奉和皇甫大夫祈雨

唐·严维

致和知必感,岁旱未书灾。伯禹明灵降,元戎祷请来。

九成陈夏乐,三献奉殷罍。掣曳旗交电,铿锵鼓应雷。

行云依盖转,飞雨逐车回。欲识皇天意,为霖贶在哉。

（清·彭定求等编:《全唐诗》卷二六三,康熙四十五年）

作者简介:严维（约 756 年前后在世）,字正文,越州（今浙江绍兴）人。擅音律,喜抚琴,工诗。《新唐书·艺文志》著录《严维诗》1 卷,《全唐诗》收其诗 64 首,辑为 1 卷。

禹庙

唐·李绅

削平水土穷沧海,畚锸东南尽会稽。

山拥翠屏朝玉帛,穴通金阙架云霓。

秘文镂石藏青壁①,宝检封云化紫泥。

清庙万年长血食,始知明德与天齐。

（清·彭定求等编:《全唐诗》卷四八一,康熙四十五年）

作者简介:李绅（772—846）,字公垂,无锡（今属江苏）人。唐宪宗元和元年（806 年）登进士第。武宗朝位至宰相。一生三到越州。《全唐诗》存诗四卷。这首七言律诗为《新楼诗二十首》之一。

---

① 清嵇曾筠《浙江通志》作"璧"。

涂山

唐·胡曾

大禹涂山御座开，诸侯玉帛走如雷。

防风谩有专车骨，何事兹辰最后来？

（清·彭定求等编：《全唐诗》卷六四七，康熙四十五年）

作者简介：胡曾（约840—？），字号不详，唐代诗人，邵阳（今属湖南）人。咸通十二年（871年），路岩为剑南西川节度使，召为掌书记。后终老故乡。著《咏史诗》3卷。

禹庙

五代·钱俶

千古功勋孰可伦？东来灵宇压乾坤。①

尘埃共锁梁犹在，星斗俱昏剑独存。②

蟾殿夜寒笼翠③幌，麝炉春暖酹琼樽。

会稽山水秋风里，长放松声入庙门。

（陈尚君编：《全唐诗补编·钱弘俶》，中华书局1992年版）

作者简介：钱俶（928—971），初名弘俶，字隆，吴越武肃王钱镠孙（文穆王元瓘第七子）。吴越广福十二年（947年）立为吴越国王。著《越中吟》二十卷，佚。《全唐诗补编》存诗四首。这首七言律诗并见《会稽掇英总集》。

谒禹陵

宋·秦观

阴阴古殿注修廊，海伯川灵俨在旁。

一代衣冠埋窆石，千年风雨锁梅梁。

碧云暮合稽山暗，红菱秋开鉴水香。

令我免鱼蠡帝力，恨无歌舞奠椒浆。

（徐培均笺注：《淮海集笺注》卷八，上海古籍出版社1994年版）

作者简介：秦观（1049—1100），江苏高邮人，字少游，一字太虚，别号邗沟居士，学者称其淮海居士。官至太学博士、国史馆编修。著有《淮海集》40卷、《淮海词》3卷等。

---

① 《会稽掇英总集》作"千古英灵孰令论？西来神宇压乾坤。"

② 《会稽掇英总集》作"尘埃共锁梅梁在，星斗俱分剑独存。"

③ 《会稽掇英总集》作"摇"。

访禹穴至阳明洞

宋·张伯玉

宛委山前舣画船,攀萝渐入太霄边。

因寻大禹藏书穴,深入阳明古洞天。

万壑秋光含细籁,数峰寒玉立苍烟。

宝函金篆久稀阔,欲就皇人讲数篇。

（宋·孔延之编:《会稽掇英总集》,人民出版社 2006 年版）

作者简介:张伯玉,字公达,建安(今福建建瓯)人。早年举进士,又举书判拔萃科。宋嘉祐八年(1063 年)知越州。著《蓬莱集》。

题禹庙

宋·张伯玉

宝穴千峰下,严祠一水傍。

夜声沧海近,秋势越山长。

薄葬超前古,贻谋启后王。

万灵何以报? 终古咏怀襄。

（《全宋诗》卷四八五）

作者简介:张伯玉,字公达,建安(今福建建瓯)人。宋仁宗嘉祐年间(1056—1063)为御史,后选司封郎中。嘉祐八年四月,以度支郎官知越州。著《蓬莱集》二卷,佚。《全宋诗》存诗二卷。

禹穴

宋·陈舜俞

百尺苍坚穴翠岚,天痕非擘亦非镵。

先王图史谁分掌? 后世疏慵不复探。

定有龙虬蟠寂寂,何如苔藓乱鬖鬖?

老师更说神灵事,只读高碑去未甘。

（《全宋诗》卷三十五）

作者简介:陈舜俞(? —1075),字令举,号白牛居士,湖州乌程(今浙江湖州)人。宋仁宗庆历六年(1046 年)登进士第。神宗熙宁三年(1070 年)以屯田员外郎知山阴县。著《都官集》三十卷,《四库全书》重新分排为 14 卷,其中诗 3 卷。《全宋诗》存诗三卷。

题禹庙

宋·齐唐

削断龙门剑力闲，遗祠终古鉴湖边。

昆墟到海曾穷地，石穴藏书不记年。

春色门墙花滴雨，晓光台殿水浮烟。

涂山万国梯航集，告禅灵坛岂偶然？

（《全宋诗》卷二六九）

作者简介：齐唐（988—1074），字祖之，越州会稽（今浙江绍兴）人。宋仁宗天圣八年（1030年）登进士第。著《少微集》三十卷，佚。《全宋诗》存诗十五首。

中和堂诗（并序）

宋·赵构

孟夏壬戌，来登斯堂。远瞩稽山，思夏后之功；俯瞰涛江，怀子胥之烈。赋古诗一首。

六龙转淮海，万骑临吴津。

王者本无外，驾言苏远民。

瞻彼草木秀，感此疮痍新。

登堂望稽山，怀哉夏禹勤。

神功既盛大，后世蒙其仁。

愿同越句践，焦思先吾身。

艰难务遵养，圣贤有屈伸。

高风动君子，属意种蠡臣。

作者简介：赵构（1107—1187），字德基，宋徽宗第九子。靖康二年（1127年）即位于南京（今河南商丘）。建炎四年（1130年）四月至绍兴元年（1131年）十二月，以越州城（今浙江绍兴）为南宋行在。绍兴二年移宫临安（今浙江杭州）。史称高宗。《全宋诗》存诗一卷。

了溪诗

宋·王十朋

禹迹始壶口，禹功终了溪。

余粮散幽谷，归去锡玄圭。

（宋·王十朋《会稽三赋》不分卷，嘉庆刻本）

作者简介：王十朋（1112年11月9日—1171年8月6日），字龟龄，号梅溪，温州乐清（今属浙江）人。宋高宗绍兴二十七年（1157年）登进士第，为状元。授绍兴府金判。在绍兴所写诗和有关绍兴诗几近二百首。著《梅溪集》。

夏禹

宋·王十朋

洪流浩浩浸寰区,民杂蛇龙鸟兽居。

长叹当时微帝力,苍生今日尽为鱼。

作者简介:王十朋(1112—1171),同上。

大禹陵(会稽九颂之一)

宋·诸葛兴

瞻越山兮镜之东,郁乔木兮岑丛。

倚青霞兮空石,枕碧流兮宝宫。

端黻冕兮穆穆,列俎豆兮雍雍。

梅为梁兮挟风雨,倏而来兮忽而去。

芝产殿兮间见,橘垂庭兮犹古。

壁腾辉兮桂荐瑞,书金简兮缄石匮。

朝万王① 兮可想,探灵文兮何秘。

嗟泽水兮潢② 流,民昏垫兮隐忧。

运大智兮无事,锡《洪范》兮叙畴。

身劳兮五岳,迹书兮九州。

亶王心兮不矜,迄四海兮歌讴。

猗圣宋兮中兴,驻翠跸兮稽城。

独怀勤兮旷代,粲奎文兮日星。

扬朄兮拊鼓,吴歈兮郑舞。

奠桂酒兮兰肴,庶几仿佛兮菲食卑宫之遗矩。

(沈建中编:《大禹陵志》,研究出版社 2005 年版)

作者简介:诸葛兴(生卒年不详),字仁叟,会稽(今浙江绍兴)人。宋宁宗嘉定元年(1208 年)登进士第。历彭泽、奉化县丞。著《梅轩集》,佚。此颂存宋张淏《宝庆会稽续志》卷六,为《会稽九颂》之一。

---

① 《宝庆会稽续志》作"玉"。

② 《宝庆会稽续志》作"横"。

禹庙

宋·林景熙

万国曾朝会,群山尚郁盘。

严祠镇玄璧,故代守黄冠。

窆人云根古,梁归雨气寒。

年年送春事,来拂① 薛碑看。

作者简介：林景熙(1242—1310),一作景曦,字德旸,亦作德阳,号霁山,温州平阳(今属浙江)人。著《霁山文集》。

禹庙

元·张伯淳

像设森严冠百王,禹陵草木自苍苍。

身扶天地山川运,祠列君臣父子纲。

遗迹到今存窆石,神功何事托梅梁。

悠悠往古凭谁问? 冷落残碑倚夕阳。

（邹志方选注:《绍兴水利诗选》,中华书局 2011 年版）

作者简介：张伯淳(1243—1303),字师道,崇德(今浙江桐乡)人。宋末进士,累官太学录。入元,拜侍讲学士。著《养蒙集》。

禹穴赋

元·杨维桢

追太史之东游兮,蹑夏后之巡踪。

过会稽之巨镇兮,登宛委之神峰。

曰群圣之所栖兮,辟阳明之洞府。

问东巡之故陵兮,固已失其窆所。

绕古屋之云气兮,瞻衮冕之穹窿。

雷霆掣夫铁锁兮,梅之梁兮已龙。

秋空山其无人兮,挂长松之落日。

枕荒草之芊② 眠兮,栖专车之朽③ 骨。

---

① 《全宋诗》卷 179 作"指"。

② 《浙江通志》等作"阡"。又作"芋",误。

③ 一作"巧",疑误。《御定历代赋汇》等作"朽"。

忽白日其有烂兮,射五色之神晶。

窥神迹於一窦兮,眩太阴之窈冥。

世以为衣冠之圹兮,神书之窦也。

圭璧出乎耕土兮,彼巨石者不可扣也。

曰玉匮之发书兮,遂囦①沦而天飞。

赖馀策以汩②鸿兮,复韫椟以秘之。

夫以四载之跋履兮,亦云行其无事。

锡玄圭以告成兮,始龟文之来瑞。

何诞者之夸毗兮,异九畴而不经。

使穴书之不泄兮,夫岂汩③陈其五行。

观连天之巨石兮,妙斧凿之无痕。

南笋削乎其玉立兮,东娥接其雷奔。

涂峰归其西北兮,执玉帛者万亿。

夫既游而遂息兮,吾又何疑乎窆岁。

绵祀典之常尊兮,石岂溯乎一拳。

妄钟山之金酒兮,又何附会於妖仙。

噫嘻,南望苍梧兮,东上会稽。

九疑潓洞④兮,窆石凄迷。

秦之望兮低徊,悲沙丘兮不西。

客有酾酒荒宫而和之以歌曰:

稽之镇兮南之邦,纷万国兮来梯航。

若有人兮东一方,酌予菲兮荐予芳。

舞《大夏》⑤兮象德,咏⑥东海兮西江。

(《丽则遗音》卷二)

作者简介:杨维桢(1296—1370),字廉夫,号铁崖、东维子,又号铁笛道人、抱遗老人,诸暨州(今浙江诸暨)人。元定帝泰定四年(1327年)登进士第。著《铁崖先生古乐府》《东维子集》。

---

① "囦"同"渊"。《御定历代赋汇》作"渊"。

② 一作"汨""泪",皆误。"汩鸿",治理洪水。

③ 一作"汨",误。"汩陈",错乱陈列。

④ "潓"读 hòng。潓洞,弥漫无边。

⑤ 一作"大厦",误。《云门》《咸池》《韶》《大夏》《大蠖》《大武》称"六代乐舞"。《大夏》歌颂夏禹治水。

⑥ 《御定历代赋汇》等作"泳"。

望会稽山（节选）

元·吴莱

会稽乃巨镇，雄拔天东南。

东南谁开辟？大禹世所钦。

（邹志方等选注：《历代诗人咏禹陵》，新华出版社 2004 年版）

作者简介：吴莱（1297—1340），字立夫，浦江（今浙江金华）人。元延祐间举进士不第，隐居松山。著《渊颖吴先生集》。

感怀诗

明·刘基

朝登会稽山，逍遥望南讹。

禹穴已芜没，禹功长不磨。

惆怅感往昔，沉吟发新歌。

谁言专车骨，冠弁高嵯峨？

为虺且复尔，为蛇当奈何？

天门隔虎豹，空悲涕滂沱。

作者简介：刘基（1311—1375），字伯温，青田（今属浙江文成）人。元元统元年（1133年）登进士第。官江浙行省都事，至正二十年（1360年）投奔朱元璋，为明开国功臣，官御史中丞、太史令。元至正十三年至十六年（1353—1356）曾被羁管绍兴。著《诚意伯集》。

大禹赞

明·孙承恩

声律身度，左绳右矩。

地平天成，功在万世。

治存典则，道叙龟畴。

稽首明德，示我大猷。

作者简介：孙承恩（1485—1565），字贞父（甫），号毅斋，松江华亭（今属上海）人。孙衍子。明武宗正德六年（1511年）登进士第。授编修，历官礼部尚书，兼掌詹事府。著《文简集》。

禹陵

明·徐渭

年来只读景纯书，此日登临似启予。

　　　　葬罢桓碑犹竖卯^①，封完玉字不通鱼。

　　　　杨梅树下人谁解？菌^②茖须中气所居。

　　　　即遣子长重到此，不过探胜立须臾。

　　作者简介：徐渭（1521—1593），原字文清，后改文长，号天池山人、青藤道士、田水月等，山阴（今浙江绍兴）人。著《徐文长集》。

帝禹庙

明·唐之淳

　　　　昔在帝尧时，洪水滔天流。

　　　　鲧功既不竟，微禹吾其忧。

　　　　禹敷下方土，乃至于南州。

　　　　维南有会稽，玉帛朝诸侯。

　　　　少康封庶子，衣冠闷山丘。

　　　　遂令筑祠宫，俎豆岩之幽。

　　　　云何末代下，有穴肆探求？

　　　　明明太史公，秉笔欺吾侪。

　　　　岂知大圣人，天地同去留。

　　　　厥言在洪范，箕子授成周。

　　　　衣裳食息际，莫匪蒙灵庥。

　　　　皇皇古丛祠，祀典明且修。

　　　　空梁诡龙变，亦足为神羞。

（邹志方选注：《绍兴水利诗选》，中华书局 2011 年版）

次韵唐之淳《禹庙》诗

明·戴冠

　　　　鲧父殛羽山，甚彼共工流。岂敢仇帝诛，但当为民忧。

　　　　疏导凡八年，经营分九州。一旦陟元后，万国来诸侯。

　　　　执中授虞舜，无间称孔丘。南巡至会稽，龙逝江波幽。

　　　　死归竟成谶，弓剑不可求。玄圭告成功，万世无与侪。

　　　　空石隐古篆，遗迹今尚留。寝殿面山阿，墓木罗道周。

---

① 一作"卵"。误。"竖卯"，指竖立测量标志。

② 一作"菌"。误。

三年荐香帛，皇明仰神庥。国祚绵无穷，祀事亦孔修。

我来从郡吏，纷拜陈芳羞。

（沈建中编：《大禹陵志》，研究出版社 2005 年版）

禹陵窆石歌 ①

明·张岱

留此四千年，荒山一顽石。

闻有双玉珪，苍凉闭月日。

血皴在肤理，摩挲见筋洫。

呵护则龙蛇，烟云其饮食。

中藏故自 ② 奇，外貌反璞立。

所储金简书，千秋犹什袭。

此下有衣冠，何时得开出？

（明·张岱：《琅嬛文集》，浙江古籍出版社 2016 年版）

作者简介：张岱（1597—1689），字宗子、石公，号陶庵、天孙、蝶庵，晚号六休居士，山阴（今浙江绍兴）人。著《张子诗秕》《琅嬛文集》等。

寻禹穴

明·黄宗羲

昔者太史公，万里探禹穴。余为会稽人，至老游尚缺。

久息风尘慕，何故违清辙？茫茫问禹迹，居人且未决。

多言窆石是，更无他曲折。又言三百里，不为一隅说。

稽古按唐碑，阳明洞为核。吾友董无休，门人施胜吉。

共坐黑箬篷，十里如电灭。稍憩宗镜庵，放步迷烟霭。

攀萝迟遥响，不顾行滕裂。窥刊崩石下，恍然玉堂设。

题名唐宋年，被彼怪藤啮。摩娑手眼劳，方读忽又辍。

幸哉一字通，胜拾古环玦。闻昔有洞门，今已遭阑截。

金简玉字文，护持有鬼孽。惟有人间书，聊为太史窃。

我来三叹息，欲撞锢门铁。洞中风飕飕，天空飞绛雪。

（邹志方等编：《历代诗人咏禹陵》，新华出版社 2004 年版）

---

① 《禹陵窆石歌》作《窆石歌》。

② "自"一作"神"。

作者简介:黄宗羲(1610—1695),字太冲,号梨洲,余姚人。明诸生。鲁王以为左金都御史。清康熙年间博学鸿词,不赴。著《南雷诗历》等。

禹陵

清·施闰章

随刊敷九土,言登会稽山。

升遐岂此地?高陵郁巑岏。

丰碑纪四载,侍从列千官。

山椒耸殿阙,朱甍摩苍天。

馨兹俎豆洁,哀我民力艰。

窆石既磨泐,画栋犹飞搴。

赤珪藏日月,金简非人间。

亮无龙威文,科斗谁与传?

作者简介:施闰章(1618—1683),字尚白,一字屺云,号愚山,又号蠖斋,宣城(今属安徽)人。清世祖顺治六年(1649年)登进士第。参与修《明史》。

谒大禹陵

清·爱新觉罗·玄烨

古庙青山下,登临晓霭中。

梅梁存旧迹,金简记神功。

九载随刊力,千年统绪崇。

兹来荐蘩藻,瞻对率群工。

作者简介:爱新觉罗·玄烨(1654—1722),满族人。史称清圣祖或康熙皇帝。著《圣祖仁皇帝御制文集》。康熙二十八年(1689年),第二次南巡,二月十五日,祭大禹陵。题禹庙匾"地平天成",题禹庙联"江淮河汉思明德;精一危微见道心",并写下这首五言律诗。

尚有《禹陵颂并序》,录以同读:

朕阅视河淮,省方浙地,会稽在望,爰渡钱塘。展拜大禹庙,瞻眺久之,敕有司岁加修葺。春秋苾祼,粢盛牲醴,必丰必虔,以志崇报之意。时康熙二十八年二月十五日也。缅维大禹接二帝之心传,开三代之治运,昏垫既平,教稼明伦,由是而起,其有功于后世不浅,岂特当时利赖哉!朕自御宇以来,轸怀饥渴[1],留意河防,讲求疏浚,渐见底绩。周

① 《清实录康熙朝实录》《圣祖仁皇帝御制文集》作"饥溺"。

行川泽,益仰前徽。爰作颂曰:

> 下民其咨,圣人乃生。
>
> 危微精一,允执相承。
>
> 克勤克俭,不伐不矜。
>
> 随山刊木,地平天成。
>
> 九州始辨,万世永宁。
>
> 六府三事,政教修明。
>
> 会稽巨镇,五岳媲灵。
>
> 兹惟其藏,陵谷式经。
>
> 百神守护,松柏郁贞。
>
> 仰止高山,时切景行。

(沈建中编:《大禹陵志》,研究出版社 2005 年版)

谒大禹庙恭依皇祖元韵

清·爱新觉罗·弘历

> 展谒来巡际,凭依对越中。
>
> 传心真贯道,底绩莫衡功。
>
> 勤俭鸿称永,仪型圣度崇。
>
> 深惟作民牧,益凛亮天工。

(沈建中编:《大禹陵志》,研究出版社 2005 年版)

作者简介:爱新觉罗·弘历(1711—1799),满族人。史称清高宗或乾隆皇帝。著《御制诗》。乾隆十六年(1751 年)正月南巡,三月至绍兴,驻跸常禧门,晋谒禹庙,题禹庙匾"成功永赖",题禹庙联"绩奠九州垂万世;统承二帝首三王",并写下这首五言律诗。

涂山谒大禹陵

清·商盘

> 蛇龙中国腾蚴蟉,万民戢戢昏垫愁。
>
> 维帝有咨曰女禹,躬乘橇檋兼车舟。
>
> 苍水使者感神梦,异书宛委穷搜求。
>
> 庚神大铁锁奇相,百灵炯炯谁敢尤?
>
> 积石既疏龙门道,星罗棋布分齐州。
>
> 九牧贡金铸九鼎,用协上下承天休。
>
> 元圭告成践帝位,涂山万国来共球。

东巡翠盖不复返,苍梧一逝同悠悠。

桐棺苇椁无改列,市朝阅尽如蜉蝣。

鸟耘燕喋事颇怪,无馀庙祀昭春秋。

我闻法官尚俭啬,加以金碧毋乃羞。

旁矗一亭名窆石,若锤若杵神所留。

或曰内藏蝌蚪字,黄白下护云油油。

或云高密入此穴,土阶三等累累哀。

史迁不作刘向死,千年聚讼众楚咻。

旧迹沦湮明德远,如地持载天覆帱。

扬州自古称泽国,桃花瓠子多横流。

侧闻淮黄肆吞吐,河伯独自挥戈矛。

楚州之南广陵北,辟诸鱼在釜底游。

全淮已乏刷黄力,遂使浊浪排山头。

况当云梯古关口,下湿渐化为高丘。

水无归宿将泛滥,议疏议塞无良筹。

何年金简重世出,安澜免厘东南忧。

（民国·钱绳武编:《越声》,抄本,1928—1935 年）

作者简介：商盘(1701—1767),字苍雨,号宝意,会稽(今浙江绍兴)人。清雍正八年(1730 年)登进士第。授翰林院编修。乾隆元年(1736 年)起,历官镇江、海州等守令,累官至云南元江知府。著《质园诗集》,编《越风》。

禹穴吟

清·何经愉

宛委之山赤帝阙,金简玉书就石窟。

一掬洪流,九州澹渤。

再造乾坤仗化工,驱遣百灵共发掘。

苍水使者赤绣衣,戏吟倚覆釜,默与伯禹期。

八年卒父业,不顾儿呱啼。

奠岳渎,铸鼎彝。

竖亥度南北,大章步东西。

地平天成二帝死,然后大会诸侯登会稽。

登会稽,告功绩。

戮防风,肃贡职。

颁夏时,休民力。

削平险阻建非常,五十四载风沙息。

珍禽集于庭,野鸟佃其泽。

晏岁群臣卜窀穸,苇椁桐棺瘗魂魄。

土阶三等,荒茔三尺,

世世子孙奉玉帛。

少康再析圭,无馀重秉璧,

万壑潆洄,千岩盘结,

毓秀钟灵未歇绝。

谁云虞夏忽焉没? 吾且与尔登会稽、探禹穴。

(民国·钱绳武编:《越声》,抄本,1928—1935 年)

作者简介:何经愉,字乐天,山阴(今浙江绍兴)人。清雍正朝(1723—1735 年)诸生。著《停云轩古诗钞》。

禹陵窆石

清·蒋士铨

禹陵茫茫下夕曛,当时王会想风云。

心同揖让传贤子,局定征诛及暴君。

杞故无征难考据,舜先野死亦传闻。

摩挲窆石为封树,万古人心立此坟。

作者简介:蒋士铨(1725—1785),字心馀,一字苕生,号清容,又号藏园,晚号定甫,别署离垢居士,铅山(今属江西)人。清高宗乾隆二十二年(1757 年)登进士第。著《忠雅堂诗集》《铜弦词》等。

译岣嵝碑有怀禹功

清·周元棠

夏后建丰功,奠川与敷土。

史臣不绝书,谟赞忧勤主。

至今窆石傍,碑文争快睹。

断石手摩挲,鸿文异龟虎。

谁摹仓颉篇,几认周宣鼓?

翻译得真诠,宜今复宜古。

一读一怀思,精光射天宇。

受命膺帝符,报功干父蛊。

镌同神鼎铭,空山来风雨。

(邹志方选注:《绍兴水利诗选》,中华书局2011年版)

作者简介:周元棠(1791—1851),字笑岩,号海巢,会稽(今浙江绍兴)人,周恩来高祖,擅诗文,著有《海巢书屋焚余诗稿》。

大禹庙

清·周晋鑅

平地成天德共钦,峨峨庙貌镇稽阴。

光腾宝韣空留剑,神肃元圭孰献琛?

苔碣埋云迷鸟篆,梅梁入水隐龙吟。

会将菲饮当年意,一盏寒泉荐絜忱。

(民国·钱绳武编:《越声》,抄本,1928—1935年)

作者简介:周晋鑅,字寄凡,会稽(今浙江绍兴)人。清道光年间(1821—1830年)优贡生。官常山训导。著《越中百咏》。

夏盖山怀大禹

清·谢聘

登山怀夏禹,驻盖相当年。

功绩民歌颂,鱼龙影遁迁。

峰孤擎砥柱,海近熄烽烟。

绝顶云生处,时疑扬翠旃。

(民国·钱绳武编:《越声》,抄本,1928—1935年)

作者简介:谢聘(1786—1849),字起革,号乐耕、味农,上虞(今属浙江)人。东山谢氏第50世。著《吟香馆诗草》十四卷,辑成《国朝上虞诗集》。另有《絮风红雪合稿》二卷、《寿言集》一卷、《兰言小集》二卷,或梓或未刊。

禹王

清·薛葆元

锡玄圭兮夏王,玉帛朝兮万方。

苍水使者兮来候,开宛委兮金简书藏。

忽骑龙兮白云乡,留窆石兮苗山傍。

立祠兮少康,风雷郁兮梅梁。

辉草木兮烟霞，古山之形兮覆翩。

肃遗像兮冕玉尊，蟠古壁兮蛟龙舞。

血食兮万年，明德兮齐天。

灵皇皇兮帝服，开金阙兮会稽巅。

作者简介：薛葆元，字梅仙，号雪溪，山阴（今浙江绍兴）人。清德宗光绪二年（1876年）举人。著《沁雪仙馆诗草》。此歌为《拟九歌八首》之第一首。

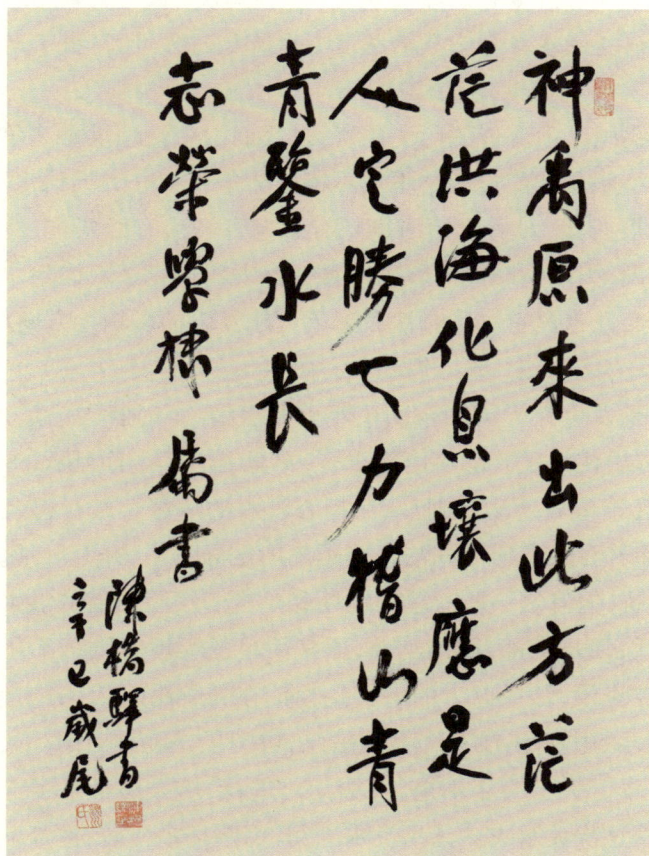

陈桥驿题并书《稽山鉴水诗》

二、近现代研究

先秦传说中的大禹治水及其含义的初步解释

周魁一

提要：大禹治水是发生在四千年前的重大历史活动。由于缺乏直接的文字记录，后世对这一历史事件有着多种解释。本文依据先秦史籍，对大禹治水的科学内涵，历史传说的真实性以及它在当时社会形态演变中所起的作用，提出了新的理解。

大禹治水是我国广为流传的历史传说，是我们祖先治理洪水斗争的生动画卷，体现了劳动人民在征服自然的过程中不屈不挠的斗争精神。大禹治水还代表着治河工程的一个重要发展阶段，对后世治河也颇有影响，因此，有必要进一步加以讨论。本文拟根据先秦传说(引用文献的时代下限截止到西汉前期)，对禹治水的活动情况，治水传说的历史真实性以及它对当时社会变革可能发生的影响等方面作一初步探讨。

一

相传禹治水是发生在大约距今四千年前的事情，那时我国已进入发达的锄耕农业阶段，黄河下游居住的氏族部落已经很多，那里有着广阔而肥沃的土地。在平原地区生产和生活，既希望靠近河流湖泊，又担心洪水的危害。最初，人们根据洪水淹没的情况，逐渐试探着在距离河流湖泊一定距离内定居下来，开荒种地。平水年份虽然也存在洪水的威胁，但修筑一些简单的堤埝和土围子拦阻漫溢的洪水，倒也可以过得去，而当气候变迁，河水猛涨，四出泛滥，原来简单的堤埝就抵挡不住洪水的冲击，房屋被冲毁，田地被淹没，酿成巨大的灾害。相传在尧舜禹时代，黄河流域就曾连续出现特大洪水。滔天的洪水淹没了广大的平原，包围了丘陵和山岗。人畜死亡，房屋和积蓄都被洪水吞没。大水终年不退，农业无法进行，给人民带来了深重的灾难。《尚书·尧典》记载着这次大水灾："汤汤洪水方割，荡荡怀山襄陵；浩浩滔天，下民其咨"。好不容易开辟出来的家园，被洪水荡涤一空，不能不引起人们极大的震惊。虽然损失是极为严重的，但是我们的祖先在这巨大的自然灾害面前并不是听天由命，再倒退回去过那采集渔猎的生活，而是同大自然展开了英勇的搏斗。陆贾在《新语·道基》一文中说："后稷……辟土殖谷，以用养民；种桑麻，致丝枲，以蔽形体。当斯之时，四渎未通，洪水为害，禹乃决江疏河，……然后人民得去高险，处平土。"这个历史传说，正说明了农业发展和治河防洪工程起源之间的因果关系，也说明了大禹治水的历史背景。

关于这次征服洪水的传说，我国古代史籍和文献留下了许多珍贵的记录。传说在洪水威胁面前，当时有关部落的首领曾聚集在一起，召开了一次部落联盟议事会议。会议最初决定由禹的父亲鲧负责主持治水。鲧是个很有干劲的人，接受任务之后，就率领群众努力工作。他治水所采用的办法，据说仍然沿用以往修筑堤埝的传统。在先秦的记载中有"鲧障洪水"①，"鲧作城"②，都是用堤埝和土围子把主要居住区和临近的田地保护起来的意思。但是，这次洪水却非同小可，第一年加高了的堤埝，第二年被冲垮。第二年再把原有堤埝加高，以为可以抵挡得住了，但终因洪水过猛，第三年又被冲垮。然而鲧并不气馁，继续率领群众一次又一次地把被冲垮的堤埝加高培厚，重新修筑起来。不过那时农业已有较大发展，成为社会的基本经济部门。防洪要保证农业生产的进行，堤埝和土围子所保护的范围就应当包括主要的田地。然而当时他们所能采用的主要工具都是石头、蚌、骨等材料做的，筑堤埝的效率和质量很低，要修建足以保护农田的大量堤埝是不可能的。因而，虽经连年的努力，洪水还是没有被制服，鲧也因工程失败而被贬逐。但鲧的敢于斗争的精神，长久以来被人民所追念。传说夏朝人把鲧看作是他们的光荣的先祖，每年都要举行祭祀，大约就是这个缘故③。

接着，部落会议又推举鲧的儿子禹，继续主持治水工作。据说禹是一个勤劳勇敢、聪明智慧的人。他吸取了父亲失败的教训，虚心向有经验的人请教，努力探索新的治水方法。他还找到伯益、后稷以及共工氏的后代四岳等部落首领做手帮，决心制服洪水，为民除害。前车之鉴，后事之师，他们吸取了先辈失败的教训，总结了治水的新经验，终于找到了一个变通的办法，以疏通河道为主，把河水顺着西高东低的地形，导流到东面的大海里去。也就是"决江、浚河，东注之海，阅水之流也"④。所谓"因水之流"，就是根据水往低处流的道理，疏通水的去路，加速洪水的排泄。他们因势利导，广大群众一齐动手。

禹作为一个部落首领也"身执耒臿，以为民先"⑤（图1）。工作艰苦而繁忙，在治水期间，禹三过家门而不入。他没有功夫梳洗，腿上的汗毛被磨光了，皮肤也被太阳

① 《国语·鲁语上》。

② 《吕氏春秋·郡守》。

③ 《国语·鲁语上》载："夏后氏禘黄帝而祖颛顼，郊鲧而宗禹"。禘、祖、郊、宗分别为不同的祭祀典礼。

④ 《淮南子·泰族训》。

⑤ 《韩非子·五蠹》。

晒得黑黑的。由于人们群策群力,艰苦奋斗,经过了十年左右的时间,终于平息了水患。洪水退去之后,人们于是"降丘宅土"①,从平原上的丘陵高地搬到肥沃的平原来居住和生产了。后世的人们热情歌颂这次治洪的胜利,他们把禹治水的故事编成劳动时唱的歌曲,广为传颂。他们唱道,"洪水茫茫,禹敷下土方"②,称颂"禹有功,抑下洪,……傅土平天下"③。

图 1　大禹执锸图(选自《汉代画像全集》)

　　禹时的经济生活主要以黄河流域为中心区域,治水活动大约也主要是在这一带。那时黄河经行的大致形势在《尚书·禹贡》中有所说明。关于《禹贡》著作的年代,今人已有基本一致的看法,成书约在战国中期,是一本托名圣王,总结战国时地理知识的著作。显然,《禹贡》作者当时也只能依据传说,指出一两千年前禹河经行的大略。《禹贡》的记载说:"导河积石,至于龙门,南至于华阴,东至于砥柱,又东至于孟津。东过洛汭至于大伾,北过降水至于大陆。又北播为九河,同为逆河入于海。"

① 《尚书·禹贡》。
② 《诗·商颂·长发》。
③ 《荀子·成相》。

这里说的是黄河主流的经行。黄河在孟津以上，夹于山谷之间，数千年来没有大的变化。至孟津以下，会合洛水等支流。此后，黄河改向东北流，经过今河南省北部，再北流至今河北省南部，汇合漳水（即古降水）。黄河和漳水再一齐向北，流入今邢台、巨鹿北边的古大陆泽中①。出了大陆泽，黄河随后又分歧为几支，即所谓"播为九河"②。"播为九河"大约是黄河下游支流散漫状况的描述。各分支顺着地势，向东北方向入海。入海之处因受潮汐影响，河水好像倒流，故形容之为逆河。在一般河口三角洲上，河流往往分为多支入海，但在《禹贡》的简短记述中，特别指出黄河"播为九河"，似非一般河口三角洲上的现象，似乎说的是当时黄河下游分支较多，分支较大的情况。黄河下游"播为九河"，而大陆泽以上黄河主流独行，这种不同可能是基于那时各地开发程度的差别。河南北部和河北南部禹时已经比较重要，传说中著名的颛顼帝的帝都，就在今天的濮阳，自然不宜让黄河在这一带散漫横流。而河北东部在当时就较少有人居住，这一带至今未发现有石器时代文化遗址，因此在治理上并不着重，任黄河尾闾"分播为九"也是可能的。参见禹河经行图。

这样大范围地疏导河水，要有相应的技术措施才行。《淮南子·原道训》载："禹之决渎也，因水以为师。"以水为师就是善于总结水流运动的规律。水往低处流是极为明显的现象，当时人们大约就是根据这一原理，因势利导，疏浚排洪。相传大禹治水的主要方法是："决九川距四海，浚畎浍距川"③。距在这里是到的意思。也就是说，疏通主干河道，导引漫溢出河床的洪水和积涝回到河中并输送入海。可以想见，洪水出槽，在广阔的平原上向下游奔驰，势必把平地冲成千沟万壑。在这些沟壑中，主流所经的河道，总是比较宽大的，如果能集中力量把这些主干河道疏浚通畅，裁弯取直，加速洪水的排泄，然后再在两岸加开若干排水沟，使漫溢出河床的洪水和积涝有可能迅速回归到河槽中来，那必将减轻洪水的威胁。这样，夏季允许洪水泛滥出槽，而在汛后再来加速排泄沥水，肥沃的耕地又会重新显露出来，从而使得"……水由地中行，然后人得平土而居之"④。和堤埂、土围子比较，要保护较大的范围，疏导的方法自然

---

① 大陆泽是古代的一个大湖的名字，原来大约是黄河和漳水等河冲积扇间的洼地。《尔雅》将其列为古代十薮之一。那时这一带地势很低，成为黄河自然汇聚的地方。大陆泽的位置，"在邢州及赵州界，一名广河泽，一名巨鹿泽也"（《史记正义》），大约在今天的邢台、巨鹿以北。后来大陆泽又被黄河泥沙所淤平，现在的宁晋泊大约是它的遗迹。

② 前人研究表明，古代的所谓九，并不一定指的是一个确实的数字，而往往用来形容多数的意思。如"九川""九山""九天""九载""九族"之类的用法很多。所谓"播为九河"，大约是黄河下游枝流散漫状况的描述。

③ 《尚书·皋陶谟》（通行本）。

④ 《孟子·滕文公下》。

比较容易取得成效,河水泛滥的危害减小了。

用疏导的方法治水,还必须了解下游地区的地形情况,以便疏浚排水去路。相传禹治水时已经发明了原始的测量,即所谓"左准绳,右规矩","行山表木,定高山大川"①。"准绳"和"规矩"就是今天所说的铅锤、角尺和圆规,都是最基本的测量工具。"表"在这里是标明、测量的意思。"行山表木",《尚书·皋陶谟》作"随山刊木"。"刊"有削的意思,也有刻画的意思。可见所"刊"的木不是普通的木,而是刻有尺度的测量标桩。"随山刊木"大约是原始的水准测量。我们的祖先使用这些原始的测量工具,创造了古代的水利测量学②。

如何看待这场人类征服自然的辉煌胜利呢?有人说:"禹之决江水也,民聚瓦砾。事已成,功已立,为万世利。禹之所见者远也,而民莫之知,故民不可与虑化举始,而可以乐成功"③。也就是说在大禹深谋远虑治水的时候,人民群众却只知道用瓦砾保护自己的住处,甚至用瓦砾投掷大禹。大禹治水成功了,人民坐享其成。这是唯心史观的结论。

西汉初年著名政治家贾谊在他所写的《新书·修政语》一文中提出了另一种说法,他借用大禹的口气说:"大禹曰,民无食也,则我弗能使也;功成而不利于民,我弗能劝也。……民劳矣而弗苦者,功成而利于民也"。贾谊借助禹治水的历史故事,只是为了说明新兴地主阶级巩固封建统治("治天下")的方法,但却客观地反映出,没有人民群众参加就不会有治水的胜利的事实。今天,我们用唯物史观来分析这些史料,则可以肯定地说:大禹治水的传说是我国古代劳动人民艰苦卓绝的治水斗争的生动记录,表现出劳动人民与天奋斗和人定胜天的决心和勇气。大禹则是这场斗争的辉煌的代表性人物。

后世在谈论大禹治水时,往往有人曲意褒贬,把治水成功的功劳完全归在禹的身上,把失败的责任则全部推到鲧的头上,这也是不公正的。禹治水以疏为主,这无疑不同于鲧,但禹的方法是有鉴于单纯障的教训而总结出来的,是障的方法的合乎规律的发展,不能无视鲧的治水成就,数典而忘祖,这是其一。其二,禹治水也不是单纯的

---

① 《史记·夏本纪》对大禹治水的活动概括叙述为:"禹乃遂与益、后稷奉帝命,命诸侯、百姓兴人徒以傅土。行山表木,定高山大川。……左准绳,右规矩,载四时,以开九州,通九道,陂九泽,度九山。令益予众庶稻,可种卑湿。"

② 相传在大禹治水的过程中,数学也得到了发展。《周髀算经》写道:"故禹之所以治天下者,此数之所由生也。"汉代赵君卿进一步注解说:"禹治洪水,决疏江河……使东至于海。"虽然数的出现当在早于禹的远古结绳记事时代,勾股定理的发明未必肯定就在禹的时候,但禹治水过程中定然离不开原始的数学计算,治水本身也会对数学的发展有所推动。

③ 《吕氏春秋·乐成》。

疏导，他还吸收了前代的经验，用堤埂作治水的必要辅助手段。《禹贡》中记载有"九泽既陂"的话，陂就是湖泊、池塘周围的堤埂。陂的利用说明了禹对障的方法的继承。特别在开始治水的时候，人们为了保护生产和生活的进行，必然要依靠这种土围子和堤埂。"禹之时天下大雨，禹令民聚土积薪，择丘陵而处之"[1]，就是说的这种情况。在洪水未治之前，择平原上较高的"丘"避水居住，是合乎情理的。当时在治水的重点地区兖州（今鲁西、豫北一带），较少有山，而以丘名的高地却有许多，如《禹贡锥指》卷三所统计，在今濮阳、浚、滑等县境内，就有帝丘、旌丘、瑕丘、铁丘、清丘、敦丘等这样的高地。但丘的高程有限，需要土围子来辅助，而"聚土"，大约是用来修筑土围子的。不仅在治水之前是这样，即使在人们"降丘宅土"之后，也离不开堤埝和土围子的保护。因为，那时的黄河并不是像今天的两岸有系统堤防的黄河一样，而是主流所经即为河床。平时河水容纳于河床之中，而在洪水到来的时候，难免要四处漫溢。好在黄河洪峰流量也不顶大，洪峰维持的时间也只有几天[2]，依靠土围子临时保护一下，住在较高的地带也就可以勉强度汛了。《礼记·祭法篇》载："禹能修鲧之功"。《国语·鲁语上》载："禹能以德修鲧之功"。三国时人韦昭解释"修鲧之功"说："鲧功虽不成，禹亦有所因，故曰修鲧之功"。也就是说，禹在疏导之外，也吸取了鲧障洪水的经验作辅助，所说极是。

　　大禹治水的传说在治河史上处于这样的阶段：在它以前，防洪主要依靠堤埂和土围子，而在春秋战国以后，又演变为以系统堤防为防洪的主要手段。禹所采用的疏导办法，较之相传的共工和鲧所采用的"障洪水"[3]的办法进了一大步，可以照顾到更大的范围。"疏"否定"障"，这是治河思想上第一次重要发展。疏浚的办法日后又进一步演变为堤防的办法，从而实现了由被动防水到积极治水的新飞跃。"堤"否定"疏"，这是治河思想上的第二次重要发展。"堤"是"障"的更高一级的循环，是"疏"的再否定。"自然界的一切，归根到底是辩证地而不是形而上学地发展的"[4]，治水思想也

[1]　《淮南子·齐俗训》。

[2]　和长江洪水比较，黄河洪水的特点就比较清楚了。从近代情况来看，黄河年径流量大约只是长江的 1/20。二者洪峰流量相差也比较大，其中黄河（秦厂站）洪峰流量大于 1 万（立方米每秒）者不到洪峰总数的 5%，而长江（汉口站）超过 4.7 万（立方米每秒）者已达洪峰总数的 5.5%；从一次洪峰持续时间来看，黄河下游洪水"一日之间昼减夜增"（《汉书·沟洫志》），危害最大的伏汛，"洪水来急去速，猛涨暴落，持续时间不过几天"。峰形尖瘦，黄河花园口站洪峰相对陡峻度高达 0.789。而长江下游洪水涨落速度较慢，峰形矮胖。长江汉口站洪峰相对陡峻度仅有 0.02。参阅钱宁、周文浩著《黄河下游河床演变》。

[3]　同[1]。

[4]　《马克思恩格斯选集》第 3 卷，第 62 页。

同样呈现出"障"—"疏"—"堤"的辩证发展过程,当然,"障"和"疏"是对立的统一,它们在一定的条件下是可以互相转化,相辅相成的。在以疏导为主的时候,辅之以土围子,在以堤埝为主的时候,也辅之以疏浚。日后,"障"和"堤"更辩证地统一在一起,形成了"束水攻沙"的新的治河思想。从这个意义上讲,大禹治水在我国治河发展史上占有重要的地位(图2)。

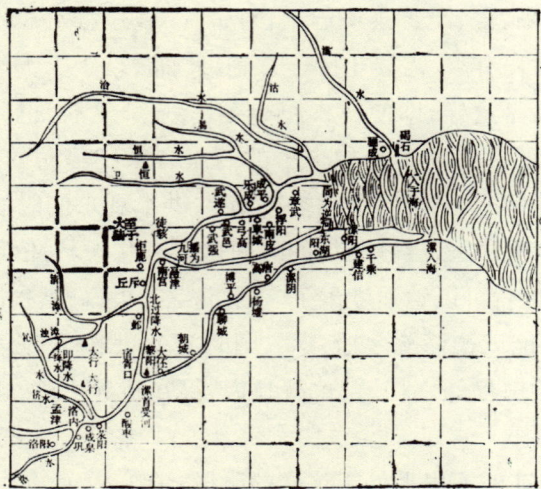

图 2　禹河经行图(选自胡渭《禹贡锥指·导河图》)

二

　　上面我们分别讲到传说中禹治水的活动和他们所采用的技术措施。但是,那时是否有可能成就如此规模的治水工程呢?禹治水是否真有其事呢?

　　本世纪二十年代,在我国历史界存在有疑古的思潮,对传说时代的古史材料颇多怀疑。大禹治水的传说最完整,流传最广,影响最大,因此议论也最多。有人怀疑禹治水是否真有其事,还有人把禹治水的传说和西欧的洪水神话相提并论,这是不恰当的。首先,春秋战国时期有关禹治水的记载颇多。那时,诸子百家作为不同阶级和派别的不同思想流派,他们之间的争论是十分激烈的。但在互相指责和互相揭发的过程中,不仅没有谁提出过对古代这件极其轰动的事件的怀疑,而且对洪水发生的时间、规模、主要技术措施、施工时间的长短和主要成就的说法都大体一致,可见,大禹治水的活动绝非后代所编造[①]。此外,大禹治水的传说和西欧的洪水神话也有实质的不同。欧洲的神话从遍于世界的洪水引出人类的起源和再造的结论,这是洪水的现

――――――――――――
① 参见徐旭生著《中国古史的传说时代》。

实"对于人们所引起的一种幼稚的,想象的,主观幻想的变化,……所以它们并不是现实之科学的反映"①,因此,甚至成为古代宗教制造上帝创造世界的迷信说法的根据。而大禹治水的传说则不然,滔天的洪水并未毁灭人类,人们不仅没有逃上"挪亚方舟"和被上帝所拯救,而是原始公社的人们在他们的领袖的领导下,总结和发展了先辈的治水经验,用自己的双手和自己制造的劳动工具,经过十多年的艰苦努力,制服了洪水,这是治水现实的真实写照。大禹治水的名称所代表的,正是劳动人民的治水斗争。

那么,真实的情况可能是怎样的呢? 禹时尚未发明文字,那时人类的突出活动用传说的形式口口相传。到了文字发明以后,才为后代所追记。禹治水的活动正是这样一种历史传说。既然是传说,自然会有差异,后人的追记也会因而有所夸大,而且后代其它一些治水活动,也会由于禹治水的成就卓著,而附会到禹的身上。因此,如果我们把大禹在黄河下游的治水活动,理解为从禹以后直到西周(铁器时代以前)劳动人民治水成就的集合,可能比较接近历史真实。其次,在先秦诸子的记载中也提到禹治水的范围达到江、汉、淮、汝诸水。是否禹时江、淮、河、汉一同发水,治水区域一定遍及长江、淮河? 也无从考察。不过古代劳动人民早已在长江、淮河流域劳动、繁衍,也必然会开发水利,治理水害。传说住在今天淮河下游以及苏北和山东东南沿海一带的是夷族,其首领伯益就曾和大禹协作,共同治水。这是最早的各氏族团结治水的范例。各地区、各氏族防洪治水的成就,大约也因为禹治水的声名远播而包含在一起了。再次,有的记载提到禹"凿龙门"、"辟伊阙",这又是怎么一回事呢? 龙门在陕西韩城县与山西河津县之间的黄河上。伊阙则在洛阳的南边,两山夹峙如门。黄河和伊水分别在其中流过。这本是大自然创造的奇迹,是千万年地质变动和水流冲刷的结果。古时科学不发达,把自然力的创造疑为鬼斧神工,而谁能做出这样伟大的工程来呢? 这种猜测自然地附会到以治水闻名的圣人身上,正如"非禹其谁能修之"②的推想所表达的。这又是自然现象的附会。传说中夹杂着这样一些附会是很自然的事情。这种时间、地域以及自然现象的附会更加强了禹治水的传说色彩。不过,历史传说是以历史事实为基础的,在这点上它根本不同于神话。那么,大禹治水又为什么如此突出和著称,以至掩盖了后代其他类似的治水活动呢? 我们再从社会原因方面来考察。

三

传说中大禹治水规模巨大,成就卓著,是整个社会的集体行动,其影响会波及到

---

① 《毛泽东选集》,第 319 页。
② 《左传·襄公二十九年》。

社会的各个方面,对社会发展产生重要的影响。那么,大禹治水与我国奴隶制国家政权的形成之间是否存在着某种联系呢? 作为一种可能性,我们作如下初步探讨。

禹治水是发生在原始公社正在向奴隶社会过渡时期的事情。那时生产力已较前代大为进步①。传说甜酒的酿造也是从禹的时候开始的。酒的酿造说明农产品除氏族本身吃用外,还进一步有了剩余。龙山文化遗址的考古发掘证明,"墓葬形制大小不同,随葬品的多寡也很悬殊,这可能表明当时已出现了私有财产和贫富差别,而处于原始氏族的解体阶段"②。对龙山文化遗物的碳素测量表明,其时代大约相当公元前廿一世纪③,正是禹的时代。这时战争中的俘虏就不必再被杀掉,而被捉来充作奴隶。私有制发展的结果,出现了阶级、阶级压迫和阶级斗争,原始公社开始瓦解,奴隶制生产关系开始出现。这和传说中禹时社会的变化是一致的④。这时,正如恩格斯所指出的:"氏族制度已经过时了。它被分工及其后果即社会之分裂为阶级所炸毁。它被国家代替了。"⑤ 关于国家起源,作为背景材料,我们仅作如上简单叙述。下面我们着重探讨奴隶制国家政权机器的形成和大禹治水之间的联带关系。

在我国,由原始公社到奴隶制的转变,其间大约经过了数百年的时间。而标志着这个转变的完成,即奴隶制国家政权的出现是从何时开始的呢? 从历史传说中分析,奴隶制国家政权的出现,恰好处在大禹治水以后。说明这一变化的最明显不过的事情是由禅让制到世袭制的转变。在禹以前,部落联盟议事会议的首领是通过选举的形式产生的,著名的尧舜禹禅让的传说就是如此。但从禹开始,禅让的传统被破坏了。禹的儿子启用武力夺取了禹原来的职位,开始传子世袭制。奴隶制国家最终形成了。这就是传说中我国第一个奴隶制国家——夏王朝。除了由禅让制到世袭制的转变之外,传说中能够说明治水与奴隶制国家形成间的联带关系的还有以下两件事:

第一,地域的划分。《山海经·海内经》中说,"禹卒布土,以定九州";《淮南子·修务训》也说,"禹……平治水土,定千八百国"。特别指出治水以后出现了新的社会组

---

① 传说中有多处提到那时已应用铜器。古史《越绝书》载风胡子说:"禹穴之时以铜为兵,以凿伊阙,通龙门,决江导河,东注于东海"。明确地说,禹的时候已经有了铜制兵器,并用以治水,这还有待考古发掘来证明。

② 参见《新中国的考古收获》,第 20 页。

③ 见《考古学报》1975 年第 1 期《磁县下潘汪遗址发掘报告》。其中提到,对下潘汪龙山文化遗存的蚌刀残片年代测定,其年代距今 4050±95 年(公元前 2100±95 年)。这与被推定为夏的年代即公元前约 21 世纪至公元前 16 世纪基本相符。

④ 《礼记·礼运》中说:禹以前的社会状况是,"大道之行也,天下为公。……货恶其弃于地也,不必藏于己(产品公有),力恶其不出于身也,不必为己(各尽所能)",是公有制的原始公社制。而禹之后,则是"货力为己(财产私有),大人世及以为礼(世袭是合理的制度)"的私有制国家。

⑤ 《马克思恩格斯选集》第 4 卷,第 165 页。

织形式,治水后正式划分的州,国与由血缘关系形成的原始公社的氏族部落不同,已经成为一种地区行政区划。而"国家和旧的氏族组织不同的地方,第一点就是它按地区来划分它的国民"①。值得指出的是,在我国古代第一篇系统地理著作《禹贡》中,作者把全国的地域按行政区域划分为冀、兖、青、徐、扬、荆、豫、梁、雍九州,并把九州的划分和大禹治水直接联系起来,这恐怕不是偶然的。

第二,权力的分配。《国语·郑语》中说:"夏禹能单平水土以品处庶类者也"。这句话是什么意思呢? 韦昭注解说:"单,尽也;庶,众也;品,高下之品也。禹除水灾,使万物高下各得其所。""使万物高下各得其所",当是等级和阶级的划分。社会以明确的形式划分为统治阶级与被统治阶级,在统治阶级中又区分为权力高下不等的若干阶层或等级,这是国家形成的又一个标志。

那么,我国第一个奴隶制国家政权为什么恰恰形成于大禹治水之后呢? 治水在国家形成过程中究竟起着什么样的作用呢? 要回答这个问题,让我们先来看看类似的例子。恩格斯曾经指出:社会划分为阶级,"而同一氏族的各个公社自然形成的集团最初只是为了维护共同利益(例如在东方是灌溉)、为了抵御外敌而发展成的国家,从此就具有了这样的目的:用暴力来维持统治阶级的生活条件和统治条件,以反对被统治阶级"②。在这里,恩格斯指出,东方存在有由于维护灌溉的共同利益而组成的机构日后演化为国家机器的情况。他所说的东方是古代的波斯和印度。也有由军事指挥机构演化为国家机器的情况,如古代的德意志。那么,我国是否存在这种由原始公社维护共同利益的组织,演化为奴隶制国家机器的情况呢? 可以认为,治水过程中形成的领导机构有条件演变为国家机器。这是由于治理洪水是牵涉范围很广的事情。当时洪水为害如此严重,成为各氏族部落共同的生死悠关的头等重要问题。因此,各个部落不仅要通力合作,而且也需要强有力的统一领导,需要组成固定的领导机构,去大规模地组织人力物力。这时各部落公推的领袖人物就获得了部落联盟议事会议的首领从未有过的权力。在古史的传说中,有这样一件事:"禹朝诸侯之君会稽之上,防风之君后至,而禹斩之"③。禹专断地处决了参加会议迟到的氏族部落首领,说明紧迫的治水任务已使他拥有至高无上的权力和威望。可见,在长时间的治水过程中,形成了一套严格的领导机构,领袖人物也以专断代替了民主。这时禹和其他氏族首领不再是平等的协商关系了,而代之以新的隶属关系即国王和诸侯的臣属关系。

治水领导机构对于国家政权的形成是有重要意义的。在西方氏族社会(例如德

① 《马克思恩格斯选集》第 4 卷,第 166 页。
② 《马克思恩格斯选集》第 3 卷,第 188 页。
③ 《韩非子·饰邪》。

意志）中，军事首长的扈从队制度日后演变为奴隶制国家机器的重要组成部分，因此它"促进了王权的产生"①。在我国，大禹治水过程中形成的制约各氏族部落的领导机构，当是奴隶制国家机器的前身，因而，治水本身也像化学反应中的催化剂一样，在奴隶制国家的形成过程中起着促进的作用。这大约是我国第一个奴隶制国家政权为什么恰好出现在禹治水之后的缘故。而大禹治水与奴隶制国家政权的出现有如此密切的联系，当是这次治水特别著称的社会原因。

★本文写作中得到姚汉源教授指导。

（本文原载于《武汉水利电力学院学报》1978 年 3 ～ 4 期，个别文字有修订）

来風来雲来際来會稽禹功

之南之北之東之西興儥狟

周魁一题浙东运河联

---

① 《马克思恩格斯选集》第 4 卷，第 141、149 页。

九州区划与江河命名①

谭徐明

《尚书·夏书》称禹治水:"通九道,陂九泽,度九山。"这是先秦时对夏朝疆域的大致划定。夏还以"四渎"为其疆域东南西北的四至,"东为江,北为济,西为河,南为淮"②。济水发源河南济源市,其水道后为黄河所夺,流经今河南郑州、封丘,山东定陶、东平、济南,至博兴入海。其时黄河在河北沧州以北入海。这个范围正是分布在山西南部、河南中西部和山东西南即二里头夏文化遗址范围。这一切与治水密切相关。

先秦时期诸子阐释疆域往往以禹治水而后水落州分为起源,遂引申到最早的行政区划——州。以禹为首的华夏部落与不同区域不同氏族治水的行动,加速了各氏族间的融合,各部落认识了部落领地以外更大范围的山川江河,使江河成为政区最早划分的依据,并在后世多有沿袭。《山海经·海内经》:"禹卒布土以定九州"。《禹贡》的九州为:冀、兖、青、徐、扬、荆、豫、梁、雍。③ 同时期成书的《周礼·职方氏》则为冀、兖、青、扬、荆、豫、雍、幽、并九州。不同文献表述的九州略有不同。两者的出入是《禹贡》徐梁二州,而《周礼》为幽并二州,这一差异是因为《禹贡》与《周礼》成书时间不同,周天子封地有所不同,或反映了不同区域的开发程度和人口密度。《淮南子·修务训》:"(禹)平治水土,定千八百国。"这是汉代人对治水与政区因果关系的阐释。

与九州同时被记载的湖泊和江河,是中国疆域最早获得命名的水体。到战国时人们将诸侯国领地与九州所在一一对应:"何谓九州? 河汉之间为豫州,周也。两河之间为冀州,晋也。河济之间为兖州,卫也。东方为青州,齐也。泗上为徐州,鲁也。东南为扬州,越也。南方为荆州,楚也。西方为雍州,秦也。北方为幽州,燕也。"④

---

① 本文为谭徐明著《中国古代物质文化史·水利》节选内容。

② 《史记·殷本纪》卷3,中华书局1962年版,第97页。

③ 《九州山川实证总图》,成图于南宋淳熙四年(1177年),作者依据《禹贡》山、河、湖、海及九州疆域的记载绘制而成。图中的文字标注古今(夏与南宋)的沿革,凡宋代建置用阳文,地名套以黑圈,山河名加方框,河道变迁辅以说明。

④ 《吕氏春秋·有始览》,《诸子集成》六,中华书局1957年版,第125页。

九州与春秋战国诸侯国的疆界划分成为中国政区划分的基础(表 1-1)。

表 1-1　《周礼·职方氏》记载的九州范围及水资源分布情况表

州名	相当于今范围	主要江河湖泊分布
扬州	淮河中游以南到海,即今江苏南、上海、安徽东南、浙江东部	泽薮:具区(即今太湖) 川:三江,指长江下游及太湖一带的河道网 浸:五湖,泛指长江下游太湖平原诸湖
荆州	长江中游及汉水下游以南的地区,即湖南、湖北及江西部分地区	泽薮:云梦及今长江两岸沼泽 川:江水和汉水,指长江及汉江中游 浸:颍、湛指今长江中游涢水和沮漳河
豫州	大致相当于今河南省	泽薮:圃田,在今郑州、开封间,与黄河通,北宋以后为黄河泥沙湮没 川:荥、雒,即今颍河和洛河 浸:波溠,即今汝河和唐白河
青州	今江苏、安徽的淮北,河南东部,山东南部及半岛大部	泽薮:望诸,今豫东和鲁南一带的古湖泊,已湮没 川:淮水和泗水 浸:沐水和沂水
兖州	今山东西南及北部、河南北部、河北东南部	泽薮:大野,今山东巨野东北至东平一带古沼泽湖泊,已湮没 川:黄河和济水,已湮没 浸:卢维,指古漯水及汶水
雍州	今陕西、山西黄河以西地区	泽薮:弦蒲,在今陕西陇县以南,千水两岸的古沼泽地 川:泾水及支流油水 浸:渭水和北洛河
幽州	今河北东北部,辽宁南部及山东半岛东端	泽薮:貘养,今山东莱阳东的古沼泽地 川:河水和济水 浸:即淄水及其支流时水
冀州	今山西和河北省南部	泽薮:杨纡,西汉时称大陆泽和宁晋泊等 川:漳河 浸:汾水和潞水
并州	今河北省西北部,山西北部	泽薮:昭余,在今汾河东山西介休东北至祁县以东,已湮没 川:虖池、呕夷,即滹沱河及永定河 浸:涞水、易水

何谓"九河"？自战国时期至西汉著作《尚书》《山海经》《吕氏春秋》《周礼》《淮南子》大同小异，反映了相应时期江河流域的开发程度。西汉《淮南子·地形训》对江河水系的阐释最有代表性："何谓九薮？曰越之具区，楚之云梦，秦之阳纡，晋之大陆，郑之圃田，宋之孟诸，齐之海隅，赵之巨鹿，燕之昭余。……何谓六水？曰河水、赤水、辽水、黑水、江水、淮水。"[①] 六水中不含先秦四渎中的济水，西汉末年黄河屡屡决溢夺济水水道，时济水已经为鸿沟水系所取代。此外西汉对江河地理的认知从中原扩展至东北地区。12 世纪时，南宋人将先秦记载的九州、九薮落实到当时的地图上，一千多年的行政区沿革，河流湖泊演变，南宋人已经把握得非常清晰。

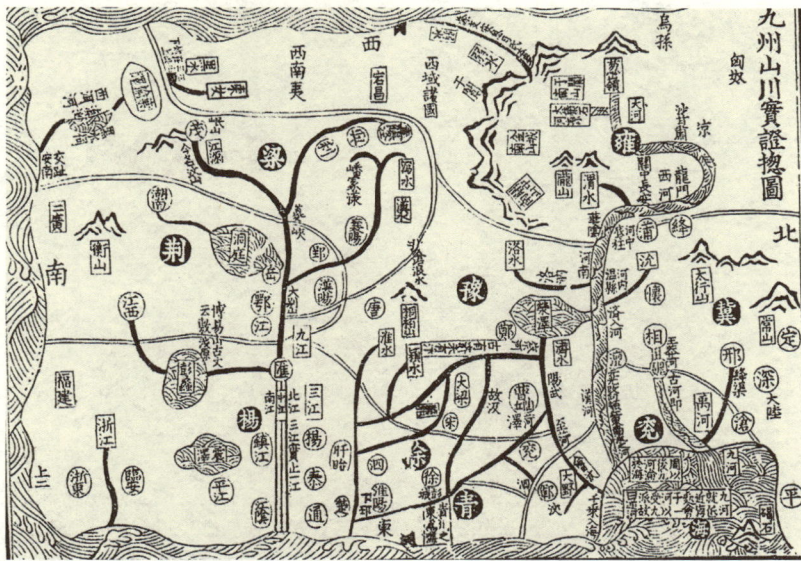

南宋《九州山川实证总图》中九州与九薮的分布

① 《淮南子·地形训》，《诸子集成》七，中华书局 1957 年版，第 56 页。

大禹：从传说到现实

邱志荣

本文发表于 2020 年 10 月 26 日《人民日报》海外版

　　近年来，全国各地出现大禹文化活动日益活跃的迹象；在中国和周边国家，人们日益重视汇集、整理历代相关水利文物、历史文化遗存，对大禹在人类共同遗产价值中的社会效果，形成了更深刻的认知。

大禹，是中国远古时代治水英雄的杰出代表和民族精神象征。当今来看，大禹治水的核心思想是"天人合一"，核心价值是凸显人民利益，核心精神是"献身、求实、创新"。面对着滔天洪水，体现东方智慧的治水过程，体现在大禹带领民众，忘我治理水患，直到"地平天成"；与西方文化中诺亚方舟式的对待自然态度相比较，体现了不同价值取向与方法，产生了不同的结果和文化传承。

大禹文化和大禹精神在历史发展过程中早已超越了区域与国界。直至今日，大禹文化在许多国家和地区有持续不断的传播和影响力。

大禹父子可称为第一代"河长"

据《史记·夏本纪》载："当帝尧之时，鸿水滔天，浩浩怀山襄陵，下民其忧。尧求能治水者，群臣四岳皆曰鲧可。"这是说，当天下洪水滔滔，水灾为民众大害之时，最高统治者尧把选取治水首领当作头等要事。最后在有争议之中选定了鲧为治水责任人，并严明责任要求。

当代科学调查发现，当时洪水滔天的险恶环境，应该真实出现过。在我国滨海地区，卷转虫海侵引起沧海变幻，海水倒灌平原；在江河上中游，有极端气候出现或者地震导致山崩地裂形成巨大堰塞湖，造成水道变迁、洪水泛滥的自然现象。鲧治水是继承前人经验"障"和"堙"的做法，也就是用泥土筑堤防把聚落和农田保护起来，这个治水过程虽然失败了，但却为大禹提供了可供借鉴的经验。《吴越春秋·越王无馀外传》载：禹"循江，溯河，尽济，甄淮，乃劳身焦思，以行七年。闻乐不听，过门不入……"大禹采取了"疏"的办法利导江河，即"决九川距四海，浚畎浍距川"（《尚书·益稷》），这一做法取得了良好的效果。

鲧、禹治水的传说流传广泛，影响深远；而最具影响力的则是其代表的中华民族传统美德和治水精神，今日则概括为献身、负责、求实的水利行业精神，也成为中华水文化的基石。

链接——历史记载中的大禹与汶川、绍兴

关于禹兴西羌和大禹归葬会稽多有历史文献记载，《史记》是最权威的文献之一：

《史记·六国年表》：故禹兴西羌……《集解》皇甫谧曰："孟子称禹生石纽，西夷人也。"

《史记·夏本纪》：十年，帝禹东巡狩，至于会稽而崩。以天下授益。

禹迹在汶川和绍兴最多

几千年来，大禹文化源远流长、代代相传。

释比文化传承人进行大禹文化展示

四川汶川为汉代汶山郡的核心区、古西羌腹地。"大禹兴于西羌"及治水业绩,在岷江两岸广为流传;"石纽投胎""大禹出世""禹生禹穴""禹生刳儿坪",生动丰富。2020年,以大禹的诞生为核心文化内容的《汶川禹迹图》编成。这是四川第一张以县域为单元,完备、系统编录大禹文化遗产的分布图。在汶川、理县、茂县、松潘、小金等地,共查找到禹迹79处,其中宫庙祠遗址类18处、山名(洞、池)类18处、地名类11处、碑(石)刻类15处、地名(村名)类15处,其他2处。著名的禹迹有"石纽山""禹穴""涂禹山""天赦山""飞沙关""刳儿坪""洗儿池""景云碑""吞碑树"等,其中汶川最多。

今天,大禹文化中心和最为活跃地区当属浙江绍兴。绍兴大禹文化的形成和研究可以上溯至越王勾践时期。他在建设越国都城时同时建立禹庙,又在临终前对太子兴夷说"吾自禹之后",自此奠定了大禹文化在越地的基石。

目前,绍兴大禹文化的研究正朝着更系统、精准,多学科、跨区域、国际化方向发展,其主要可分类为自然地理、人文历史、文献、祭祀、传说、地名、艺术、传播等内容。

2018年,中共绍兴市委宣传部和绍兴市鉴湖研究会联合编制了《绍兴禹迹图》,汇集了以大禹治水为主体的历史文献记载、重要传说故事、现存纪念建筑、地名等。共有禹迹127处。其中陵、庙、祠类21处,地名类22处,山、湖自然实体类25处,碑刻、摩崖、雕塑类59处等。这些禹迹主要分布于近代绍兴行政区域,其中萧山、余姚各两处。

2019年,在《绍兴禹迹图》的基础上,《浙江禹迹图》也编成出版。通过考释研究及实地考证,该成果记录了"浙江禹迹"209处,"防风氏遗址"4处,"越地舜迹"37处,"浙江大禹前后时代新石器文化遗址"30处。

2019年,数字版《浙江禹迹图》由浙江大学联合哈佛大学地理分析中心共同推出,这是一个线上学术地图平台,实现GIS与人文学科学术研究的结合。

《绍兴禹迹图》《汶川禹迹图》先后编制完成,标志着大禹出生和归葬之地全部的禹迹路线和相关历史遗存,已互补互证,串连为一个整体。这为研究大禹和大禹文化遗存提供了可信的资源。

《浙江禹迹图》局部（选自《浙江禹迹图》，中国文史出版社 2019 年版）

延伸阅读

禹，史前时代传说中的帝王，姓姒、名文命，又称大禹、帝禹。据考，禹所在的年代发生了大规模的海侵与特大洪水。相传，滔天的水灾使人民生存困难，于是帝尧先令鲧（禹之父）治理洪水，鲧采用"壅防百川，堕高堙庳（低）"的方法，历时 9 年未能成功。禹子承父业，受命继续治理水患，他总结吸取了鲧治水失败的经验教训，采取改堵为疏、因势利导的治水策略，前后历时十年，终于"地平天成"，治水大获成功。禹在治水的同时，还将天下划分为九州，《尚书·禹贡》载，"禹别九州，随山浚川，任土作贡"。

大禹是华夏族治水英雄和立国之祖，被尊为"绩奠九州垂万世，统承二帝首三王"。通过地理、气候和水利史的对应研究，关于大禹的记载和传说，许多都能找到具体的实证痕迹；只是祖先将诸多治理水患的史实都加载到大禹的名下了。

大禹文化在亚洲的流传

大禹文化是如何流传到东亚其他国家的？有学者认为是通过越族的流散传播。新的研究成果显示，大禹文化约在公元 5 世纪，就通过《论语》等儒家经典开始流传到了日本，随之深深扎根并得以弘扬光大。据记载，在 1500 年前，日本效仿大禹治理水患，成就卓著。因此日本以大禹为治国和道德楷模。如日本京都宫殿中的《大禹戒酒防微图》，便是以大禹的形象和精神来警示当政者要勤政爱民，防微杜渐，不沉迷酒色。日本自1989年开始启用的"平成"年号，则取自《尚书·大禹谟》中的"地平天成"。

日本国内崇尚大禹、祭祀大禹，成为民风习俗。自2006年起，日本的大禹文化研究专家、学者，开始编撰《日本禹迹图》。截止到2020年的统计，日本有禹迹140处；此外，还确定了《大禹遗迹认定标准》《禹王遗迹数据引用规章》等规范。

近年来，中日之间大禹文化交流互鉴日益频繁，并在周边国家的文化交流中发挥了积极作用。2018年，日本治水神·禹王研究会时任会长大胁良夫等4人在绍兴参加"2018年公祭大禹陵典礼"，参拜禹庙大殿，在禹王庙献上花篮，缎带上写着："一衣带水，缵禹之绪。"大胁良夫在之后回忆中写道："我看到大禹雕像前摆放着写有我们研究会之名的花篮，感激不尽，悄悄地把泪水擦干，不让别人察觉。自2011年第一次看到大禹雕像以来，没想到能迎来这一刹那，简直像在梦里。"

2019年，借绍兴学者编成《浙江禹迹图》之际，中日学者也达成共识，将共同编制《东亚禹迹图》。

除日本外，在朝鲜半岛上，与大禹有关的地名有8处，其中5处是自然地名。韩国还有较多"禹"姓及祭祀传承。在"禹"姓的发祥地就有7处与大禹相关地名，集中在咸兴附近和南部的洛东江流域。韩国的大禹文化传播在江原道六香山有禹王碑，这是1661年许穆从中国原碑的文字拷贝过来的，被称为"大韩平水土赞碑"。

自古以来，大禹就是东亚中日韩三国共同的信仰对象，至今仍根植于深厚的文化土壤之中。

从记载传说变为活态文化现实

由于大禹时代距今已有4000多年，时间之久远，除文献记载，就难以得到文字和考古的印证。但是，在大禹历史记载和活态传承的背景下，世世代代人们纪念光大大禹精神的文化印记，却真实存在而规模庞大。

近来，大禹文化的研究重点开始由"虚"转"实"，逐步转向汇集、梳理大禹文化史迹的规模并在此基础上重新发掘其历史、科技和社会价值。

"禹迹"主要指我国和周边国家文献中有关大禹治水活动所经过地区的传说记载，自古以来依然存世的大禹祭祀地点及建筑物，有关禹的碑记、地名、歌舞等。

禹迹图重点展示上述大禹文化的传承发展脉络和规模。

禹迹图是一种全新的大禹文化研究方法，所证明、显示的并不着重在大禹是否有其人、其在何地的治水业绩，而是展示大禹文化的传播脉络和历史传承不同区域和种类的特点。对照禹迹图，水利史、历史地理、考古、民族学等多学科都可以在同一个平台基础上展开合作。比如禹迹的发生与传播，往往体现了此地为自然灾害多发；禹迹与同一历史时期文化遗址有何关联？这些都可以从水利史、考古等领域进行科学探索。

通过禹迹图，我们可以思考和研究：为什么大禹文化会集中在那些地区、流域产生？历史上这些地区历史地理环境是如何演变的？主流禹文化的源头与传播路径是什么？大禹文化最核心的价值和意义？

令人欣喜的发现是：《汶川禹迹图》与"禹兴西羌"的文献记载高度一致，与农耕文化与治水文化有着客观上的逻辑印证，与古羌人的原始宗教信仰十分吻合，客观形象地向世人展示了汶川厚重的大禹文化积淀和深厚的文化内涵。

通过禹迹图的科学研究，人们也就可以分析出，在不同区域，传说中的大禹故事和遗存有何区别。如汶川之"禹穴"是大禹出生处的象征；而绍兴宛委山的"禹穴"，是大禹治水得天书，取得治水经验的地方，司马迁《太史公自序》记其"二十而游江淮，上会稽，探禹穴"——古人的智慧妙不可言，大禹治水文化具有多样性，丰富多彩。在不同的流域还是区域，"大禹"都有独特而鲜活的生命力。

链接——历史上大禹记载、故事与文化遗存

01 禹会诸侯，会稽得名

《越绝书》卷八记载，大禹曾两次来越，第一次："禹始也，忧民救水，到大越，上茅山，大会计，爵有德，封有功，更名茅山曰会稽。"

"会稽者，会计也"，追根溯源，是因传说大禹在"茅山""大会计"而名"会稽山"，再因此而名此地为会稽。

02 大禹治水毕功于了溪

禹溪村地处嵊州城北7公里处。据传，古时这里原是沼泽之地，庄稼常为洪水淹没，大禹治水到此，治水终获大成，"了溪"因而得名。史称"禹治水毕功于了溪"，就在此地。

人们为纪念大禹治水之功，建禹王庙，塑大禹像，并又将村名改为"禹溪"。近处的"禹岭"据说曾是大禹治水时弃余粮之处。宋代文人王十朋曾有《了溪》诗云："禹迹始壶口，禹功终了溪。余粮散幽谷，归去锡元圭。"

03 禹葬会稽

《越绝书》卷八等载，大禹第二次来越，病故并葬于会稽山。《史记·夏本纪》："帝禹东巡狩，至于会稽而崩"。大禹埋葬在绍兴，有了大禹陵、庙。绍兴的禹王庙，相传最早为启所建。《越绝书》卷八载："故禹宗庙在小城南门外，大城内，禹稷在庙西，今南里。"

《水经注·渐江水》记载：会稽山"山上有禹冢，昔大禹即位十年东巡狩，崩于会稽，因而葬之"。

04 大禹宛委山得天书

相传当年大禹在治水之始遇到艰难险阻,受玄夷苍水使者指点,便在若耶溪边的宛委山下设斋三月,得到金简玉字之书,读后知晓山河体势、通水之理,治水终于大获成功。此事《水经注》《吴越春秋》等经籍中均有记载。司马迁《史记·太史公自序》叙及"二十而游江淮,上会稽,探禹穴"中的"禹穴"即是大禹得天书处。"东游者多探其穴也"。

宛委山又称石匮山、石篑山,亦名玉笥山,位于绍兴城东南约 6 公里处,海拔 279 米,北连石帆山、大禹陵,南倚香炉峰,是会稽山中自然风光、人文景观的荟萃之地。

宛委山中今有一巨石,石长丈余,中为裂罅,阔不盈尺,深莫知底,传此洞即"禹穴",亦名阳明洞。口碑相传与记载相符。围绕着大禹文化,也相继产生了大量珍贵的文化遗存。

《〈汶川禹迹图〉的价值和启示》,发表于 2020 年 10 月 15 日《中国水利报》

2020 年 10 月 14 日《绍兴日报》对《汶川禹迹图》的介绍

禹风浩荡，遍行天下 ①

——绍兴大禹精神文化传承与弘扬的建议

邱志荣

一、站位国家高度

（一）从治水英雄，开国君王，东方文明始祖认识大禹及文化

（二）从秦始皇，康熙、乾隆祭禹看绍兴大禹陵的国家地位和意义

（三）从独特的会稽山尧、舜、禹文化传承开展中华文明起源的研究

尧郭图〔引自清·光绪二十年（1894年）《浙江全省舆图并水陆道里记》〕

二、立足越文化源头和发展

（一）大禹精神的核心

以人为本，忠诚国家；

---

① 根据绍兴市政协 2021 年 9 月 22 日第 16 场"请你来协商"活动安排，作者作了《禹风浩荡　遍行天下——绍兴大禹文化传承与弘扬的建议》建言，现将提纲编发，以供参考。

忍辱负重,建功立业。

(二)思想文化一脉传承

明代诗人陈子龙诗:"禹陵风雨思王会,越国山川出霸才"之评价。

越国"小城南门外,大城内"的"故禹宗庙";句践"卧薪尝胆","生聚教训";句践临终对太子兴夷说,"吾自禹之后";马臻献身修鉴湖;"绍兴"得名,蕴含复兴之意;陆游诗"但悲不见九州同";王阳明在大禹得天书之地宛委山阳明洞"修心","致良知";辛亥革命徐锡麟、秋瑾、陶成章慷慨赴死,气壮山河;鲁迅《理水》,传承弘扬大禹治水精神。大禹精神和文化形成了越地千古传承的风骨、风俗与风情。

(三)毛泽东主席的高度评价

"鉴湖越台名士乡","忧忡为国痛断肠"。

"痛断肠"就是自信、自觉与担当。

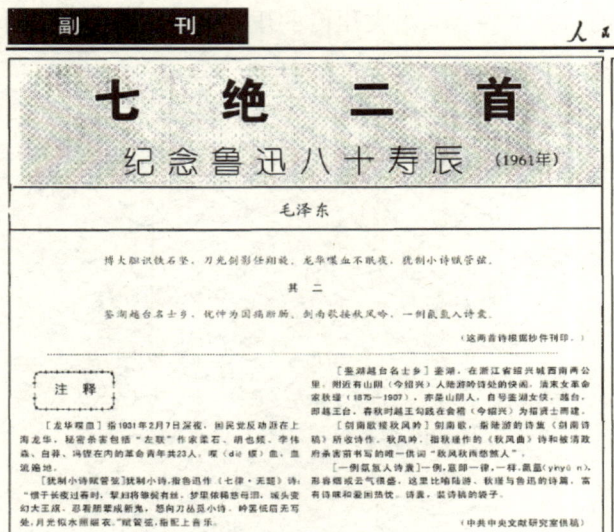

1996 年 9 月 20 日人民日报第 11 版毛泽东诗

三、创新文旅融合

(一)坚实基础研究

成立大禹文化研究学院,集聚人才,多学科和跨界、系统的融合,支撑和引领大禹文化的学术思想研究。

(二)打造文旅高地

集聚文化资源,以会稽山和大禹陵为中心,以诗路文化为载体,以大运河为纽带,以数字化为重要传播方法,树立大禹文化品牌,开展以研学为重点的大禹文化旅游。

通古贯今，开展丰富多彩的尧、舜、禹文化民间祭祀活动，如各类民祭，大禹庙会，舜虞文化旅游节等。

2017 年绍兴虞舜文化旅游节

《嘉泰会稽志》记："三月五日俗传禹生之日，禹庙游人最盛，无贫富贵贱，倾城俱出。士民皆乘画舫，丹垩鲜明，酒樽食具甚盛。宾主列坐，前设歌舞。小民尤相矜尚，虽非富饶，亦终岁储蓄以为下湖之行。春欲尽，数日游者益众。千秋观前，一曲亭亦竞渡不减西园。"民谚云："桃花红、菜花黄，会稽山下笼春光，好在农事不匆忙，尽有功夫可欣赏。嬉禹庙，逛南镇，会市热闹，万人又空巷。"

（三）沿着禹迹面向世界

一张宏图绘到底。持续和精心编制高标准、高品位的《中国禹迹图》《东亚禹迹图》，通过禹迹图开展学术研究、实现共同认知、推进文旅国际化。

大　禹

（民国）三十五年工程师节讲演稿

徐世大

　　六月六日的工程师节是在民国二十九年中国工程师学会开年会于成都时所议定的，这是大禹的生日。

　　大禹是我们中华民族古代的圣王。因为年代的辽远，记载的散失，实物的未经开掘，我们对于伟大的禹王事迹知道的不多。又因后人崇拜大禹，他的事迹多少带点神话色彩，于是有人怀疑到大禹本人的存在，甚至因他的名字有虫的意思，竟说他是虫而不是人。但这对于工程师奉大禹作典型而以其生日作为工程师节是不发生问题的，因为我们所崇奉的大禹是记载上的大禹，他的人格，他的功绩，正是我们现代工程师所应该具有而向往的。

　　讲到大禹，就联想到治水，我们知道各民族都有洪水的传说——有人就据此以为现代民族出于一源之证。但对于洪水的起源和终了，各处传说并不完全一样。希伯来民族的传说，是上帝要消灭一切恶人而只留挪亚一家。中华民族的洪水起源，传说似乎只是水灾，而洪水的终了，是大禹王的治导的成功，中间还经过禹的父亲鲧治水的失败。《孟子》上说禹治水的故事：

　　"当尧之时，天下犹未平，洪水横流，泛滥于天下。……尧独忧之，举舜而敷治焉。舜使……禹疏九河，瀹济漯，而注诸海；决汝汉，排淮泗，而注之江，然后中国可得而食也。"

　　又《尧典》：

　　"帝曰，咨，四岳，汤汤洪水方割，荡荡怀山襄陵，浩浩滔天，下民其咨，有能俾乂。佥曰，于鲧哉！帝曰，吁，咈哉，方命圮族。岳曰，异哉，诚可乃已。帝曰，往，钦哉。九载，绩用弗成。"

　　大家不要忽略了这一点点的分别，因为这里表现了中华民族的精神。我们的先民是特殊有工程师头脑的，不但我们在防洪治河方面，有比任何民族为早的史记，在其他方面，我们的利用，不但不后于人，而多半在人之先。举例言之：

（1）灌溉。巴比伦和埃及都先有。我们的史记在战国初期，史起的引漳，而我们在秦时所遗留的都江堰，至今存在，前者约在耶稣纪元前4世纪，后者在前3世纪。

（2）运渠。是我们最早，开始于吴王夫差的开邗沟，在前五世纪。秦时所开的灵渠，沟通湘漓两水，在前3世纪。隋时（7世纪初年）开大运河，尤是古时工程的奇绩。

（3）凿深井。在新式凿井机械未发明前，我们在秦时（前3世纪）已开始在四川凿盐井，其后到晋朝（3世纪）更有火井，有深至二三千尺的。

（4）水力利用。相传是诸葛武侯创造水轮，用以灌田。在晋初石崇在洛阳有水碓三十区，因此致巨富，这都是在3世纪，至今讲水轮发展历史者，不能不引到中国的水碓。

（5）厢闸。运河中横筑两闸用以调节水位，俾通航船，中国在宋初就有（十世纪），而欧洲到在十一世纪才见于荷兰。

（6）造船。据《马可·波罗游记》，在那时到印度的航海船舶，以中国的为最大、最安全。

（7）桥梁。我们的绳桥，悬臂桥都发明得很早。

（8）化学工业。如造纸，瓷器都是我们的发明。

因为中华民族是具备工程师头脑的民族，正德，利用，厚生，是工程师立己达人的目标，而大禹却是达到这目标的典型人物，工程师以大禹生日为工程师节，其用意是绝深刻的。

大禹的人格，随便摘下了几条传说或评论来描写：

（a）"子曰禹，吾无间然矣，菲饮食而致孝乎鬼神，恶衣服而致美乎黻冕，卑宫室而尽力乎沟洫……"《论语·泰伯》。

（b）"禹八年于外，三过其门而不入"……《孟子·滕文公章》。

（c）"禹恶旨酒而好善言"……《孟子·离娄章》。

（d）"曰，后克艰厥后，臣克艰厥臣，政乃乂，黎民敏德。"——《尚书·大禹谟》。

（e）"德维善政，政在养民，水，火，金，木，土，谷，惟修，正德，利用，厚生，惟和。"——同上。

（f）"帝曰，来禹降水儆予，成允成功，惟汝贤。克勤于邦，克俭于家，不自满假，惟汝贤。汝惟不矜，天下莫与汝争能。汝惟不伐，天下莫与汝争功。"——同上。

把这几条综合起来，正是工程师人格的反映：（1）工程师应该利用物质和控制物质来养民，来厚生，水，火，金，木，土，谷，乃是六种主要物质的分类，现在所利用的，大部分还脱不了这范围。（2）工程师应该公而忘私，国而忘家。工程师艰苦地工作着，治河，修桥，造铁路公路，发明机器，管理工厂，制造各种物质，无非为人群谋福利，而自己的享受完全后靠，甚至可以过家门而不入。（3）工程师一定得负责，而其负责的精神，也远胜于其他工作者，因为工程师的失败是极显而易见的，正如鲧的失败是显见的，所以大禹说出（d）条的话来，凡事的成功在办事人层层地艰难的自觉而不肯疏忽。（4）工程师是最应该虚怀的，工程是智识和智慧的产物不是玄想：也不是固执所能成功的。所以各国工程师的论文，都附有评论，备采纳各方面的意见或实例来求进步，这与其他文字发表大不相同。"禹闻善言则拜"正是工程师应取的态度。（5）工程师是创造者，没有一位创造者是自矜自伐的，以个人的见解而论，我常常体验到"成功的悲哀"，因为一切工程计划，都不是顶完美的，一桩工程在办理成功以后，才发现许多缺点，这时候正应自怨自艾，哪还有矜伐的心情呢？自怨自艾的境界，正是不断进步的原因，矜与伐是自满，工程师而自满，真所谓"其余不足观也矣"，大禹的不矜不伐，也是工程师人格的代表。

话得说回来，我们有完全无缺的大禹做工程师的祖师，我们又是一个具备工程师头脑的民族，何以我们在现代的工程建设上落后到如此呢？我们维原缘故：第一，人家的工程师，多是第一流的人才，我们在以前，第一流人才都集中在做官。第二，人家有科学，而我们没有，我们的圣贤都只在哲学玄学上兜圈子，没有树立起真正的科学。

以治水为例，我们虽然有二千年治水的历史，但竟未有像样的公式，根据实在尺度来计划的。我们读到：

"禹之行水也。行所无事也"。——《孟子》。
"水由地中行"。——同上。

我们只能感觉到，而不能计算出来，甚至如建都江堰的李冰"六字真言"所谓"深淘滩，低筑堰"，我们假若问"滩应该淘得多深，堰应该筑得多低"，便没有人能够回答了。我们知道罗马人建筑罗马输水道，已经知道水道大小，流水量，和水道坡降有关系。到了文艺复兴时代，达文起（Davinci）更知道了流速，和落差有关系。然而我们治河的原则如束水攻沙，如借清刷浑，到实用起来，都是可意会而不可言传，是艺术成分多于技术成分，工程的建设，安得不停滞不进呢！

又如现今治水者，一定得先懂水力学、水文学、气象学、地质学、结构学等方可计划，而实地工作还得许多专家来帮助设计、施工，才能达到目的，我们以前治水的，多半凭历史记载，纸上空谈，和个人的偏见来判断，例如禹河，古来有多少人在憧憬它的恢复，殊不知从禹到河始徙（周定王五年）一千六百多年（根据《词源》世界大事年表），因为黄河挟沙的特多，泛滥迁徙的频速，地形的变迁是如何的剧烈，怎能够顺利恢复？还有很多人以为禹疏九河"同为逆河，入于海"是应该遵守的法则，殊不知：（1）逆河即是潮水河，在当时地势低下，潮水上顶，或者可能到二百公里，现在海河的潮水就顶不到杨村或杨柳青，黄河在海口分歧的情形，和禹河一样，但因黄河坡度的峻陡，逆河更是短促，那么歧为逆河有何用处？（2）在常时，我们知道有许多沼泽容纳泛滥之水，例如大陆泽，这种沼泽，自然调节了洪水，同时也容纳了泥沙，所以出去的水比较多而清，可以维持九河历久而不敝，今日黄河的沼泽都已填满，如何可以梦想那时候的河道？

　　禹的治水用疏而成功,这是因为沼泽的功用,"鲧陻洪水"——而失败,乃是工程技术不够。按陻,塞也,有人以为即是堤防,误。大概鲧想拦河筑坝,不让洪水来的太快,因为工程浩大,所以筑了九年之久,但因那时没有筑大坝的技术,而想遏止就下之水性,所以《洪范》说他"汩陈其五行",现在工程技术昌明时代,黄河下游又无沼泽,我们正应该用鲧方法,把黄河的水陻于山中,一面让泥沙得以沉淀,一面利用水头来开发水力电(据前各方估计仅河曲到孟津可得八九百万马力),一面存贮洪水以免泛滥成灾。而在发电以后,或用电力引水以灌高地,或下输以通航运,这正是禹所未了之功绩,要待现在的工程师来完成的。

〔引自民国 35 年(1946 年)《水利》第三期第十四卷〕

康熙帝(右)、乾隆帝(左)禹庙联句(引自沈建中编著《大禹陵志》,研究出版社 2005 年版)

涂山禹迹谭

俞昌泰

古越大地,关于大禹治水、娶妻涂山、会稽天下诸侯、诛杀防风氏等传说一直传诵不绝,几乎家喻户晓,因而其境内也留下许多禹迹。本文要谈的禹迹仅限于涂山周围一带,以现有行政辖区来说,则指今华舍、安昌、齐贤三个街道内的禹迹。

关于涂山,国内多处地方都有这个称呼。但既是大禹陵寝之地,又有会计诸侯的会稽山,加上还是古代帝王最早前来祭祀的、三者兼备的涂山,国内仅仅只有绍兴这一处。

越地,古称"於越"。相传守护禹陵的是大禹六世孙少康帝庶子"无馀"。这之前,夏启就来大越祭祀祖宗,史载"启使使以岁时春秋祭禹於越,立宗庙于南山之上"后由无馀守护陵寝,既为方便祭祀,又为保护陵寝。秦统一六国后,始皇帝还亲到会稽山祭禹,命李斯作记,留下名闻天下的会稽刻石——李斯碑,可见祭禹是具有传承性的中国传统,不因朝代改变而中断。

但是,据史书记载,历代帝王或亲自或派人祭禹的地方,并非今天会稽山下的大禹陵,而是在现在的"西扆山"。西扆山,古代称作"涂山""西余山""西夷山",而后又称"旗山"。山在安昌街道办事处东南约 1 公里处,黄海高程 116 米,南北长 755 米,东西宽 710 米,面积约 0.4 平方公里。从山的西南方向看,该山极像"覆釜";从南面瞧,则形似三角旗;东面山坡有一形似"畚箕"的山坳,背靠主峰,左右两条山岗恰似椅子的"靠手",绍兴风俗,习惯称这种地形为"太师椅",风水极好。畚箕的底部是一块较为宽广的平地,面积 10 余亩。传说,当年大禹站在背靠主峰的高位面东而坐,左右诸侯分列在位置较低的两旁,他俯视各路诸侯,收纳了他们进贡的玉帛,又把迟到的防风氏诛杀于涂山东麓下的河畔,因防风氏的鲜血流入河中,染红了整条河,因此便被后人称为"红(虹)河"。

历史上,涂山顶峰原有大禹庙,始建年代不详。但从《郡国志》《十道四蕃志》等古籍中,可以看到涂山大禹庙立庙的经过,书中说:"圣姑从海中乘石舟张石帆至此,遂立庙。庙中有石船,船侧掘得铁履一量。"《会稽记》云:"东海圣姑乘石船张石帆至,二物见在庙中,盖江北禹庙也。"说明早在南朝以前,涂山就有了禹庙,那时的祭禹当然在今天的西扆山上，从而在西扆山四周留下了许多禹迹。

一、安昌境内

1. 涂山寺　涂山寺由禹庙演变而成。原建在山顶，元末，刘基随朱元璋的大军征讨浙东的方国珍，路过此地，看到安昌东有旗山（今西扆山），西有鼓山（今白马山），认为安昌有"王气"，后来必有与朱元璋争雄天下的豪杰出现。为消除后患，刘基令军士将旗山顶峰好似旗尖的禹庙搬迁至东面的山腰，又挖掘深沟，劈开了形似军鼓的白马山，如此，就破坏了风水。明代，峡山何诏后裔为了建造坟墓，又将禹庙迁至山脚下红河东岸，更名为"涂山寺"。原寺规模甚大，后遭毁坏，现在的涂山寺仅瓦屋数椽而已。

2. 红河与红桥　红河、红桥又作虹河、虹桥，在西扆山村。因大禹将不守时的防风氏诛杀于山脚下，防风氏的鲜血染红了整条河流，因而后世人把此河命名为"红河"。桥亦名为红桥。

二、华舍境内

1. 禹会乡　南宋时已有此名。至民国，华舍境内东面张溇、中潭、官华及东南温渎、人利、湖门一带仍称"禹会乡"，其乡公所所在地在张楼村张川庙内。

2. 禹会殿　禹会殿位于华舍街道办事处以东约 300 米处，旧属姚弄村。该殿始建年代不详。明以前因祭禹必到涂山，而当时的涂山在古西小江的对岸。由越城坐船沿浙东运河西至柯桥镇西段，再转折经中泽、湖门、华舍前村沿到达此地即需"拖坝"过西小江。当年西小江为潮汐河，内河船必须经过江堤（坝）才能到外江——西小江。船只拖坝时，坐客得下船，当时禹会殿只是官员临时歇脚的地点，后建成祭祀大禹的殿宇，盛时有五开间三进廊房。祭禹改在会稽山大禹陵以后，禹会殿"鹊巢鸠占"，被改作"关张殿"。20 世纪 50 年代初，殿门后背门楣上还有"禹会殿"泥金匾额一块，"大跃进"时此额被移作猪圈栏板。

3. 诸侯江　禹会殿东侧内河，南北向，最宽处约 15 米。因直对涂山山尖，好似群臣匍匐着朝拜大禹，因有此名。其西禹会殿北有一小村落，亦名"诸侯江"。旁有"姚弄堰"（俗称坝），为古代水利设施，堰北即古西小江。

4. 禹会桥　禹会桥在禹会殿东南不远处，桥北堍数米即禹会殿。原桥为平梁石桥，三孔，南北向，桥板西侧阳刻"禹會橋"三个繁体楷书字。原为张溇村以东兴浦、阳嘉龙、下方桥一带客旅到华舍镇的必经之桥，2001 年，被航管部门以妨碍航运为由拆除。

5. 涂山江　系穿越蜀阜村南北向的内河，古代河的北端即西小江，因此这里也建有"蜀阜堰"。村内有"永安桥"，石刻桥联中有"涂山江"等字。

6. 涂山里　现称"大西庄村"在华舍街道最西部。笔者在 20 世纪 80 年代初作文物普查时，亲见村内一些老台门及民居的门楣上钉有蓝底白字、珐琅质的门牌，上书"蜀山乡 涂山里"等字样，村民传说涂山就在村北附近。

三、齐贤街道

1. 金帛山　在朝阳村内靠近杭甬高铁线，海拔 103 米。东南麓有新石器晚期文化遗址，1994 年发掘出石锛、石刀、石镞、泥质黑陶等文物。明《万历绍兴府志》卷四载："金帛山，在府城西北四十三里。世传禹至涂山，诸侯执玉帛朝会于此。其岭有九龙池。"

2. 禹降村　与朝阳村接壤。村因相传大禹曾降临此地而得名，村中有禹降桥和"猫山"。距绍萧老海塘 500 米左右，古代则临近大海。

综上所述，绍兴市柯桥区境内的西扆山（古称涂山）周边，不但有地名、河流、庙宇、山脉等禹迹，又与《尚书》《越绝书》等众多古籍的记载相符合，因此，是国内众多禹迹中很有研究价值的地方。

大禹纪念歌

大禹纪念歌（引自沈建中编《大禹陵志》，研究出版社 2005 年版

夏盖山

陆建明

明万历《新修上虞县志》卷二《山川》云："自（菱）湖之北，一峰崒崥，高出天半，其形如盖，曰盖山。又云大禹东巡驻盖，曰夏盖山。又云夏驾。上有龙潭，蛟龙出没，必兴雨泽。东有夫人庙，南有净众寺。明沈异诗：'大禹峰前草，青青到寺门……' 绝顶有亭……明谢谠诗：'荒陬驻盖禹功多，万古青山只薜萝……'"

夏盖山

夏盖山地处海边，曾是抗倭要地。明嘉靖三十年（1551 年）至三十五年，倭寇数次骚扰上虞，焚烧劫掠，明将卢镗率军于夏盖山迎头痛击，使倭寇伤亡惨重。嘉靖三十四年，绍兴府通判雷鸣阳于夏盖山建抗倭亭驻兵抗倭寇。清康熙五十九年（1720 年）二月，绍兴郡守俞卿主持筑塘，六十年五月竣工，为防海潮保民生办了一件实实在在的好事，事后，当地百姓在夏盖夫人庙内，为俞卿塑像，着一身青衣蓝衫，侧立于夏盖夫人旁边，享受神的待遇，受到后人纪念。清沈烺曾为夏盖山作《夏盖山望海》诗一首："一望建离境,苍茫水接天,有声涵日月,无处不云烟,远岛层波拥,孤帆几点悬,乘槎容结想,兀坐羡张骞。"

如今,夏盖山曾经的抗倭遗迹已难觅踪影,纪念大禹的净众寺毁后重建,规模不如以前。俞卿主持修筑的防潮海塘亦仅有残存遗址可辨。包括沈焕的《夏盖山望海诗》等,只能见于史料记载之中。然而,为祀大禹妃子涂山氏在夏盖山脚所建的夏盖夫人庙和建于夏盖山顶供奉大禹妹妹的"辰洲娘娘殿",至今香火不绝。

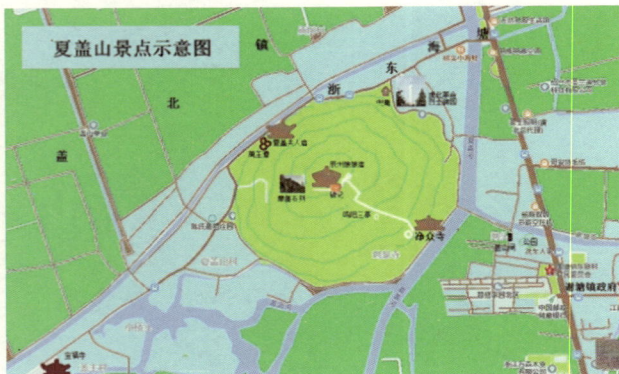

夏盖山景点示意图

夏盖山摩崖石刻

"还我河山"摩崖石刻

摩崖石刻 1936 年 5 月,爱国青年在山顶西北高 8.5 米的石崖上,刻有"还我河山""卧薪尝胆、湔雪国耻"等隶体大字的摩崖石刻,虽经长年累月的风雨侵袭,字迹依然清晰,并已被列为上虞市文物保护点。

革命烈士陵园 夏盖山东北侧的山脚上,有革命烈士纪念碑和夏盖山烈士陵园。革命烈士纪念碑于 2006 年 3 月由上虞市人民政府、上虞市新四军研究会、上虞市盖北镇人民政府、上虞市谢塘镇人民政府联合出资,把原由盖北乡人民政府于 1986 年 5 月重建的革命烈士纪念碑易址修建而成。

碑的正面"革命烈士纪念碑"七个大字由赵朴初题写,背面碑文内容是:"为缅怀新民主主义革命时期和社会主义建设时期,在虞北因战因公光荣献身的革命烈士,特此立碑,永志纪念。"

碑后面的大理石上镌有"虞北革命烈士英名录",简要

革命烈士纪念碑

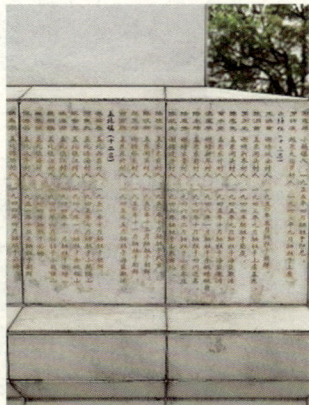

虞北革命烈士英名录

地记载烈士姓名，籍贯，牺牲时间、地点等内容。英名录镌刻时间为 2002 年 4 月。在革命纪念碑立碑正面的左前方，设置着一块由上虞市文化广播电视新闻出版局 2010 年 2 月 1 日公布、2011 年 1 月 1 日设立的"夏盖山烈士陵园"——上虞市文物保护点的标志碑。标志碑背面刻有说明："夏盖山烈士陵园，位于盖北镇盖山自然村东北，是为纪念新民主主义（革命时期）、社会主义建设时期在虞北因战因公牺牲烈士而建。"陵园方向朝东，布局略成长方形，占地千余平方米，四周松柏环绕，肃穆庄严。

　　虞北革命烈士陵园是重要的爱国主义教育基地。每年清明时节，当地干部、群众、军人、学校师生、新四军研究会虞北小组等纷纷集队组织前往扫墓、瞻仰革命烈士，接受革命传统教育。

　　净众寺　净众寺始建于后晋天福四年（939 年），初号见明寺。位于夏盖山东南麓（今东联村境内）。因寺背靠林壑深蔚、松柏苍翠的夏盖山，面对杨柳拂堤、碧波荡漾的夏盖湖，故又称夏盖寺。净众寺精制细作，雕梁画栋，百拱合沓，远看像鸡笼，所以里人也称鸡笼寺。净众寺气势恢弘，金碧辉煌，大殿佛像高大伟岸，四周立佛熠熠如生，灯光辉煌，香烛萦绕，住持僧常千指，探究佛法，超度众生，寺内积粮丰盈，乐于施众，是

净众寺

江南首屈一指的胜刹，香火旺盛。北宋治平三年（1066 年），英宗赵曙赐名净众教寺。

　　北宋元丰六年（1080 年），始生律师领徒结界。北宋宣和年间（1119—1125 年）和南宋绍兴年间（1131—1162 年）进行过两次大修。然金兵入侵，战火连年，冰霜雨雪等自然灾害摧剥，寺宇年久失修，僧生各奔东西，仅存草架十数间，净众寺从辉煌走向衰败。南宋淳祐九年（1219 年），松庵秀律师到净众寺住持，追思前人造寺、修寺功德，四处云游，募捐筹资重修净众寺。

　　重修后的净众寺拓宽原有界址，划新翻盖，殿阁参差，气势宏大，正殿高坐如来佛塑像，四大天王护法，翼殿 48 座罗汉护佑，钟声鼓振，水影山光，鸟啼蝉唱，松风竹籁，奏响美妙乐章。门庭有大书法家张即之（1186—1263）书写的"大禹峰"三字及"净众寺"匾额。寺后有"翠微阁""少东堂""瞰漪亭"等，小桥流水，亭亭如金山浮玉之中，胜似蓬莱岛。可惜这一切废于宋辽战火之季和自然灾害之中。元代，寺后的翠微阁、少东堂、蚕雨台、慈云院俱废。明景泰年间（1450—1456 年），观音堂、瞰漪亭倾塌。明嘉靖年间（1522—1566 年），进士谢谠追忆昔日的净众寺，无限感慨地写道："海角藏幽寺，昙花照净台，草当青涧出，风自翠微来。树暖鸟双飞，度虚云乱堆，若教支遁在，诗社定重开。"清兵入关后，净众

寺更加衰败,面目全非,清朝王登墉在《净众寺诗》中云:"五百年前净众寺,山门劫后半成灰。"

直到中华人民共和国成立前夕,净众寺只剩下一间破败不堪的小屋和一口取之不尽用之不竭的水井。

中华人民共和国成立后,净众寺的小屋被拆去,造起了人民公社的畜牧场,养猪、养鸭、孵小鸡,净众寺全废。

为继承和发扬华夏民族优秀文化,2009 年邑人张定海、张来潮、吴小灿等发起集资,决心在旧址上重建净众寺。2009 年年底第一期工程完工,净众寺(脚庵)初具规模。2012 年第二期工程集资 200 万元,建大雄宝殿及有关配套工程。昔日宏伟,壮丽的净众寺又屹立在夏盖山麓。

辰洲娘娘殿　辰洲娘娘殿位于夏盖山顶。相传辰洲娘娘号九华真妃,是夏朝时神女,邑人称其为大禹之御妹。因治水有功,后人立庙以祀。始建年代不详,据里人清朝贡生谢晋勋考证(光绪《上虞县志校续本》有记载):"前明备倭寇时,有武弁驻扎,后因承平撤去,土人以其地筑庙,迎姚邑凤亭山高庙辰元君供奉,姚人俱知为迎自泰山。"

"此余所论闻于乡先辈者,其为碧霞元君无疑也。"清康熙年间(1662—1720 年)郡守俞卿筑海塘时对其重建,并立有俞卿重建碑记。"文革"期间,庙宇和文物均被毁,只剩一片瓦砾场。改革开放后,里人集资重建,但只造了几间平房。

夏盖夫人庙　位于夏盖山北麓,为祭祀大禹夫人涂山氏而建,为一方大观,始建于后晋天福四年(939 年),因庙山门朝北,当地人习惯上又称朝北庙。明嘉靖年间(1522—1565 年)重修,谢谠为之撰写《重修碑记》。清康熙五十年(1711 年)郡守俞卿又督造重修,覆以谢陈氏、陈金氏两烈妇配亭,供后人祭祀。庙西有一古井,称三眼井(禹王潭),井水甘美,大旱不竭。至中华人民共和国成立初,该庙香火

夏盖夫人庙

一直旺盛。"文革"期间,该庙损毁严重,只剩一个空架子和几间破败庙舍。改革开放后,里人捐资重修,以续香火。

兜庵　位于夏盖山东,紧靠浙东海塘,始建年代不详,据传系谢氏家庵。中华人民共和国成立前夕已废,废后未重建。

大禹的传说

大禹和巨灵神　传说盘古开天辟地后，因元气耗尽，来不及把天地修造好，便死去了。后来，女娲造人，又造万物，但造得太多太急，累坏了身体，很快也死去了。

这一来，世上的人们可遭罪啰！因为盘古开辟出来的大地，样子就像一只大盘，四沿高凸，中间低凹，天上落下来的雨水，全部积聚在盘里，一点也泄不出去。一遇雨季，人们就要遭受洪患之苦。

后来，人间出了位能人，名叫大禹，他带领人们去治水。大家说，如能治平水患，就推他当大王。大禹很高兴。

大禹日夜率领着人群，采石、搬土，把地上的水分隔成条条块块，使无边无际的汪洋大海变成了江河湖泊。这一来，人们可以在堤岸上过日子喽，生活有了安定感。可是，随着天上的雨水不断地落下来，江河湖泊里的水不断地上涨，大家就得不停地抬石搬土加高堤岸，水患还是没法解除。

当时，南方有位又高又大的汉子来给大禹出主意，说是只要在大地四沿高凸的边上打开几道缺口，将积水泄泻出去，水患就可以根除。主意虽好，可谁有本事打通这么坚硬厚实的地边呢？大汉拍拍胸脯说："本人身强力壮，可以让我来试试！"当然，他现在的力气还不够，他需要养精蓄锐三年，三年里他将闭目张嘴困觉，叮嘱大家只顾把吃的喝的尽量朝他张开的大嘴里倒，倒多少东西就能长多少力气。说完，大汉就仰卧在地上睡觉了。

一晃三年，大家千方百计轮流给他提供饮食。第一年，由日进十斗增加到百斗；第二年，由日进百斗增加到千斗；第三年，由日进千斗增加到万斗。说也奇怪，这大汉的身体随着饮食的增加也长了又长，第三年末已长得几乎与大地的长短不相上下了。一天，大汉突然醒了，他感到浑身是劲，一个翻身，举起巨掌用力一劈，竟把坚硬厚实的地沿劈开了一个大缺口；紧接着又抬起大脚，奋力一蹬，又把地沿蹬开了一个大缺口。大盘里的积水便哗啦啦地涌泻出去了。没过多少时候，汪洋大海般的积水就退落了许多，大地上的众人真高兴啊，大家笑着叫着，一齐要推举这位大汉当大王。可惜的是，大汉因这一掌一脚已耗尽了全部精力，临死前，他吃力地抬手指着南方，告诉大禹：自己虽然要死了，但为大伙出了力，死得值得；只是有件要事放心不下，就是他家乡的积水尚被一座唤作嵊大山的大山挡着,成了汪洋泽国,希望大禹能前去治理。说完,就断了气。

人们为了纪念他,称他用巨掌劈开的那股水流为"掌江",用大脚蹬穿的为"王河",后来,年代一久,叫白了,就叫做现在的"长江"和"黄河"了。

回头再说大汉死后,大禹先仿效他的办法,率领人们把地沿打开许许多多大大小小的缺口,使大地的积水都能泄泻出去。同时,他又依据大地西高东低的走势,率队从黄河壶口疏浚河道,直到大汉的家乡——今浙江嵊州市,劈开那里挡水的嵊大山,并疏导出一条大溪——了溪,将所有洪水导入东海。这一来,大地上的人们,包括大汉家乡的父老乡亲,才真正过上了好日子。

因为治水有功,大禹不久就被推举为王,人们称他为禹王。大禹当上禹王后,仍不忘那位大汉的功劳,便尊封他为"巨灵神"。

禹余粮　嵊州市城北十里有座小山,名叫余粮山,又名了山。山上树木葱茏,花草茂盛,风景十分秀丽。奇怪的是,山里有不少像抛梁馒头那么大的石块,外壳圆滚滚、黄澄澄,内有黄色细末如蒲黄,当地人喊它"禹余粮",也有人喊它"石馒头"。连明朝李时珍编著的《本草纲目》里也有明文记载:它味甘性寒,可治骨节酸痛、四肢不仁、痔瘘等病。那么,这座山上,为啥会有这种奇怪药材的呢?

相传,在古老的禅让时代,洪水泛滥,田园被淹,神州大地到处浊浪滔天,百姓苦不堪言。当时的舜王封夏禹为司空,委以治水重任。夏禹接受了其父鲧治水失败的教训,顺着地势高低,改用疏导宣泄的方法,果然大见成效。

有一次,夏禹到了剡地,因刚下暴雨不久,弯弯曲曲的剡溪上游浊浪排空,波涛汹涌,自西而东,流向县城,紧接着往北直冲,但由于被嵊大山迎头挡住,无法奔泻,水位越涨越高,不仅剡溪两岸田庄受淹,不少人畜也葬身鱼腹。

夏禹乘船仔细察看之后,决定劈开嵊大山一角,以便将洪水导入舜江(今称曹娥江)。当地百姓听了,喜得奔走相告,并纷纷前去参加搬石、挑土。夏禹亲执大斧,率领民众劈山。

有天晚上,夏禹夫人涂山女盛了满满一篮馒头,送去给夏禹充饥。她朝工地一走两走,来到八里洋村边那座山上,猛听得"轰隆"一声巨响,借着朦胧的月光,她望见对面的山岗里有个巨大的黑影在晃动。又听"轰隆"一声,山又倒下一角,涂山女见状大惊:"啊呀,妈唷!"差点跌倒在地——手中的篮子就骨碌碌滚到山下去了。

其实,这正是夏禹在开山排水。他听见妻子尖叫,知道受了惊吓,连忙跑来打招呼。但当他俩找到篮子时,里面只剩下四五只馒头了。涂山女还要再寻,夏禹笑笑说:"算了吧!我已经饱了,还有那些馒头谁捡到就给谁,就算是我的余粮吧!"

不久,那个山岗就被打通了,汪洋的积水被引入舜江,直注杭州湾。从此,这里露出一片平展展的土地,人们可以种植庄稼、放牧牛羊了。

此后，了山上就有了许多馒头形石团子。当地人晓得这是夏禹的余粮变的，就叫它"禹余粮"，也有叫"禹粮石"的，山名也改作"余粮山"。涂山女掉下篮子的那条岭就叫"余粮岭"。史称"禹治水毕功于了溪"就在这一带。所以，这条剡溪，又称了溪（治水在此了断的意思）；这里的村庄，也称了村，后改称"禹溪"村。后人还特地在此造了宏大、庄严的"禹王庙"和"娘娘庙"，来纪念禹王夫妻俩。

（引自《嵊州市水利志·传说故事》，浙江大学出版社 2004 年版）

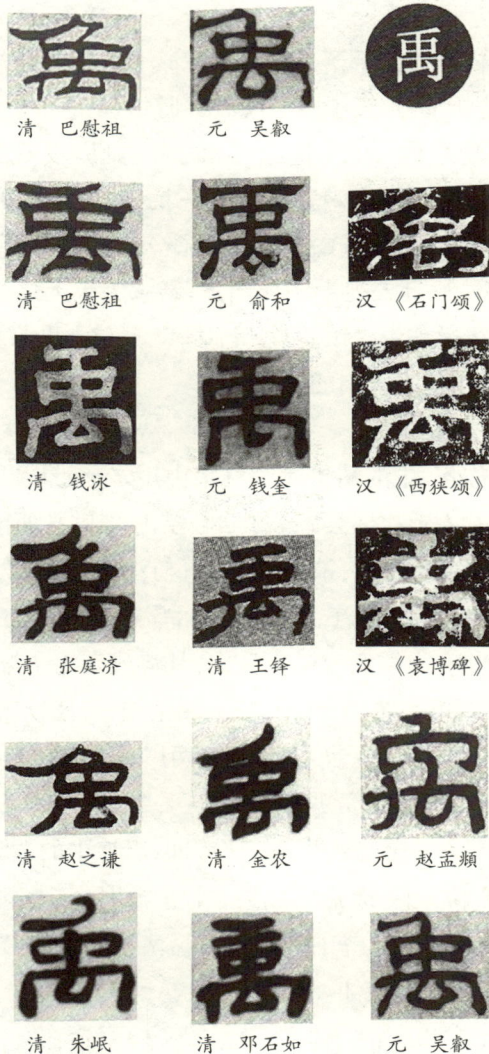

名家隶书"禹"字（引自《隶书大字典》，上海书画出版社 2009 年版）

嵊州剡溪禹迹考

童剑超

大禹相传为远古时代夏后氏部落首领，他受命治水，劳身焦思，居外十三年，三过家门而不入，其治水成功的壮举，永载于中华民族史册。

嵊州乃大禹治水毕功之地，在 21 世纪开元之年，剡堤竣工之日，特铸铁牛，以镇洪魔，并兆堤防千年永固，嵊州祥和昌盛。嵊州市委市人民政府立的《铁牛镇水碑》曰："昔大禹治水，始自黄河壶口，终于剡地了溪（即今剡溪）。史传禹曾驾神牛，挎巨斧，水陆兼行，四处奔突，择险导流。故世人视牛作祥瑞，尊奉它为天上之牛郎星，地下之大力神。自古建海塘、筑堤防，多祈邀铁牛坐镇。"嵊州有着众多与大禹治水相关的地名遗迹及诗文传说，剡溪也是一条歌颂传唱大禹的河流。

一、探源

剡溪是"浙东唐诗之路"中的精华段，"气聚山川之秀，景开图画之齐"，自古与绍兴鉴湖并称为越中胜景。唐《元和郡县志》称："剡溪出（剡）县西南，北流入上虞县界，为上虞江。"《剡录》载："剡以溪有声，清川北注，下与江接，其水合山流为溪。"剡溪在嵊州城区附近先后汇集澄潭江、新昌江、长乐江、黄泽江，北流至三界镇出市境，全长 32.2 公里，夹岸青山，草木葱茏。山溪涧流汇入江中，其势或奔泻急湍，或潺潺流淌。江水浅处为滩，深处为潭。素有剡川一曲、子猷回艇、禹溪余粮、王谢饮水、山水画图、清风烈妇、崿浦桐亭、琵琶钓潭、清溪酒帘等九曲之美，剡溪两岸大禹文化蕴藏异常之丰富。

唐代大诗人李白《题嵩山逸人元丹丘山居》云："偈来游闽荒，扪涉穷禹凿。"据唐诗之路首倡者竺岳兵《剡溪——唐诗之路》一文考证，唐诗中的"剡溪"一源，发源于天台山华顶峰以北山麓，至石桥汇注成溪。（剡溪）中穿剡中盆地，至今沈家湾村附近，受四明、会稽两山岸束约数里才放开。李白"扪涉穷禹凿"之"禹凿"，即指此岸束处。水流过此又数里注入东海一段，称曹娥江。

唐代诗人李绅曾多次游历剡中，他在《龙宫寺碑》写道："会稽地滨沧海，西控长江，自大禹疏凿了溪，人方宅土。"龙宫寺旧址在剡溪之畔，今嵊州三界浙江华发生态科技有限公司处古井尚存。

南宋嘉泰《会稽志》云："了溪在(嵊)县东北一十五里,源出了山,合县南溪流入于剡溪。《旧经》云禹凿了溪,人方宅土。"宝庆《会稽续志》又云："剡溪在县南一百五十步,王铚云:剡溪古谓之了溪,图志谓禹治水至此毕矣。"

宋代状元王十朋《剡溪杂咏·了溪》诗写道:"禹迹始壶口,禹功终了溪。余粮散幽谷,归去锡玄圭。"说的是大禹治水从黄河龙门峡开始,到了溪结束,功盖华夏;归去后,舜把帝位禅让给他,禹便建立了夏朝。大禹最后治理的这条溪,就是剡溪。

二、遗存

(一)了溪板块。传说剡溪仙岩段西面的嶀山和东面的嵊山峰岭相连,剡中盆地是一个大湖。大禹到来观察地理形势之后,便率民众劈开嶀嵊二山,开凿了溪,昔时的盆地湖水,因为"禹凿了溪",剡中于是变成沃野一片,"人方宅土",人们从此耕作繁衍,过上了幸福的日子。

1. **嶀浦**:附近嵊山嶀山,峰岭相连,其间倾涧怀烟,泉溪引雾,是剡溪最大的峡口和深渊。乘高瞰下,有深林茂竹,表面辉映,剡溪口水深而清。民国《嵊县志》:嶀嵊二山之峡为溪口,剡之四乡山围,平野溪行其中,至嵊山清风岭相向壁立,愈越而嶀山回峦于下,若遮若护,舟行距二三里外,望之恍不知水从何出,传云此为一山,禹凿而两之以决水。旧录所谓"苍崖壁立、下束清流"是也。

2. **成功峤**:今清风大桥到嶀浦的剡溪两岸,河道狭窄,峭岩壁立,据说就是大禹治水时凿开的遗迹。谢灵运《山居赋》曰:"会以双流,萦以三洲。"又自注曰:"双流谓剡江及小江。三洲在二水之口,排沙积岸,成此洲涨。"成功峤在三洲与嶀浦间,两岸绝壁,江狭如弄,甚险峻,旧传大禹治水劈开嶀嵊,毕功于此,因名成功峤。

3. **车骑山**:在三界镇嶀浦东南,传说是大禹治理了溪时的驻地。车骑山峰顶拔地而起,远望酷似一只覆置的铁锅,当地人说是大禹兴炊的大锅石化而成,故此山旧名甑山。又说大禹在峰顶上插旗指挥,百姓又称插旗峰。

4. **响石岭**:车骑山峰北峭壁百丈,壁顶有一小径,用足猛蹬,会发出訇然之声,这便是大禹留下的鼓声,人们称之为响石岭。

5. **禹山**:车骑山南岭上有一个黄土山包,传说是大禹居住的地方,故名禹山,山上曾筑有禹亭,今为禹山茶场。禹山南有一座二三十米的岩壁,壁的上端有一个黑乎乎的大洞,人无路可入,只容猴子进出,故名狒狖洞,至今也不知里面有多大多深,传说是大禹藏治水秘笈的地方。

6. **船码头**:车骑山西有一个小山岙,据传是大湖岸边的一个船码头,大禹当年便是在这里登岸。此处山岙甚奇,大雪天,别地白雪皑皑,唯此地热,白雪落下即化,传说是大禹冶制治水器具时留下的余热仍在起作用。

(二)了山板块。宋《剡录》载:"其东北曰了山,山有余粮岭(东北十二里,有余粮岭,产禹余粮,又有禹祠。)。"

1. **了山与禹粮岭**:传说大禹将剡中湖水导入大海后,剡中变成了一个盆地,大禹便沿溪巡视,到了今八里洋村东面的一个临江小山上,用馒头祭神,散发在山岭幽谷中。大禹祭神的这座小山,名为了山,山西通岭,名禹粮岭。昔八里洋的农民在耕作时,常常会从地下挖到这种奇石,故农家大多藏有此物。

2. **禹王庙**:位于剡湖街道禹溪村,禹溪村旧名了溪村,相传禹治水毕功于此,为纪念禹治水之功,建禹王庙,塑大禹像。该庙现为清道光十九年(1839年)重建,坐北朝南,今存正殿三间,通面宽9.7米,通进深8.5米。硬山顶。有道光十九年"重修禹王庙碑"。

3. **禹后庙**:位于剡湖街道里坂村,坐北朝南,四合式,有门厅、戏台、厢房和大殿,重建于明崇祯年间,为嵊州市文物保护单位。庙内有崇祯十五年(1642年)邑人、进士王心纯撰的"禹后灵祠碑"。

4. **禹余粮**:禹余粮为嵊州出产的奇石,传为大禹治水毕功了溪所遗。《旧经》曰:"嵊北余粮岭,产禹余粮。"西晋张华《博物志》曰:"禹治水,弃余食於江,为禹余粮。"唐李群玉诗:"涧有尧时韭,山余禹代粮。"唐顾况《剡纸歌》:"宛委山里禹余粮,石中黄子黄金屑。"南朝梁任昉在《述异记》中载:"今药中有禹余粮者,世传昔禹治水,弃其所余粮于江中,生为药也。"宋高似孙编撰的《剡录》述:"禹治水止于此。山中产药,称禹余粮,盖余食所化。"嘉泰《会稽志》云:"了山……南有余粮岭,其地产禹余粮。"民国时期章鸿钊先生所著《石雅》一书中说:"浙江嵊县(今嵊州)有余粮石,以山产禹余粮而名。"相传,大禹治水功毕,弃余粮,化为石。石磊磊如拳,碎之,内有赤糁,名禹余粮,或称余粮石,乡人则俗称"石馒头"。禹余粮略带黄褐色,有的褶皱像山核桃,有的形圆似铁球。大的"石馒头"用手摇之,石头内里会发出声响,据说砸碎后里面有黄色的粉末。禹余粮其实是一味中药,有"久服轻身,延年不老"之功效。明朝李时珍《本草纲目》矿物药石部第十卷记载:"空青,释名杨梅青。时珍曰:空言质,青言色,杨梅言似也……诸石药中,惟此最贵。"又云:"禹余粮,乃石中黄粉,生于池泽。……久服耐寒暑不饥,轻身飞行千里。"据专家考究,禹余粮实为氧化物类矿物褐矿的一种,主要由含铁矿物经氧化后,再经水解汇集而成。采集后去净杂石即可作药用。禹余粮性味甘、涩,归脾、胃、大肠经,功能涩肠止血,主治久泻久痢等。现代科学验明,禹余粮外壳及内核由许多微量元素组成,它在科学、核能、医学等方面都有重要的用途。因禹余粮产出极少,觅者众多,这就使得它随时光的消逝而越发珍贵。嵊州市已故收藏家赵樟华先生因收藏3118枚禹余粮(空石),于2000年获大世界基尼斯空石收藏之最证书。

5. **蒸笼岩**:在里坂村北,一岩壁风化成一脱脱的蒸笼状,传说是禹后蒸馒头所遗。据清道光《嵊县志》记载:"甑山,在县北十里,传大禹遗迹,俗呼石蒸笼,亦名甑石,其地有禹妃祠。"传说当年大禹治水,禹后就在此蒸馒头,为大禹提供三餐所需。

三、传说

当年大禹入剡治水，把妻子涂山女安置在今里坂一带的高山上，垒灶做饭，他自己率领治水队伍去嵋山脚下的清风岭凿山开溪。大禹治水很少回家，涂山女思夫心切。一日清晨，她蒸好馒头，亲自送饭到清风岭。到得岭边，只见一只大牛在使劲撬山。涂山女觉得好奇，往牛屁股上一拍，这一拍，牛受了惊，猛地一拱，一声巨响，山岭霍然裂开，洪水奔腾直泻。那牛用力过猛，一冲冲到了山上。看着哗哗的流水，大牛兴奋不已，忘记了化回人身。涂山女寻不见丈夫，只看见大牛在山顶上手舞足蹈。她吆喝几声，想把牛驱走。谁知那大牛见了涂山女，摇身一变，原来是丈夫大禹。妻子吓了一跳，手中竹篮落地，馒头滚落山坡。馒头落地的山，后来就取名了山；这滚落的馒头，就变成了奇石禹余粮。后人受此启发，用面粉做成了小笼馒头，成为民间美食。

四、艺文

会吟行（节选）
南朝宋·谢灵运

六引缓清唱，三调伫繁音。

列筵皆静寂，咸共聆会吟。

会吟自有初，请从文命敷。

敷绩壶冀始，刊木至江汜。

龙宫寺碑（节选）
唐·李绅

会稽地滨沧海，西控长江，自大禹疏凿了溪，人方宅土。而南岩海迹，高下犹存，则司其水旱，泄为云雨，乃神龙之乡、为福之所。寺曰龙宫，在剡之界灵芝乡嵊亭里……铭曰：沧海之隅，会稽巨泽。惟禹功力，生人始籍……

禹庙（其一）
宋·王铚

书称尧舜没，禹独锡成功。

须信宾天去，何疑窆石空。

市声朝夕变，山色古今同。

谁与明真理，苍崖松柏风。

禹庙（其二）

宋·王铚

夏后东阶殡，遗踪照路隅。

今观四山拱，犹似百神趋。

功已百王冠，言尤万世谟。

死生怀舜德，旧邑对姚虞。

会稽风俗赋（节选）

宋·王十朋

周世则注　史铸增注

兴雪棹兮寻隐居，禊事修兮舫兰渚，陶泓沐兮池戒珠，了溪凿兮禹功毕。（了溪在剡县东北，源出了山，越绝书云："禹疏了溪，人方宅土。"增注：先生有了溪诗："禹迹始壶口，禹功终了溪。余粮散幽谷，归去锡玄圭。"）……

《越问》其十三《舜禹》（节选）

宋·孙因

大禹巡于釜山兮，会群臣而计功。

执玉帛者万国兮，戮后至之防风。

托菲饮以名泉兮，凿了溪而宅土。

发金简于石匮兮，藏秘图于山中。

望邑名夫虞姚兮，山灵护夫禹穴。

俨庙貌于千古兮，遗化被于无穷。

禹王庙碑

粤稽《越绝书》、《禹贡》及《大禹谟》，而知神禹之功遍九州，德隆千古，非特一乡一邑一朝一夕已乎然。故《越绝书》曰"禹凿了溪，人方宅土"，读龟龄诗曰"禹功终了溪"，则其功德施于了溪岂浅鲜哉！繇是生于斯、长于斯、聚国族于斯者，推报功颂德之恩奕，作庙尊奉而烟祀焉，盖数百年于兹矣。顾雨洒风漂恐失前人之制，榱崩栋折徒劳创始之功。因之会集同志诹日兴工，富者资，贫者力，允矣人心踊跃。葺殿垣，施黝垩，依然庙貌森严，迄今鸠工已毕，燕贺宜登。同志者将纪其事，以寿诸石，而命余记。予何能赞一辞，第思人工成，无非神工所成，黍稷馨实惟明德之馨，因志之，以见神禹之功德也夫。

禹后灵祠碑（节选）

粤稽剡北八里洋童氏始祖讳鼎者，唐大中辛未第令天台，讫跋解职过剡，阅千载于兹，厥境蕴藏大禹圣后也。祠古久而颓弛，明宣德间亦复倾圮。圣正统十年，有童君德豪者，感念先人世经守创，遂于是秋，捐己坐黄坭墩田壹丘，建祠绘像。丁卯岁，僧正宗住持，下堡各置香田，储六载而资颇殷。广拓庙貌，扩而愈新，若居民辏集而弥盛也。噫嘻！若此安神福民，则其忠君护国之意传之千载者，历历可嘉，以致不朽云。

屠家埠村灵佑庙（民国六年仲秋重修）

对　联

禹功终了水以还，半壁江山此为锁钥；

神庙峙仙岩之上，一丛楼阁并入画图。

康乐记前游，看山色画图以上，亭余瑞气，岩有仙踪，

迄今舜井常甘，童曳依然康乐；

神明开胜境，听溪流曲折而来，浦口市讴，湖心渔唱，

更喜禹粮不尽，春秋报厥神明。

湖头村大王庙（乙卯孟冬）

对　联

帝力助耕田，俾家家鱼梦成欢，平其西秩；

神灵垂治水，教岁岁鸿涛息怒，保我东湖。

仁村太保庙（同治五年重修）

对　联

灵钟禹岫标千古；泽满西潭给万家。

山抱水回，明德直缵禹绪；

民康物阜，仁声远被谢乡。

老吾老，幼吾幼，慈惠普尧天化日；

乐其乐，利其利，讴歌扬禹甸仁风。

灵鹅村真武大帝庙

对　联

佐命锡元圭，安澜永庆；

拯危临剡岸，履险常夷。

新昌禹庙

唐佳文

禹王庙

禹王庙，宋称公塘庙，嘉泰《会稽志》载："在县西南四里。"万历《新昌县志》载："在二都，祀夏禹王。"民国《新昌县志》载："今为南镇庙。"庙原址在今轴承厂内，重修于清光绪十六年（1890年）。20世纪80年代，因建厂房被拆除。1993年9月，城建村村民移建新庙址于南明街道南明三村狮子山山腹。庙坐西面东，主祭大禹王。两侧

南明街道南明三村禹王庙

柱联有："三过其门，虚度辛壬癸甲遍神州；八年于外，平成河汉江淮安社稷。""浩荡神州，万民敬仰；巍峨圣德，举国尊崇。"有《重建禹王庙碑》，禹王殿两侧有紫竹林观音殿、娘娘殿，十殿阎王殿、地藏殿、三圣殿、济公寺等。三圣殿柱联为："法雨濯南明，彼岸洞云香生贝叶；梵音邻室相，上方海月福聚莲华。""虚心向佛，何必整日阿弥陀佛；乐善好施，一样修得功德圆满。""杯渡剡中，精研般若；锡飞天姥，广习圆通。"禹王庙占地面积1000平方米，供奉神、佛像80余尊。

守义乡主庙

守义乡主庙，也称新庙，道教神庙。坐落于羽林街道新中村下丁自然村，坐西面东，由前厅、戏台、左右看楼与正殿

羽林街道新中村下丁自然村守义乡主庙

组成,正殿面阔三间,供奉禹王、关公、陈老相公、土地等神像,殿侧各有附房一间。东西看楼各四间。戏台与正殿连廊。庙内立有旧时《新庙捐田碑序》。庙因年久失修,屡有损毁。2008年村民重修。农历九月十二日为庙会期,驱神演戏。

禹王庙

禹王庙,道教神庙,地处羽林街道董余村后董自然村西侧。背靠青山,坐北面南,公路直抵庙前。后董为千年古村,民间流传"先有后董,后有新昌"。俗传大禹治水经此,民立祠之。村内尚有千年古井一口,清澈见底,仍供村人使用。古井旁有两棵腰大数围的香樟树,枝桠盖地。禹王庙屡有毁建,始建年代不详。现庙为一进三开间建筑,由村民重建于1995年。庙内供奉禹王、观音、土地等神,香火颇旺。

羽林街道董余村后董自然村禹王庙

禹王庙

禹王庙位于羽林街道董余村上余岙自然村村口。现庙为20世纪50年代易址重建。四合院布局,坐西北朝东南,有戏台、两厢及大殿等单体组建而成。大殿内塑有禹王、左右丞相、石老将军、土地等神像数尊。20世纪60年代,神像被毁。2015年12月,村民重雕神像,并举行隆重的开光仪式。内柱联有:"先贤立庙,为期风调雨顺;后辈祭坛,企望国泰民安。""治洪水,造福神州亿万年;浚九州,流传华夏四千载。"

羽林街道董余村上余岙自然村禹王庙

禹王庙

禹王庙,又名老庙,位于羽林街道渡王山村,明成化、万历以及民国《新昌县志》均载:"禹王庙,在县北十五里渡王山上,俗称禹治水经此,民立祠之。"原庙在村北二里许,有大殿、厢房等建筑,殿悬"有求必应"等匾额,供奉大禹、刘备、关羽、张飞等神像。庙于20世纪50年代初因无人管理毁圮。2016年村民拟筹资重修,相关工作正在筹措之中。

禹王庙

禹王庙地处回山镇植林村,坐落在该村风景秀美的池塘边。庙仅三开间一进,建筑坐西面东。殿内神像为墨彩壁画,人物有禹王、关云长、岳飞等,栩栩如生。明间前攀间枋上悬黑底黄字"禹王庙"庙匾,柱联有:"天赐与一门吉庆,春送来二字平安。""有意祈神神会佑,无心念佛佛不谅。"明间抬梁式,山面无柱子,小瓦屋面硬山顶。

回山镇植林村禹王庙

彼苍庙

彼苍庙,位于儒岙镇儒一村,地处天姥山腹地。天姥自古为文化名山,道家第十五福地,康乐登临,李白"梦游"。彼苍庙前有源于圳塍、太平庵之水流经,穿儒岙镇而过。庙前有奥口桥横跨溪涧。庙内古柏林立,虬枝斜伸于古庙红墙之外,为儒岙八景之一"古柏临清"。奥口桥下溪涧中有石井一口。《嘉泰会稽志》载:"石井,在天姥山下。"井凿在山涧天

儒岙镇儒一村彼苍庙

然岩石中。纵然大雨淋漓,洪水过后即露井洞,井水仍然澄澈洁净。

"彼苍者,天也"。彼苍庙始建于明万历年间,原址在会墅岭。明后期移至儒岙村口。彼苍庙原有建筑为五殿二阁,前殿、禹王殿、观音阁前后排列在南北轴线上;东侧为马殿、文武殿,马殿楼为魁星阁;西侧有偏殿。前殿乃三皇殿,尊奉人文初祖天皇伏羲(修文)、地皇神农炎帝(治稼)、人皇轩辕黄帝(崇武);主殿为禹王殿,供奉远古治水英雄大禹;后殿为观音阁;文武殿供奉梓童文昌帝君、武曲关圣帝君;偏殿供奉龙王等。20世纪50—90年代,彼苍庙建筑被拆改。

1993年,新昌县文物管理委员同意修复彼苍庙。庙宇建筑略有调整:取消前殿,改筑天井,卵石铺设,保留正殿禹王殿和马殿。魁星阁改为太白楼,室内陈设纪念李白的诗画。文武殿改为谢公殿,纪念谢灵运天姥山伐木开径、构筑台越间经济文化交往通道的功绩,塑谢灵运手握书卷的诗人形象。偏殿改建关公殿、魁星阁。观音阁雕梁画栋,结构精致。庙联有:"初发芙蓉,好评直探诗文秘;池塘春草,佳句长留天地间。"禹王殿

联为："三过其门，虚度辛壬癸甲；八年于外，平成河汉江淮。""浩荡神州，万民敬仰；巍峨圣德，举国尊崇。""洪水滔天，忆昔日，胼手胝足尽劳瘁；青山不老，看今朝，春风化雨颂丰功。""彼苍无私曲，惟酬勤而还善；伯禹有大德，乃献身以济民。"

农历六月廿九、十月廿六，为彼苍庙庙会。有"修行修一世，勿着彼苍庙里坐一记（音）"的说法。届时人流拥集，镇街高棚林立，民间文艺有十番、吹鼓亭、莲子行、马灯、三十六行、舞龙、舞狮等。

禹王庙

禹王庙，位于新昌县儒岙镇南山村上村庙下畈，清至民国寺庙建筑。主殿祀大禹。建筑坐北朝南，一进山门为2004年恢复重建，二进穿殿为清乾隆十四年（1749年）建筑，三进后大殿乃民国18年（1929年）所建。小青瓦屋面硬山造。南屏禹王庙总体保存完好。二进穿殿，面阔三间两弄。牛腿透雕简洁的如意图案。明间后面石框门上额阳刻"地平天成"四字。后殿面阔三间，梁架结构同穿殿。明间后厝设神龛。西侧山墙立民国18年《继起后殿碑》。

新昌县儒岙镇南山村上村禹王庙

禹王庙

禹王庙地处新林乡祝家庙村口，坐西面东，由戏台、看楼、大殿组成，小瓦屋盖硬山造。悬"神威普照"匾额，供奉大禹像。祝家庙村地属顾东山，明万历《新昌县志》载："顾东在三十三都，县东五十里，世传大禹治水时登之以望东海。"顾东人修缮禹庙，敬奉禹王，代代相传。2011年，村民重修禹庙。筑殿房，塑圣像，历时四年而成。柱联为："先贤立庙，为期风调雨顺；后辈祭坛，企望国泰民安。""数方俗土，供仰山川圣祖；几尺金身，庇荫天下贤孙。""已将慈悲敷四陬；更把疏导分九州。""克勤於邦，克俭於家；可爱非君，可畏非民。"

新林乡祝家庙村禹王庙

禹王庙

禹王庙地处七星街道岩里村口,主祀夏禹。庙始建于清光绪乙亥年(1875年),后废。村民于1994年3月按古建筑风格重修。大殿三开间,龙吻镇脊风火山式硬山造。明间五架抬梁,山面穿斗式,前施卷棚牛腿承托撩檐枋。柱联有:"除洪水,造福神州亿万年;浚九州,流传华夏四千载。""江淮河汉思明德;精一危微见道心。"明间太师壁上悬红底金字"国泰民安"匾。戏台基本呈方形,

七星街道岩里村禹王庙

四角立圆形柱子,演区顶部设八卦式藻井,内彩绘"八仙人物",戏台后壁屏风上画"三星高照",出将、入相后布楼梯通二楼演员工作室,屋面为单檐歇山式。

禹王庙

禹皇大帝庙地处七星街道店堂坂村口,背倚青山,坐北面南。始建于清代,原庙一进,面阔三间,石质柱网。1958年,神像被毁。后因年久失修而倒塌,石桌、石香炉亦不存。2010年,由村民重修。大殿悬"禹皇大帝"匾额,奉禹皇等神像并观音等11尊。柱联有:"慧眼开时,象现六通观自在;佛光照处,骈臻百福庆当来。""点烛瑶台光万载,焚香宝鼎供千秋。""大慈大悲救苦寻声观自在;

七星街道店堂坂村禹王庙

普门普现随缘赴感度群生。"总体砖木结构粉墙黑瓦,栋砖压脊,风火山墙硬山造。

村东岔口建有三官堂,供奉天官、地官、水官。

三、大禹相关的碑铭研究

秦公簋遂公盨禹迹溯源

张卫东　邱志荣

　　无论是遂公盨记载的"禹敷土，随山浚川"，还是秦公簋歌颂的"鼏宅禹迹"，都是近3000年前华夏大地大禹崇拜的具体体现。它们都是大禹治水真实发生过的有力实物证据。

——题记

一、遂公盨——大禹治水传说最早证据

　　"遂公盨［xǔ］"，国家一级文物，上面铸有铭文98字，是目前所知中国最早的关于大禹及其德治的文献记录，是大禹治水真实发生过的实物证据。它是2002年春天在海外文物市场上偶然发现的。铭文面世以来，专家认为它证实了大禹及夏朝的确存在，极为重视，纷纷解读。

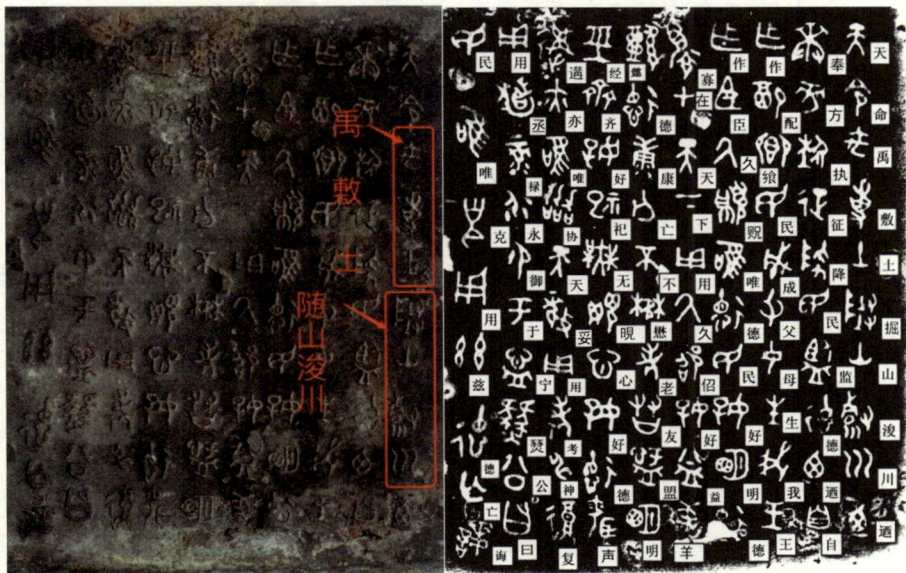

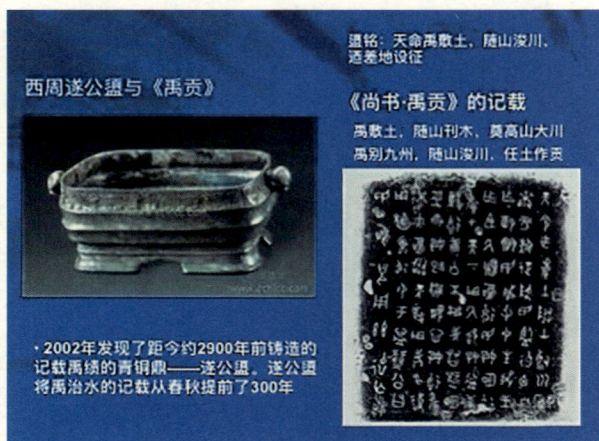

西周遂公盨与《禹贡》(谭徐明供图)

中国水利史研究会会长谭徐明认为,这件约 2900 年前铸造的西周青铜器,上面的文字,与后世的《尚书·禹贡》记载高度对应,将大禹治水的记载时间提前了 300 年。

中国夏商周断代工程专家组组长兼首席科学家、中国社会科学院历史研究所原所长李学勤教授指出,盨上所铸长篇铭文字体优美;字数虽不算多,但几无废言。铭文记述大禹采用削平一些山岗堵塞洪水和疏道河流的方法平息了水患,并划定九州,还根据各地土地条件规定各自的贡献。在洪水退后,那些逃避到丘陵山岗上的民众下山,重新定居于平原。由于有功于民众,大禹得以成为民众之王、民众之"父母"。铭文并以大段文字阐述德与德政,教诲民众以德行事。

李学勤表示,铭文中所述"禹"是夏王朝的奠基人。没有大禹,便没有夏,更没有"华夏"。但大禹是否真有其人,夏王朝是否存在,长期以来广受争议。遂公盨的发现,将大禹治水的文献记载提早了六七百年,是目前所知年代最早也最为翔实的关于大禹的可靠文字记录,表明早在 2900 年前人们就广泛传颂大禹的功绩。夏为夏、商、周"三代"之首的观念早在西周时期就已经深入人心。

武梁祠画像帝王拓片释文

张卫东　邱志荣

一、基本情况

图像来源　北京鲁迅博物馆编《鲁迅藏拓本全集·汉画像卷Ⅰ》第80页《武梁祠西壁画像》

立石时间　东汉元嘉元年（151年）

出土时间　清乾隆五十一年（1786年）

题榜判读参考文献　宋洪适《隶释》、明梅鼎祚编《东汉文纪》、清倪涛《六艺之一录》、清严可均辑《全后汉文》、清瞿中溶撰《汉武梁祠堂石刻画像考》等古籍，近代吴熙载、伍德彝隶书作品及识文；北京故宫博物院藏宋拓东汉武梁祠画像石（残片）；［日］《中国漢代の画像石——山東の武氏祠》

二、帝王画像及释文（右为上）

（夏桀—夏禹—帝舜—帝尧—帝喾—颛顼—黄帝—神农—祝融—女娲伏羲）

伏戏 ① 仓精，初造王 ② 业，画卦结绳，以理海内。

祝诵 ③ 氏无所造 ④ 为，未有耆 ⑤ 欲，刑罚未施。

---

① 伏戏，原作伏戲，即伏羲。

② 拓印画像介于"王""工"之间。古籍作"工"或"功"。故宫藏宋拓残片、清瞿中溶撰《汉武梁祠堂石刻画像考》、书法家伍德彝1914年"节临老梁祠画像"、［日］《中国漢代の画像石——山東の武氏祠》等作"王"。《周易·系辞下》："古者包牺氏之王天下也。"

③ 祝诵，即祝融。

④ 此处缺损，众古籍和吴熙载书法作"造"。古籍"造"一作"迼"，误。

⑤ 众古籍和吴熙载作"耆"。《大戴·礼记》卷八："刑罚之源，生于嗜欲好恶不节。"一作"者"，误。

神农氏因宜教田,辟土种谷,以振万民。

黄帝多所改作,造兵①井田,垂②衣裳,立宫宅。

帝颛顼高阳者,黄帝之孙,而昌意之③子。

帝佶④高辛者,黄帝之曾孙也。

帝尧放勋,其仁如天,其知如神,就之如日,望⑤之如云。

帝舜名重华,[耕於历山,外养三年]⑥。

夏禹长於地理,脉泉知阴,随时设防,退为肉刑。

夏桀。

附:帝王画像拓片题榜整合(右为上)

(夏桀—夏禹—帝舜—帝尧—帝喾—颛顼—黄帝—神农—祝融—女娲伏羲)

---

① "兵"字上部稍异下部缺损,清瞿中溶《汉武梁祠堂石刻画像考》作"庚"。众古籍和吴熙载书法均作"兵"。明章潢《图书编》:"黄帝因井田以制兵";"黄帝立井田之法,因以制兵"。

② 此处残损严重,疑为"垂"。《易·系辞下》:"黄帝、尧、舜垂衣裳而天下治。"清瞿中溶《汉武梁祠堂石刻画像考》作"垂""䍩"。书法家吴熙载作"制"。

③ 此处缺二字,疑为"意之"。《史记·五帝本纪》:"帝颛顼高阳者,黄帝之孙,而昌意之子也。"

④ 帝佶,即帝喾。

⑤ 此处缺字,疑为"望"。《孟子》:"就之如日,望之如云。"

⑥ 古籍只有"帝舜名重华"五字,其下皆空。实际还有八字,七字可辨,为"耕於历山,外□三年"。所缺一字,据故宫宋拓残片以及其他网络图片、清·瞿中溶《汉武梁祠堂石刻画像考》、[日]《中国汉代の画像石——山东の武氏祠》判为"菴""養"较为合理。《越绝书》卷三:"舜亲父假母,母常杀舜。舜去,耕历山,三年大熟,身自外养。"

四、禹迹图选录

北宋《禹迹图》

张卫东　邱志荣 整理

北宋《禹迹图》是古代中国疆域图，但主要体现的是山川河流。流传至今的有二：一为刘豫阜昌七年（南宋绍兴六年，1136 年）四月刻石的，保存在陕西西安的碑林；另一块是北宋元符三年（1100 年）正月刊刻、南宋绍兴十二年（1142 年）十一月十五日立石的，收藏在江苏镇江的焦山碑林中。西安《禹迹图》石刻地图原置于陕西凤翔府岐山县的县学中，镇江《禹迹图》石刻地图原置于江苏镇江府学孔庙之中。两幅图几乎完全相同，镇江禹迹图以"长安本"为底图，显然与西安禹迹图同源，均为北宋《禹迹图》。这幅地图按照裴秀的"计里画方"法绘制，但又参照唐代地理学家贾耽绘制于 802 年的《海内华夷图》做了纠正。据文献记载，其他地方也存在过《禹迹图》，从文字记载看，几乎也是同一幅图。①

西安的《禹迹图》，图幅 80.5 厘米×78.5 厘米，图上方刻有文字："禹迹图。每方折地百里。禹贡山川名；古今州郡名；古今山水地名。阜昌七年四月刻石。"该图比例尺约1:500 万（一说约 1:350 万），古今名称并注，定向上北下南。

《禹迹图》范围北至长城内外，南至南海和中南半岛，内容侧重黄河、长江、珠江等水系。图上约有地名 380 个，其中河流名 80 个，湖泊名 6 个（一说 5 个），山脉名 70 多个。

刘家信介绍，《禹迹图》是我国现存最早的计里画方图，横 71 方，竖 73 方，共 5113 方，正方形边长 1.11 厘米。图上海岸线走向比较准确，长江、黄河、汉水、沅水、湘水、珠江等水系曲折流势与今相近；太湖、洞庭湖、巢湖等位置准确。李约瑟称它"在当时是世界上最杰出的地图"。不过，也有几处错误，比如，以积石山为黄河源，以岷江源头为长江源，可能是受《尚书·禹贡》"导河积石""岷山导江"的影响。②

---

① 《古今图书集成·方舆汇编·职方典·平阳府部杂录》："《禹迹图》石在稷山保贞观，石横二尺五，为方七十一，竖三尺，为方八十一，共方五千七百五十一。每方折地百里。志《禹贡》山川名、古今州郡名、山水地名。刊刻极精。今坏。"

② 刘家信：《〈禹迹图〉：世界最杰出的"画方"石刻图》，载于《地图故事》2020 年第 1 期，第 39 页。

　　《禹迹图》的作者和编制年代尚有争议。《辞海》说编制人不详,制作时间 1081—1094 年;《中国科学技术史稿》①认为《禹迹图》原图由沈括(1031—1095)在陕西时绘制,曹婉如则进一步指出可能在 1081—1082 年;②有学者认为,制图者是《太平寰宇记》作者乐史(930—1007)。

　　镇江的《禹迹图》系"元符三年(1100 年)正月依长安本刊",可能是沈括带去的。③

卧龙山摩崖刻石"於越"

① 杜石然、范楚玉、陈美东、金秋鹏、周世德、曹婉如:《中国科学技术史稿》,科学出版社 1982 年版。
② 曹婉如:《再论〈禹迹图〉的作者》,《文物》1987 年第 3 期。
③ 同上。

大禹治水三幅图片说明

徐玉红整理

图一　图雕大禹治水　来源：《水与中国》杂志官网"史海钩沉"专栏：《大禹治水是神话传说还是真实的历史？》日期：2018-06-22，源出维基百科公共领域。

《诗·小雅·信南山》："信彼南山，维禹甸之"。《大雅·文王有声》："丰水东注，维禹之绩"。戴斗笠、持耒耜者为大禹，呈现治水场景：洪水围困宅院，民众奋力疏导

图二　大禹治水　来源：东汉画像石，长3米，徐州汉画像石艺术馆藏。

东汉《大禹治水》画像石刻，有多种解释。一种解释是，从左到右10位，包括：树下为尧；拜见尧的为舜；戴斗笠、手持耒耜的为禹；拿包袱的为禹母；抱婴儿的为禹妻；最后是禹的父亲鲧

图三 九州总图 来源：台北故宫博物院教育展资处助理研究员邓淑如《治水英雄大禹在故宫》，《技师报》2020 年 12 月 14 日，转源自《夏书·禹贡》卷六（故殿 013405），台北故宫博物院藏。

《尚书·禹贡》：禹别九州，随山浚川，任土作贡。"九州"即冀州、兖州、青州、徐州、扬州、荆州、梁州、雍州、豫州，如上图

阿坝藏族羌族自治州禹迹图

阿坝藏族羌族自治州禹迹图

阿坝州禹迹主要分布在汶川县、理县、茂县、松潘县、九寨沟县、小金县，共107处。做如下分类和统计：
山水洞池类：21处；南宇宫词类：20处；碑刻文字类：20处；浮雕塑像类：12处；地名类：14处；其他：20处。
各县禹迹图将分别在后文进行展现。
（注：此图禹迹点为选标）

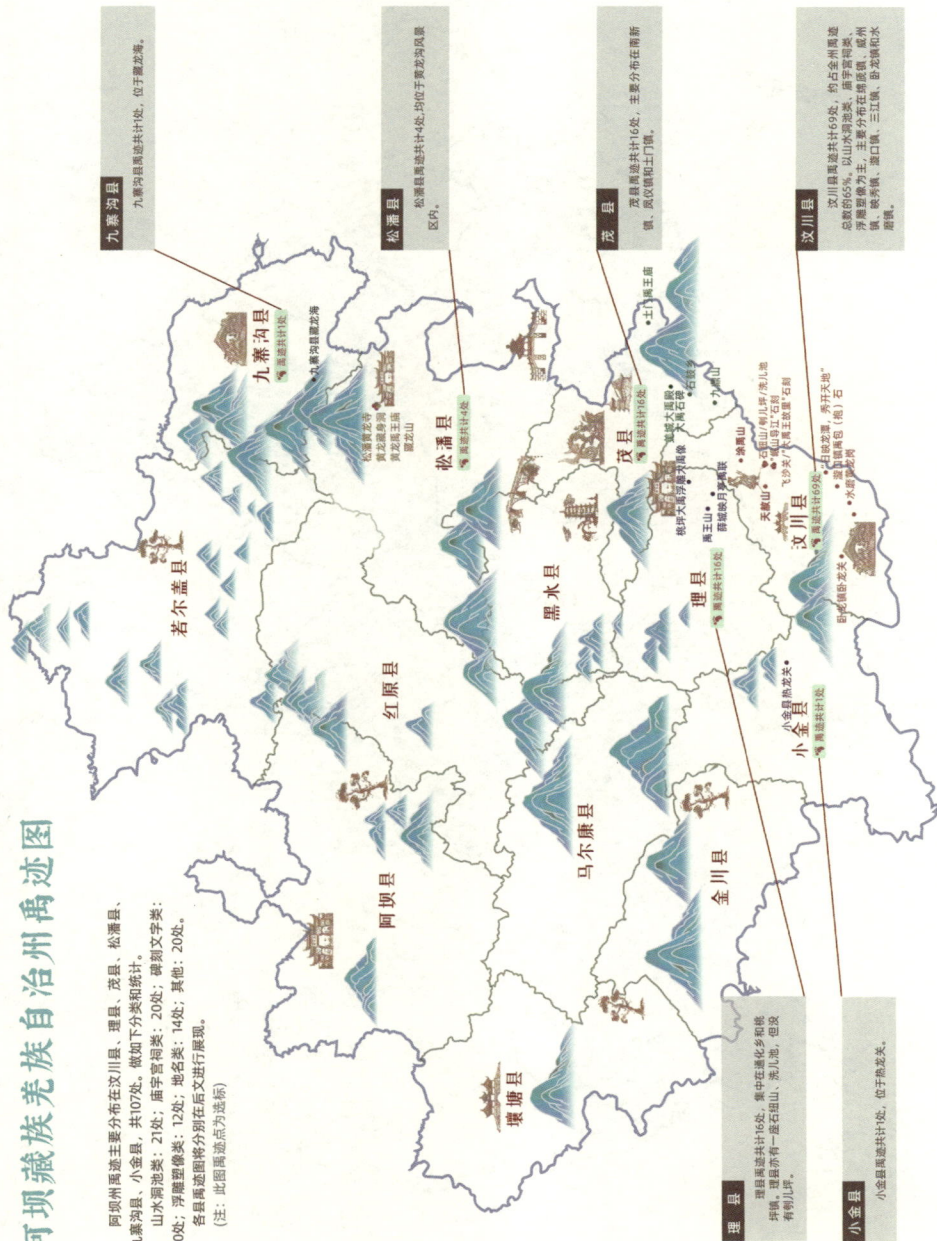

九寨沟县　九寨沟县禹迹共计1处，位于翟龙海。

松潘县　松潘县禹迹共计4处，均位于黄龙沟风景区内。

茂县　茂县禹迹共计16处，主要分布在南新镇、凤仪镇和土门镇。

汶川县　汶川县禹迹共计69处，约占全州禹迹总数的65%，以山水池类、南宇宫词类、浮雕塑像为主，主要分布在绵虒镇、威州镇、映秀镇、三江镇、漩口镇、卧龙镇和水磨镇。

理县　理县禹迹共计16处，集中在通化乡和桃坪镇，理县亦有一座石纽山、洗儿池、但没有利儿库。

小金县　小金县禹迹共计1处，位于献汆关。

九寨沟县　若尔盖县　松潘县　黑水县　茂县　红原县　汶川县　理县　阿坝县　马尔康县　小金县　金川县　壤塘县

《阿坝藏羌族自治州禹迹图》（汶川县文化体育和旅游局提供）

北川羌族自治县禹迹分布图

图　例

县人民政府驻地　　　　　乡镇界限
镇、乡人民政府驻地　　　河　流
禹迹　　　　　　　　　　一般公路
主要公路

《北川羌族自治县禹迹分布图》（北川羌族自治县文化广播电视和旅游局提供）

北川境内的大禹遗迹

石　纽　禹里南一里许有石纽山。山腰石林中有二巨石纽结,上有阳刻篆书"石纽"二字。相传为扬雄所书。

甘　泉　与石纽山隔江相望的崖壁上有摩崖阴刻楷书"甘泉"二字。此题刻应是唐贞观八年(634年)以前所刻。

岣嵝碑　亦称禹碑。明嘉靖四十年(1561年)刻建,历经1935年、2008年两次损毁,残碑立于禹里禹碑亭内,1994年复制并立于禹穴沟禹王宫。

禹碑亭　2008年地震后,在禹里西山上修建了禹碑亭,存放因地震受损的岣嵝碑原碑。

望崇山　在石纽山对面。圣母思念崇伯,常登此山遥望禹父归程,故曰"望崇山"。

酉　山　酉山位于禹里场镇中心,传为禹母每日酉时从望崇山远眺崇伯下山休憩之地,形似"酉"字。

誓水柱　位于禹里西望崇山下青片河与白草河交汇处,上刻12字,为虫篆体,宋《淳化阁帖》释为"出令聂子星纪齐春其尚节化"。传为大禹治水时出的手令。

禹王庙　位于禹里镇南石纽山,始建于唐贞观八年前,宋、明、清均有重建,是民间和官府祭祀大禹的重要地点。清乾隆三十三年(1768年),县令姜炳璋再次大规模重建后,被定为国家祭祀大禹的地点。1935年被烧毁,后复建,2008年地震后,更名为广莲寺,并塑立大禹像。

神禹故里坊　清乾隆三十三年(1768年)所建,木质结构,立于治城(今禹里)南石纽山下。原坊"文革"中被毁,1991年,北川县人民政府重建,2008年"5·12"特大地震中震毁。

禹穴沟　位于禹里以北10公里处,因内有三处"禹穴"石刻,故称"禹穴沟"。沟口有中共四川省委原书记杨超题写的"禹穴沟"碑刻。

禹王宫　位于禹穴沟口。始建于清乾隆年间,清道光十年(1852年)重修。1935年,石纽山下禹庙被焚后,民间祭禹活动集中于此。2008年地震损坏,现庙于2012年重建。

大小"禹穴"　禹穴沟内绝壁上刻有虫篆体"禹穴"二字,"传为大禹所书",人称小"禹穴";金锣岩上有楷书"禹穴"二字,为李白所书,人称大"禹穴";禹穴沟拱桥头,有楷书"禹穴"碑刻,为颜真卿书。

刳儿坪　刳儿坪位于九龙山第五峰下,相传即圣母生禹之处。

洗儿池　位于禹穴沟,相传禹母诞禹后洗儿处。

血　石　位于禹穴沟,相传禹母诞禹之血顺溪而下,沟中石上皆是血溅之迹,刮之不去,称为血石。

采药山　位于禹穴沟,大禹幼时随母采药之山。

禹王纪念碑　位于禹穴沟口禹王宫旁,2019年6月由全国19个省市419名夏氏宗亲捐建。

大禹纪念馆　建于1991年,位于禹里镇场镇,为全国第一座大禹纪念馆。2008年地震损毁,正在重建。

大禹故里坊　1992年,国家主席杨尚昆为北川题写了"大禹故里"。据此拓片复制的"大禹故里"碑刻,现存于禹穴沟口禹王宫。2004年在北川与茂县交界处、北川擂鼓和永安(原安县和北川)交界处修建"大禹故里"牌坊。

大禹治水雕塑　建于2018年4月,位于北川新县城禹王广场,含大禹治水雕塑和文化浮雕。

北川县境除禹里外,片口、开坪、坝底、青片、白什、曲山、陈家坝、通口、贯岭、桂溪等乡镇均建有禹庙或禹王宫,每年春秋及六月六日大禹生日,均由当地群众开展不同形式的祭祀活动。

在北川中学、北川中羌医院、北川巴拿恰羌医研究所等地都建有大禹塑像。

（本资料由北川羌族自治县文化广播电视和旅游局提供）

五、绍兴尧舜遗迹新考

上虞"尧山"和"尧田"的故事

罗兰芬

尧、舜、禹是古代中国历史上传说中的三位著名部落联盟首领，其中尧、舜被列入中国远古"三皇五帝"的"五帝"加以推崇，至今家喻户晓。在上虞，舜的传说和遗迹较多，如舜江、百官、象田等多达 20 余处，禹的遗迹有夏盖山、百官里等，但尧的遗迹很少。目前收集到的

尧田远眺（刘育平摄）

只有尧山和尧田遗迹各一，据说和尧考察舜有关。

上浦东边有一座不高的山叫象田岭，传说是有虞氏族舜象耕的地方。当地老百姓又称它为"尧山"，因为这里是尧千里迢迢从山西太原到上虞考察舜站立远眺的山丘；而下面的一方田畈称为"尧田"，是尧和舜一起踏足交谈的地方。

一、关于尧的生平

传说，黄帝之曾孙帝喾继承父亲颛顼的部落联盟首领地位在位 70 年崩后，长子挚继位，在位 9 年。由于挚为政不佳，禅让给诸侯和民众拥戴的同父异母兄弟尧，自此进入中国原始社会的陶唐纪尧时代。

关于尧的生平，西晋皇甫谧《帝王世纪》记载："帝尧陶唐氏，伊祁姓也。母曰庆都，孕十四月而生尧于丹陵，名曰放勋。""或从母姓伊祁氏。年十五而佐帝挚，受封于唐，为诸侯。身长十尺，尝梦攀天而上之，故年二十而登帝位，以火承木，都平阳。""舜摄政二十八年，尧与方回游阳城而崩。《尚书》所谓二十有八载，放勋乃殂落是也。百姓如丧考妣三载，四海遏密八音。""凡尧在位九十八年，年百一十八岁乃殂。"《帝王世纪》是专述帝王世系、年代及事迹的一部史书，内容多采自经传图纬及诸子杂书，载录了许多《史记》及两《汉书》阙而不备的史事，有很高的史料价值。从上可知，尧在 15 岁即辅助

帝政,并被封为诸侯,20 岁登帝位,在位 98 年。在位 70 年时得舜辅政,享年 118 岁。

二、帝尧全方位考察舜

西汉史学家司马迁撰写的《史记》卷一"五帝本纪第一帝"记载:……尧曰:"嗟!四岳,朕在位七十载,汝能庸命,践朕位?"岳应曰:"鄙德忝帝位。"尧曰:"悉举贵戚及疏远隐匿者。"众皆言於尧曰:"有矜在民间,曰虞舜。"尧曰:"然,朕闻之。其何如?"岳曰:"盲者子。父顽,母嚚,弟傲,能和以孝,烝烝治,不至奸。"尧曰:"吾其试哉。"四岳说这个人很有孝行,家庭关系处理得十分妥善,并且能感化家人,使他们改恶从善。尧准备先考察一番,然后再决定。

于是,年届 90 岁的帝尧发挥"耳闻之不如目见之"和"没有调查就没有发言权"的求真精神,路远迢迢亲自到上虞实地考察舜。两个女儿娥皇和女英听说尧帝要出远门南下考察,坚持要跟着一起来,一是放心不下年迈老父王,二是也想看看慕名已久的江南好风景。帝尧思想开明,权衡再三就点头同意了。

帝尧择了个吉日,带着女儿娥皇、女英,带侍卫骑马车,从京都平阳出发,千里迢迢一路颠簸,终于到达东夷上虞的有虞氏族地界。他们登上低矮起伏的象田岭,被眼前的景象惊呆了:天蓝得如洗过一样清爽,青山逶迤、碧水荡漾,干栏高屋、炊烟袅袅,田稻园蔬、鸡豕成群,农民荷锄、儿童玩耍……一派田园风光、人勤物阜景象。这有河姆渡文化遗址出土实物证明,当时的人民吃稻米饭,菜是鱼、虾、鳖、蚌、蛤等河鲜,过着"饭稻羹鱼"的生活。

帝尧叫侍卫们远远跟在后边,只带两女儿和一侍卫进村庄微服私访。四人直奔山下人家,恰巧一干栏屋中走出来一位老妇,热情招呼他们喝茶解乏,还拿出点心招待。帝尧他们喝茶后,顿觉喉咙清润,长途跋涉的疲劳一扫而光,遂问这么好的茶叫什么茶?老妇告知乃"都君茶",并解释说是部落首领舜王教他们上山采草药炒制成的,喝了此茶,六月旺天勿发痧。因为舜王名重华字都君,所以大家给茶叶取名"都君茶"。尧帝点头,又问舜王待老百姓如何?老妇更是赞不绝口,舜王爱老百姓比爱自己老婆还要好,不过他还没有讨老婆,他的好处三日三夜说不完。老妇看尧帝他们没有不耐烦反而颇有兴趣,就兴致勃勃开始讲。说舜小时候十分孝敬父母亲,尽责照顾弟弟;长大后,勤劳致富多发明创造;做了部落首领后,爱百姓如子,治水修路都亲力亲为,还医术高明治病救人。听得娥皇耐不住,问舜还会看病啊?老妇的眼睛笑盈盈看着美丽的娥皇,手指山上正在采茶的姑娘们说,前面唱歌的那个姑娘叫丫儿,前几年患了瘟大头病,村民们怕传染将她扔到荒山野岭,还不准亲属相见。丫儿是父母的独养囡,两老哭得死去活来。舜不怕传染仗义出手,采草药亲自喂药煎服,几天后丫儿病就好了。如今,她家堂前还供着舜王木雕神像,天天拜舜王。后来拜医术高明的巫盐为师,所以舜还是方圆百里的名医,经常救死扶伤治病救人。

帝尧心想：巫盐是我的大臣（兼巫师），明明在朝廷出班，也没听他提起过舜，怎么与舜有师徒情了？便穷根究底追问。老妇笑哈哈告知是舜王弟弟"霸王"牵过来的线。原来舜小时候家境比较特殊，父亲脾气暴烈，继母心术不正，弟弟自私霸道人称"霸王"。有一天，"霸王"爬树抲鸟，舜王劝不住。"霸王"不小心从树上摔下来伤了左手，痛得一连声哭喊，父母怪罪舜没有管好弟弟，对舜又骂又打，舜默默承受不解释。家里鸡飞狗跳，门外一位郎中早站立多时，自告奋勇说他能治疗，不用吃药和开刀。郎中进门走到"霸王"身边察看左手，乘其不备突然用力将"霸王"左手一拉再一按，巧妙把脱臼骨头上进。"霸王"开始歇斯底里喊，几分钟后抽噎着不哭喊了，左手又能运动自如了。郎中又给他敷了些草药。舜在一旁佩服得五体投地，心想如果学了医术就能治病救人，就能减除百姓痛苦，于是提出拜郎中先生为师。郎中先生也不是一般人物，正是帝尧朝中的巫盐，很是识人察事。在游方途中已耳闻舜忠厚孝顺的美德，今见瞽叟怪罪舜却默默承受，郎中先生心里不平有心想帮扶舜，就同意收为徒。这就叫鱼来网凑。

帝尧他们辞别老妇人，继续往前走。路上向百姓打听舜在哪里，人们热心指路，说舜这时在历山耕田呢！帝尧四人便来到一座低矮的小山（即历山）上，远远看见水田畈中有一青年跟在一头牛后面在犁田。走近一瞧，只见青年身材魁伟、体阔神敏，右手稳稳扶犁，左手轻泛拿鞭，赤着双脚聚精会神在耕地。奇怪的是，青年隔一会儿吆喝一声打鞭，但鞭子没有打在水牛身上，而是打在水田中。四人看了好笑，上前到田头问青年："听说牛犯贱不打不向前，你为啥不打耕牛反而打水田？"青年人停住犁田走上田塍，双手拱揖解释："牛为我们耕田出力流汗很辛苦，供我们衣食，而吃的是草睡的是棚，再鞭打于心何忍！"帝尧一听，觉得这个青年有智慧又有善心，对牛尚如此仁爱，对百姓肯定爱民如子慈爱宽厚。遂问他的姓名，知道这就是千里寻访的舜。帝尧两眼放光，但还是追问："你做了有虞氏族首领，为啥还要下田操忙？"舜老实作答："我部落还穷，我要以身作则、勤劳耕作，大家都勤奋，生活才会好起来。"帝尧和舜两人就站在田塍上谈庄稼、谈民生、谈天下，舜的观点明事理、晓大义，非一般凡人之见。娥皇和女英的眼珠子也骨碌碌看着舜，真是越看越喜欢。

帝尧又走访了方圆百里，都夸赞舜是一个贤良之才，便带着女儿和随从回到都城。虽然眼见为实，但帝尧处事十分谨慎，他先发招贤令要舜到朝中作虞官。招贤令送到有虞氏部落，长老们都不同意，老百姓也三五成群挤在舜屋门外不让走。舜晓以大义，称要服膺中原统一，天下大一统才是道理；且中原发端早、部落大、人口多、范围广，社会文明比我们氏族发展成熟。他们在帝尧贤君统领下，九族既睦、百姓昭明、合和万国。我们主动纳入中原版图实现南北大统一，才能达到心目中追求的小康社会、大同世界、共同富裕。

百姓们被说服了，舜告别父母和弟弟来到中原。帝尧和大臣们见舜身高八尺，举止

象山庙遗址（刘育平摄）

大方，衣衫整洁，方口大耳天庭饱满，背板厚实肩膀平阔，不愧是当世英雄人间豪杰，均很中意。最后让位之前，帝尧决定再试试舜。他把两个女儿娥皇、女英嫁给舜以观其德，把九个儿子安排在舜周围以观其行，又赐给舜细布衣服和琴及牛羊，为其修建盛粮食的仓房等。舜和娥皇、女英住在沩水河边，依礼行事、恭敬谨慎，帝尧的两个女儿不敢以贵骄事舜亲戚，恪守妇道，尧九男皆益笃。舜把父母和弟弟也接到中原一起居住后，帝尧又暗地里授权舜父瞽、继母和弟弟象三次"暗算"舜（《尚书》和《史记》都有记载），舜以他的恭敬忍让美德圆满处理家庭事务，愈发显示舜的高尚品行。其弟象后来也被封为诸侯，这是后话。

品行过关后，帝尧又让他接待宾客、参与朝政、总揽百官，受各种锻炼，治理天下的才干进一步提高。此后，帝尧让舜独自到山林川泽、暴风雷雨中，经受大自然考验。舜在深山和暴风雷雨中头脑清醒，不迷失方向，依然行路，很快就走了出来，虎豹毒蛇也被他驯服，显示出很强的生活能力。帝尧对舜的考察，无论从形式到内容、从德能勤绩到家庭操守是多种多样、严肃残酷的，比现在考核官员还要严密繁杂，而且考察时间长达20年之久。

三、帝尧禅让舜有为

试舜三年后，帝尧认为舜确是个品德良好又成熟可靠能干的人，让舜在太庙拜了帝尧的先祖，把首领的位子禅让给了舜，摄行天子之政。帝尧退居避位，28年后去世，"百姓悲哀，如丧父母。三年，四方莫举乐，以思尧"，人们对他的怀念之情极为深刻。舜接位后，安邦定国，爱民如子，勤劳俭朴，受到大臣和百姓的信任，而后践天子位焉，是为帝舜。

上浦虹垟一带百姓既尊重帝尧，更感恩帝尧对舜的慧眼

象山又名"尧山"（刘育平摄）

识珠和禅让之德,把帝尧眺望田野站立的象田岭称为"尧山",尧和舜一起谈话站过的田畈叫做"尧田"。"尧山""尧田"之名一直沿用至今。

参考资料:

1.《史记》卷一"五帝本纪第一",中华书局简体字本,1999 年版。

2.上虞市文化馆:《上虞市非物质文化遗产集锦》,2009 年。

3.李永鑫:《绍兴通史》第 1 卷,浙江人民出版社 2012 年版。

4.吴宝炎:绍兴莲花落《美哉虞舜》,2014 年。

2021 年 9 月 16 日

绍兴的尧舜古道

张钧德

2013 年初,我与绍兴博物馆的娄副馆长萌生了探寻"绍兴尧舜古道"的想法。

"尧舜古道",是从柯桥区稽东镇尧郭村的老街出发,经傅家岙翻过龙池山到七十二岙,或者从另一侧下山经新华村到王坛镇南岸村上玄凤岭,再从大泄岭和小泄岭下山到冢斜村,翻过村后的小岭大龙山到车头村。

车头村曾经有个舜王庙。《嘉泰会稽志》卷六《祠庙·会稽县》载:"舜庙在县东南一百里。《述异记》云:会稽山有虞舜巡守台,下有望陵祠。"2007 年第三次全国文物普查时我们还曾看到一座快要倒塌的大殿……

一

尧郭现属稽东镇稽江村。

从前尧郭是个大地方,往南进绍兴山区有 3 个街市,即:平水、尧郭、王城。

当时船只能到平水埠头,从平水到尧郭只能撑排,至今仍有小地名叫廿里排(牌),货到尧郭后再进山就全靠车运背挑了,尧郭是货物集散地,于是形成街市。再后来公路开通,尧郭街市从此衰落。但尧郭老街的痕迹尚在—— 一溜儿的河卵石街路,两旁是各式店铺,只是如今住的是居民。老街还有一处葬屋,就是外观像人家,内部却是坟墓,如今门坊尚存,但里面已是人家,只是仍被叫葬屋。

曾经,尧郭人自诩道:"走遍天下,不如尧郭木里桥下。"

村后的古道也依稀尚存,古道与注入平水江水库的一条溪水大致平行,也以河卵石铺设,只是下半段已淹入平水江水库了。上半段如今也少有人走,靠近水库边便造了林。此地有二路水在尧郭汇合后入水库,一路从南首茅山村而来,一路从东边傅家岙村来。

尧郭旧有土地庙,庙里主建筑叫"尧王殿",尧王殿毁于"文革",后来重建。2007年第三次全国文物普查时我们曾进驻尧郭,了解到村民为重建后的庙应该叫尧王庙还是土地庙已争执了好多年了。

二

傅家岙村与尧郭隔省道绍甘线而邻,循着溪流进村,村后有上山古道,山叫龙池山。上龙池山的石级很好,两边长满了本地叫"狼萁草"的蕨类植物。山顶是大小不一的几口天然水凼,旁边是已经废弃的龙王庙。

我们最初探寻的时候曾由龙王庙翻过山脊下到七十二岙,走出长达十里的"青陶峡谷"到王坛镇南岸村口,再从南岸村借道玄凤古道,经冢斜到车头舜王庙,完成探寻"尧舜之道"的全程。

后来王坛打造"游走小镇",重新开通了龙王庙到"樵柯遗迹"的山路。"樵柯遗迹"是新华村岭下自然村的土地庙,出村穿过省道绍甘线是去南岸村的路。

南岸村主要景点有玄凤岭和岩屋。

岩屋是个自然山洞,在玄凤岭上,也叫"玄凤洞天",一听就属道家天地,但如今却是佛门世界。

一般游山者也就到此为止,回转了。我们从岩屋后找一条不起眼的小路继续上山,上面竟是一个大平岗,平岗上是个很大的茶场,有一排无人的瓦屋,写着"许行山"什么什么茶场。

右转下岭是冢斜村,向左翻山是板溪村。

三

冢斜是个国家级历史文化名村。

冢斜到车头公交车仅一站,如何避开公路选择一条适宜驴友的山路?我们一时陷入困境,为此便找老家车头的林文彪教授求助。

林教授陪我们到车头,他的发小、冢斜村村委会的余主任已等在那里,在余主任的带领下我们从车头翻过叫大龙山的小丘走到了冢斜。上山之前我们见到路边有一个突兀的岩头,林教授说这就是冢斜十景之一的"岩岭激湍"——原来小舜江流经村南向阳处,而农田在山北是背阴田,"农业学大寨"时号召战天斗地,村民将溪流与农田作了对调,因此"岩岭激湍"也就徒有其名了。

大龙山不高,山中一个叫虬岙的岩崖下曾有一座始建于唐代的白崖庵,余主任说门口有一口清澈见底的水凼,门前两旁还有两株桂花树,一株金桂,一株银桂,每当八月中秋,桂花馥香扑鼻,盛时有和尚尼姑20余人,但如今早已全部倒塌成了废墟。最后一个和尚叫五三,人称"关门和尚"。过大龙山即是冢斜,传说有舜妃墓、禹妃墓和仙人洞。

总结余主任带的路,反过来推理应该行进的路线是:冢斜村→大龙山→车头村。

不过冢斜村的永兴公祠也必须在此提一句:当地传说永兴公是舜王的娘舅,每年都有盛大的祭祀活动。

车头村外流淌着的溪流叫做小舜江,所以企业多以"舜"命名,如我们在车头路口就看到一块大型广告牌叫"舜王服饰",余主任安排我们中餐的地方叫"越舜酒楼",等等……舜王庙就在车头村陈后山,可惜已坍败殆尽。

四

车头舜王庙位于陈家山与大王尖的小盆地中,此地民国时称舜水乡,1949年后改名车头乡。2007年夏第三次全国文物普查时,我们尚能看到摇摇欲坠的大殿,2013年探寻"尧舜古道"与其再次相遇时,已是一堆躺在草丛中任其腐败的曾经的栋梁之材及木雕构件。

据《稽东镇志》载:"舜庙原仅有三间大殿和东首三间侧厢楼,正殿壁厢端坐(行宫和坐宫)舜帝偶像。其头顶梁上依次序悬挂'孝感动天''永赖虞天''帝德配天''大孝配天''连开九品'……七块匾额。侧厢住僧人十来名做佛事。经多次座谈和现场踏勘,老人都说它早于双江溪舜庙。查考文献,据宋代《嘉泰会稽志》载:'舜庙在县东南一百里。'《述异记》一书系南朝梁时任昉所撰,则可证明早在梁代,会稽山已出现了有关舜的陵祠,车头正处会稽山中心,又濒小舜江之畔,地点方位县域与《述异记》所述全符合。当今有考古专家,在陈家山腰里,寻觅得千百年前那'巡狩台'基石及其痕迹。"

五

说起大王尖,我们曾于2010年初应夏得林教授邀请作过一次登临,不过山也是很寻常的山,只是现在想来,不知此"大王"之称是否与舜王有关!

车头也有老街。这里有个小地名叫白果树下,当地人说:"走遍天下,不如白果树下。"

从白果树下上山即是修于20世纪的老公路,如今早已废弃被开垦成菜畦,但轮廓尚在。走不多远遇到一个小水库,叫"长湾山塘"。

但走着走着路被茶山覆盖了,翻过茶山,远远望去此路仿佛又现身了,继续探寻,估计进入茅山村地界后此公路才算是彻底消失了。

茅山村曾经有过一个真正的地标叫"宦堂驿亭",古道从宦堂穿亭而过。1958年未通公路前,山区物资交换全靠肩挑,尤其是春夏期间卖茶,挑茶叶担的或抬茶叶箩的队伍走到宦堂驿亭,领头的喊一声"歇",几十个茶挂便齐声落地歇肩,没见过大世面的人竟也视此为壮观。

亭内摆着茶桶茶缸茶碗竹管等,一年四季免费供茶水。亭西首路旁有纪念何氏的"忠荩寺",在一块天然岩壁上刻有颂其德政的碑文。旁边有一口名为"神泉"的古井,那烧茶之水就取于此。

亭内还挂着草鞋，行人可自取自挂。属于公益。

农历腊月二十以后，更有民间自行组织的"千灯会"奉上灯笼供行人方便，也是公益的。这"千灯会"颇具风情：于亭前树一根二丈来高的木柱子，顶端点亮一盏竹制纸糊燃红烛的灯笼，由水车车骨当作滑轮上下传递，任人随取。因所备货源充足，故名曰"千灯"。

茅山所处在车头舜王庙和尧郭之间，《越绝书》说："禹到大越，上茅山，大会计，爵有德，封有功，更名茅山曰会稽"。司马贞《史记索引》："《吴越春秋》云，禹巡天下，登茅山，群臣乃大会计，更名茅山为会稽。"不管此茅山是不是彼茅山，毕竟此茅山也处在会稽山中。只是此茅山于1956年建立农业生产高级合作社时更名雄鹰村。

茅山村前沿溪可到尧郭，茅山村后有条塘坞岭也可通到尧郭的，我们先沿溪走，再选择走塘坞岭，于是再次上山，过岭遇到一个叫"猪柴凹"的山塘，从溢洪道下向左进山是洋中村，从洋中从里到外到尧郭，向右钻出小树林沿溪行也可以到尧郭。

六

现在有必要交代一下陈后山舜王庙与双江溪舜王庙的关系。

陈后山舜王庙首见于南朝文献《拾遗记》，但具体建于何年则无从得知。

据陈后山当地民间记忆——陈侯山舜王庙庙前曾有一丛柏树，有一天，陈姓族长提出这些柏树既已成材，应该砍掉。但遭到族人反对，以为这样会破坏风水。族长左右为难，提出求舜王自己裁决。他召集族中元老，在舜王大帝前用圣珓板卜卦，大家意见一致，结果圣珓板三次丢下去三次竖立，这卦意说明舜王不愿意回答。陈氏族长很生气，把圣珓坂丢进庙前的小舜江……

双江溪当地的民间记忆对这个故事刚好有个衔接：说是那圣珓板顺流而下，漂到湖头山下后来叫舜王潭的地方，被一砍柴人捞起置于身后的竹篓。砍柴人是湖头村人，姓孙。他回家途经湖头山，忽听背后有"我要在这里住下来"的声音，回头一看不见人影。继续往前走时又听到背后有"我要在这里住"的声音。如此几次三番，砍柴人终于明白声音来自背上的竹篓，打开竹篓看到里面有两尊菩萨，一为坐像，一为立像，菩萨头戴平天冠，身穿蟒袍，足蹬朝靴，栩栩如生。砍柴人大惊，回村向大家一说，有人认出这是陈后山的舜王大帝神像。于是，附近村民捐钱在湖头山上修造了大舜庙。

双江溪舜王庙何时修建同样无从考究。现在的舜王庙重修于清同治年间。后殿东侧墙上有一块石碑，记载了这一段史实："国朝咸丰年间监生显廷筹捐重建，精工绝伦，同治元年，正殿后殿毁，显廷集资重建。"另乾隆《浙江省志》编录的绍兴府境内舜庙四座中，就有一座在"在绍兴双江溪。"说明至少在乾隆时期此庙已然存在（另三座庙宇早已湮废不存）。

六、"绍兴禹迹标识设计"专家评审意见

"绍兴禹迹标识设计"专家评审意见

禹是沁入中华民族文化基因的祖先之神、道德之神和治水之神,禹迹标识对于弘扬传统文化非常必要。绍兴首开其先,为禹迹留存地区树立了榜样,意义重大。

禹迹始于西周,是以九州为华夏疆域,形成最早中国地理概念的历史见证。汉代完成了这一文化进程,是大禹形象集大成的时期。禹迹标识以山东嘉祥出土汉画石为底本,非常好。设计稿基本忠实了汉代禹形象,值得肯定。同意此方案,建议作如下修改。

一、禹迹标识在野外,建议用石刻。铜标易损,维护成本大。如有局部损毁,对形象有影响。

二、方案选用的这一形象,是以汉画石为底本,经过艺术化处理。图像关键之处要尽量忠实原作(说明附后),不宜太具象,建议去掉水波纹饰。

三、赞成以绍兴市人民政府命名"绍兴禹迹"。建议监制单位应为"绍兴市人民政府、中国水利学会水利史研究会",以突出权威性、学术性。

四、标识以所在位置或作极简说明,如"会稽山大禹陵","宛委山禹穴"。不建议编号,避免不必要的争议。

五、二维码位置,以第一方案为好。

六、注意知识产权的使用和保护问题。

组长：

二〇二〇年十一月二十四日

专家组组长：
谭徐明(中国水利史研究会会长,中国水利水电科学研究院副总工)

专家组成员：
张廷皓(第十一、十二届全国政协委员,中国文化遗产研究院原院长、研究员,中国文物学会副会长)

齐　欣(《人民日报》(海外版)高级编辑)

张卫东(中国水利报社原副总编辑,高级编辑)

傅峥嵘(浙江省文物考古研究所遗产监测研究室副主任,研究员)

沈卫莉(绍兴市新闻传媒中心专题部副主任,记者)

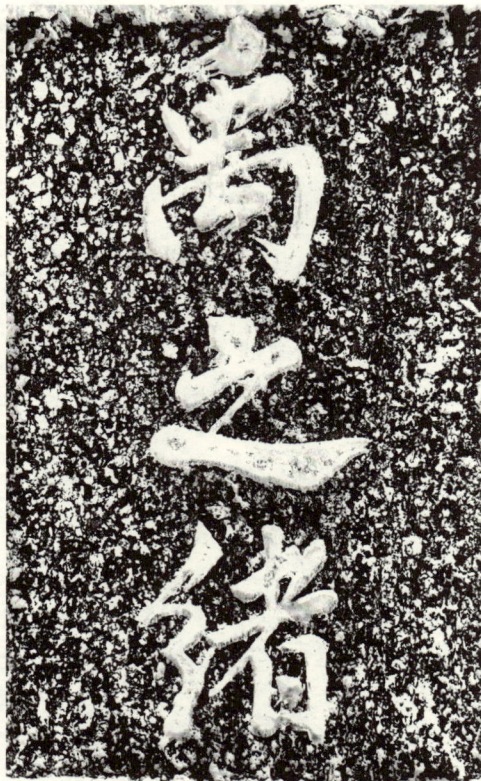

绍兴汤公祠徐渭联残柱刻石"(缵)禹之绪"

后 记

> 削平水土穷沧海，畚锸东南尽会稽。
> 山拥翠屏朝玉帛，穴通金阙架云霓。
> 秘文镂石藏青壁，宝检封云化紫泥。
> 清庙万年长血食，始知明德与天齐。

唐代著名诗人李绅的这首著名《禹庙》诗，既是对大禹治水功绩的极高评价，也是对绍兴大禹文化多样性和遗迹丰富性的传颂。

我的工作岗位主要在绍兴水利系统。在几十年的工作实践中我向先辈和同仁学习，以大禹精神为引领和勉励，又在学术研究中自觉以大禹文化作为重点，注意积累和思考。记得20世纪80年代末我分别写了《大禹治水与绍兴地名》《大禹治水》《绍兴大禹陵》等文章。之后，因为有陈桥驿、周魁一等先生的指导，又由于对外交流的持续不断，也就对大禹文化拓宽了思路和视野，有了更科学精准的研究方向并取得成果。十分荣幸在一个文化盛世我先后与诸位同仁在2018年编制完成了《绍兴禹迹图》，在2019年又编制完成了《浙江禹迹图》。之后，大家又在考虑如何推进《中国禹迹图》编制，当然这要求更高，难度也更大。其间中国水利史研究会和绍兴市文化广电旅游局又集聚国家、省、市专家共同商议制定一份"禹迹图编制规范"，首先由我和张卫东起草了初稿，之后在谭徐明会长主持下，又集思广益，并由李云鹏修改成《禹迹图编制导则（试行）》初稿。

2021年4月19日，绍兴市文化广电旅游局会同中国水利学会水利史研究会就《东亚禹迹图》编制实施工作召集绍兴市水利局、绍兴市鉴湖研究会、浙江越秀外国语学院、绍兴大禹基金会、绍兴大禹陵景区等单位和专家进行了研究探讨。会上又对这份《禹迹图编制导则（试行）》初稿，进行了广泛的意见征求，丰富完善了要旨和内容细节，并具有更强的操作性。其主要目的是要在目前全国各地关心和热心禹迹图编制的背景下，积累以往经验，实行广泛认同，尽量使此项工作更规范、更有学术品位、更有影响力，求同存异，避免散乱和片面情况的发生。

　　《中国禹迹图》编制当然是一件大禹文化研究发展中的大事,而关于大禹文化的考证和研究,既是探索和积累,也有经世致用,在实践中不断积累和丰富大禹文化的任务要求。唯有如此,才能使大禹文化更深地扎根于社会和群众之中,更具活态生命力。因此,在原有工作基础上开展绍兴禹迹图标识设计和启动安装也就列入现实工作计划之中。此举得到中共绍兴市委宣传部副部长、市文广局局长何俊杰高度重视,全力筹划和推进实施。从2020年10月禹迹标识设计开始,到2021年7月全部安装完成,绍兴在大禹文化保护研究上又取得了开创性的成果。

　　绍兴大禹文化有着深厚的社会基础,民间传承绵绵不绝。民谚云:"桃花红、菜花黄,会稽山下笼春光,好在农事不匆忙,尽有功夫可欣赏。嬉禹庙,逛南镇,会市热闹,万人又空巷。"本次禹迹标识的定位和安装,既是诸多专家学者和大众的参与过程,也是绍兴大禹文化传承建设的新收获,其中柯桥的俞昌泰,上虞的马志坚、陆建明,嵊州的童剑超、张亮宗,新昌的唐佳文、徐跃龙等各位文史专家,他们对文化事业的热爱、对禹文化研究的精深、对本次工作的全力支持,使我既得益匪浅,又深受感动。诸位老师的学术文章和成果已编辑于本书之中,是为经典之作。此外还掌握了一批原创资料,发现和培养了几位大禹文化的年轻学者。大禹文化有着蓬勃的生命,创新是永恒的主题,如果说《浙江禹迹图》注重的是学术和文史,本书则侧重于大禹文化传承普及,当然其中也不乏周魁一、谭徐明、张卫东、罗兰芬、张钧德等学者的学术研究和野外考察的最新成果。

　　作为大禹生死之交之地,绍兴市与汶川、北川、阿坝州等两地政府和学界多年来一直有友好的大禹文化的交流互鉴,本书也体现了合作与提升的延续。在此,对本书编撰的支持深表感谢。

　　禹迹标识的设计安装成功,绍兴市文广局何俊杰局长有定夺决策之明,杨颂周副局长有组织实施之劳;孙小龙、俞鹏炯指导有方;又其中周魁一、张廷皓、谭徐明、张卫东诸位老师倾注诸多学术之力。64个禹迹点分布全市各县(市、区),工作人员南到会稽山,北至海塘边,东上四明山,西临浦阳江,本人、张钧德、戴秀丽全程到达定点调研,重要的点段到过2~3次,诚所谓"咬定青山不放松"。300余公斤重的石柱,搬运高山之上,来往滨水小道,完成安装实非易事,秦绍波、王立铭团队之艰辛付出尽显崇禹之心。

　　要感谢中国文史出版社及王文运先生一如既往的重视和支持;感谢张卫东先生,由于他的深厚文字功力和夜以继日,严谨认真,专业审校,使本书的质量得到全面提升;感谢浙江越生文化创意有限公司员工的辛勤付出。

　　"禹风浩荡,遍行天下。"华夏民族的治水历史目前的考古发现已在万年以上,而在4100年前的大禹,治平天下洪水,"地平天成",建立起国家,从那时起,中华民族"缵禹之绪",除害兴利、造福人类的发展史也是一部治水史。大禹文化是中华民族的核心文化,大禹精神也是中华民族精神的精华。"禹功非一二人所可即,则在吾众众俱以禹为宗","为奉其旨师其意,本其精神以治事,为旱涝容有不息乎!"大禹文化保护弘扬也永无止境,意义非凡,前程璀璨光明。

邱志荣

2021 年 10 月